2020全球战疫大启示——

公共危机治理36策

钱 海 著

海南出版社
·海口·

本课题获得贵州省孔学堂发展基金会资助

图书在版编目（CIP）数据

2020全球战疫大启示 ：公共危机治理36策 / 钱海著
. -- 海口 ：海南出版社，2020.12（2021.2重印）
ISBN 978-7-5443-9345-4

Ⅰ. ①2… Ⅱ. ①钱… Ⅲ. ①公共管理－危机管理－研究－世界 Ⅳ. ①D523.29

中国版本图书馆CIP数据核字(2020)第268948号

2020全球战疫大启示——公共危机治理36策

2020 QUANQIU ZHANYI DA QISHI——GONGGONG WEIJI ZHILI 36 CE

著　　者　钱　海
策划编辑　刘　旭（特邀）　谭丽琳
责任编辑　文远怀　伏爱兰
特约编辑　蒋子军　李　画
封面设计　黎花莉
图表制作　姚梦雅
责任印制　符燕梅　吴　晏
印刷装订　湛江南华印务有限公司
读者服务　唐雪飞　郄亚楠
出版发行　海南出版社
地　　址　海口市金盘开发区建设三横路2号
邮　　编　570216
电　　话　0898-66812392　010-87336670-618
网　　址　http://www.hncbs.cn
经　　销　全国新华书店
版　　次　2020年12月第1版
印　　次　2021年2月第2次印刷
开　　本　787mm × 1092mm　1/16
印　　张　22.5
字　　数　264千字
书　　号　ISBN 978-7-5443-9345-4
定　　价　68.00元

ISBN 978-7-5443-9345-4

9 787544 393454 >

前言

Preface

公元2020年，这是一个注定在人类社会历史上留下深刻记忆的年份。突如其来的、目前源头尚不清楚的新冠肺炎疫情暴发了，这是百年来全球发生的最严重的传染病大流行，是新中国成立以来我国遭遇的传播速度最快、感染范围最广、防控难度最大的重大突发公共卫生事件。

在习近平总书记亲自指挥、亲自部署下，全体中华儿女闻令而动，坚定信心、顽强拼搏，打了一场疫情防控的人民战争、总体战、阻击战，仅用了一个多月的时间就初步遏制了疫情蔓延势头，用两个月左右的时间将本土日新增病例控制在个位数以内，用三个月左右的时间取得了武汉保卫战、湖北保卫战的决定性成果，进而又接连打了几场局部地区聚集性疫情歼灭战，夺取了全国抗疫斗争重大战略成果，有力维护了人民生命安全和身体健康。在此基础上，统筹推进疫情防控和经济社会发展，抓紧恢复生产生活秩序，取得了令世人瞩目的成效。

遗憾的是，其他一些国家（地区）特别是美国，由于种种原因，错失了中国人民艰辛抗疫提供的宝贵时间窗口，导致疫情在本国家（地区）

暴发、失控，愈演愈烈，现在还看不到尽头。截至北京时间12月31日6时30分，全球累计确诊病例超8000万例，累计死亡1809633例。美国成为重灾区，累计确诊病例超2000万例，累计死亡349817例。

在这场全球战疫行动中，中国主打的上半场成效显著，获得全体人民的高度赞扬，也得到国际社会有识之士的好评；如今到了多国抗疫的下半场，成效如何正经受实践检验。其中，美国民众对特朗普政府的抗疫表现已经给予了差评。在2020年11月3日举行的总统选举中，特朗普输给了拜登。

在充分肯定中国抗疫彰显制度优势、取得巨大成绩的同时，也必须理性地看到中国个别地方在抗疫之初也暴露出一些问题。正因如此，习近平总书记多次强调“总结经验、吸取教训”。早在2月3日，即中国抗疫最为吃劲的关键时刻，习近平总书记在主持召开中共中央政治局常务委员会会议研究应对新冠肺炎疫情工作时就指出：“这次疫情是对我国治理体系和能力的一次大考，我们一定要总结经验、吸取教训。”2月23日，习近平总书记又在统筹推进新冠肺炎疫情防控和经济社会发展工作部署会议上深刻指出：“在这次应对疫情中，暴露出我国在重大疫情防控体制机制、公共卫生应急管理体系等方面存在的明显短板，要总结经验、吸取教训。”3月10日，在湖北考察新冠肺炎疫情防控工作时，习近平总书记再次语重心长地指出：“要放眼长远，总结经验教训。”9月8日，习近平总书记在全国抗击新冠肺炎疫情表彰大会上强调：“在这场波澜壮阔的抗疫斗争中，我们积累了重要经验，收获了深刻启示。”可以说，“经验”“教训”和“启示”是习近平总书记心目中分量极重、念念不忘的几个字眼。

我们在积极参与本地抗疫工作的过程中，始终密切跟踪着全国疫情发展变化和防控工作进展情况，认真思考如何结合本地实际落实好习近平总书记关于疫情防控的一系列重要指示和决策部署，深入思索有哪些经验值得弘扬，有哪些教训需要吸取，有哪些启示可以总结。每当疫情防控中发生什么重要事件，出台什么应对举措，我们也在思考究竟应该怎么分析研判才更精准，怎么准备才更妥当，怎么处置才更有利。

中华民族历史上经历了多少艰难险阻而绵延不绝，经历了多少危机灾难而长盛不衰，其中自然有特别的密码。仅就大规模暴发的疫病来说，据《中国疫病史鉴》记载，自西汉以来的2000多年间，先后发生过300多次，经常是十年一大疫，三年一小疫。中国人民从来没有停止过与瘟疫作斗争，总是在磨砺中成长进步。这次中国抗疫大战取得如此辉煌的胜利，创造了世所瞩目的奇迹，也一定有其奥妙所在。我们深信，这些密码和奥妙对人类战胜疫情、打赢疫情阻击战有着巨大启示。正如习近平总书记所指出的，抗击新冠肺炎疫情斗争取得重大战略成果，充分展现了中华文明的深厚底蕴。①于是，我们在中国数千年的历史长河中寻寻觅觅，那些传承至今、历久弥新的格言、警句、成语跃然而出，其所承载的中华民族的危机治理智慧依然熠熠生辉。比如：居安思危、有备无患，告诉我们怎样做好随时应对危机的准备；见微知著、当机立断，告诉我们怎样做好判断、作出决断；身先士卒、多管齐下，告诉我们怎样才能有力有效处置危机；惩一儆百、论功行赏，告诉我们怎样激励士气、鼓舞斗志；取信于民、群策群力，告诉我们怎样引导民意、凝聚人心；法成令修、革故鼎新，告诉我们怎样补短板、堵漏洞、强弱项，形成应对危机的长效机制；等等。在这次

① 2020年9月8日，习近平在全国抗击新冠肺炎疫情表彰大会上的讲话。

中国战疫行动中，一些领导干部以其出色的表现很好地体现了这些思想智慧；而个别干部有不足和失误之处，在很大程度上是因为违背了这些思想智慧的精髓。

中华民族危机治理的思想宝库实在太丰富，对危机发生发展每个阶段、每个步骤、每个环节的应对之策都有有针对性的精辟论断。我们结合这次人类社会抗击疫情的经验教训，深入分析应对公共危机的一般性规律，以危机之前、之中、之后的应对实践逻辑为主线，系统研判影响其发展态势的关键性因素，梳理出预防篇、决断篇、处置篇、用人篇、民意篇、警醒篇，共6篇36策，由这次全球战疫所获启示论及各类公共危机。其中，每一篇6策都自成体系，大体是按照为什么、怎么做、达到什么效果的内在逻辑来布局，同时针对工作性质和实践程度的不同，阐述内容有所取舍和侧重。预防篇，重点强调从认识、经验到规划、设计，从人财物到演练评估等方面常备不懈；决断篇，强调把握好从发现问题、分析问题到作出决策的关键环节；处置篇，强调危机过程中不同发展阶段的处理之策；用人篇，强调危机关头选人用人的价值意义、要义要点、方式方法；民意篇，强调在危机中引导民意、保障民生、聚合民力的特殊作用和做法；警醒篇，强调从政治法律、改革创新、社会文化等不同角度进行反思。

身为党校工作者，我们有一个任务就是给党校学员授课。在这个时候面对学员，肯定不能回避这场举世瞩目的抗疫大战，肯定要就此交流一些观点和想法。于是，我们首先将自己初步总结的经验、教训、启示作为讲课内容，与党校学员见面。从5月开始，我们进行了6次授课。学员们听后，纷纷反映，这36策理论结合实际，对基层领导干部提高应对公共危机的能力有所裨益，希望予以出版，供阅读参考。这便是《2020

全球战疫大启示——公共危机治理36策》成书的由来。

莫道春光难揽取，浮云过后艳阳天。刻骨铭心的新冠肺炎疫情终将消弭，春天的脚步不可阻挡。恩格斯说："没有哪一次巨大的历史灾难不是以历史的进步为补偿的。"我们深信，经历2020年这场危机之后，中国将更加强大，人类会更加聪明，未来必然更加美好。

钱 海

2020年12月

目录

Contents

预防篇

决断篇

一图速读36策

如何预防

- 01 **居安思危**：增强忧患意识
- 02 **前事不忘**：克服善忘的毛病
- 03 **百年大计**：构建“硬核”防范体系
- 04 **有备无患**：宁可备而不用，不可用而无备
- 05 **审时度势**：风险评估是重中之重
- 06 **胸有成竹**：应急演练绝不可流于形式

如何决断

- 01 **见微知著**：善于发现苗头，预判事态
- 02 **临危不乱**：举重若轻，力求思维、指挥、行为“三不乱”
- 03 **从善如流**：尊重专家，集思广益
- 04 **刨根问底**：一线调研、掌握实情、明辨真相
- 05 **权衡轻重**：坚持人民利益至上
- 06 **当机立断**：敢于担当、敢于拍板

如何处置

- 01 **身先士卒**：第一时间靠前指挥
- 02 **兵贵神速**：和时间赛跑，掌握主动权
- 03 **釜底抽薪**：抓住主要矛盾，解决源头性问题
- 04 **多管齐下**：统筹各方，打好组合拳
- 05 **因时制宜**：从实际出发，灵活应对、精准施策
- 06 **过犹不及**：把握好度，切忌过头过火

如何用人

- 01 **首在用人**：强调实战能力、专业能力，必要时坚决换将
- 02 **一心同功**：团结就是力量
- 03 **不折不扣**：坚决服从、坚决执行
- 04 **借水行舟**：善借外力解燃眉之急
- 05 **惩一儆百**：铁面惩戒形成震慑，确保令行禁止
- 06 **论功行赏**：传导正能量，鼓舞士气、凝聚人心

如何疏导民意

- 01 **取信于民**：开诚布公、透明及时
- 02 **止息讹言**：牢牢控制舆论阵地，不给谣言传播空间
- 03 **活血化瘀**：理顺情绪、调节心理，为公众减压
- 04 **扶危济困**：对特殊群体予以特殊帮扶
- 05 **引咎自责**：对工作失误主动担责，赢得公众理解和信任
- 06 **群策群力**：依靠群众、发动群众，形成合力

如何警醒

- 01 **复盘自省**：复盘才能翻盘，自省才能进步
- 02 **法成令修**：打一仗进一步，用法律固化经验
- 03 **革故鼎新**：改革创新、与时俱进
- 04 **转危为机**：用好辩证法，在危机中发现、捕捉、创造新机遇
- 05 **同舟共济**：构建人类命运共同体
- 06 **警钟长鸣**：加强预警预防，不重蹈覆辙

预防篇

第一策　居安思危

统筹发展和安全，增强忧患意识，做到居安思危，是我们党治国理政的一个重大原则。[①]

——习近平

2019年12月底，也许还早些的时间，当老百姓正在欢欢喜喜辞旧岁、迎新年之时，当湖北省特别是武汉市上上下下还在享受成功举办了规模空前、各方赞誉纷至沓来的第七届世界军人运动会时，一场新中国成立以来传播速度最快、感染范围最广、防控难度最大的重大公共卫生危机——新冠肺炎疫情，在武汉集中暴发了。时隔数月，当我们平息情绪，沉下心来，回过头端详和审视新冠肺炎这只"黑天鹅"的时候，出现在脑海里的第一个词，一定就是中国的经典古训——居安思危。如果说2020年人类社会战疫有首要启示，那也一定是居安思危。

① 2017年10月18日，习近平在中国共产党第十九次全国代表大会上的报告。

一、居安思危体现强烈的忧患意识

“居安思危”一词，见于《左传·襄公十一年》：“《书》曰：‘居安思危。’思则有备，有备无患。”意思是即便处在安定的环境中也要想到可能出现的各种危难。中国古人也许对此认识和体会尤为深刻，围绕“安”“危”两字还创造了不少类似的成语，如于安思危、安必思危、处安思危、安不忘危、居安虑危等。这在中国的思想遗产宝库中是不多见的。

居安思危极为深刻地揭示了这样一个道理，即安和危是矛盾的两个方面，既相互依存又相互转化。事实上，事物都是在量变和质变两种状态中不断发展的，量变达到一定程度必然会引起质变。因此，很多时候危机表面上是“突发”，但本质上并不是突然出现的，而是一直潜伏在安定的环境之中，经过“发酵”，其因子不断积累叠加，就会在一定时机暴发，造成程度不一的后果。老子说“祸兮福所倚，福兮祸所伏”，实乃精辟之语。

我们常说温水煮青蛙现象，其实就是提醒大家要居安思危。把青蛙放入装着冷水的容器中，再缓慢加热，青蛙因为开始时水温的舒适而悠然自得，并不知死亡正在向它逼近。当它发现高温无法忍受时，想脱离险境已经心有余而力不足，最终被煮死在热水中。这个现象告诫我们，在“安”的时候，不能麻痹大意，不能高枕无忧，不能乐而忘忧，更不能忘乎所以，而要时刻想到“危”的可能。简而言之，就是在任何时候都要有忧患意识，想到由安转危，否则就会如同青蛙一样，在浑然不知中陷入被动，甚至酿成灾难。

二、中国古代优秀的政治家特别善于居安思危

中国古代的先贤们对居安思危有很多精辟的论述。《周易》曰："君子安而不忘危，存而不忘亡，治而不忘乱，是以身安而国家可保也。"意思是，君子安定的时候不要忘记可能出现危难，生存得很好时不要忘记亡国之痛，政治清明时不要忘记还会产生祸乱，因此自身平安，国家也可以得到保全了。孔子曰："人无远虑，必有近忧。"孟子曰，生于忧患，死于安乐。可以说，保持居安思危的忧患意识，是先贤对历史经验的深刻总结和对客观规律的科学把握，是中华传统文化的智慧结晶。

纵观历史可以发现，中国古代优秀的政治家都是居安思危的典范。唐太宗李世民目睹了隋朝的灭亡，深感隋朝虽然"统一寰宇，甲兵强盛"，可是"一旦举而弃之，尽为他人之有"，从而产生了强烈的忧患意识，经常通过反省历史来思考当下。他对亲近的大臣们说："朕观古来帝王，骄矜而取败者，不可胜数。""今中国幸安，四夷俱服，诚自古所希，然朕日慎一日，唯惧不终，故欲数闻卿辈谏争也。"正是这种居安思危的意识，使唐太宗以积极谨慎的姿态励精图治、防患未然，最终开创了贞观之治。明成祖朱棣之所以决定把都城由鱼米之乡南京，迁到条件相对恶劣的北京，一个重要的原因就是天下虽然已经安定，但北方少数民族的威胁依然存在，时刻有入侵的危险，迁都北京有利于巩固边防、解决边疆之患，从此明朝形成了天子守国门的传统。

不仅贤明的君主如此，各级优秀官员亦是如此。西汉初年汉文帝时期，政权日益稳定，经济恢复发展，有人称之为治世，但著名政论家贾谊在担任长沙王太傅时，经过细致观察和研究后给汉文帝上书，说"进言者皆曰天下已安已治矣，臣独以为未也"，并指出了当下存在的藩国之

忧、匈奴之患、政治混乱、经济无序等一系列重大问题，提出了相应的对策。虽然因形势所迫，一些对策没有立刻实施，但对后来文帝、景帝、武帝分化权臣、推恩削藩、大破匈奴、开创文景之治和汉武盛世起到了重要作用。北宋中叶，辽和西夏成为宋朝西北边境的严重威胁，但北宋统治者沉浸在用岁币换来的和平中，兴化县令范仲淹上奏朝廷，提出“今天下休兵二十余载，昔之战者，今已老矣，今之少者，未知战事。人不知战，国不虑危，岂圣人之意哉！而况守在四夷，不可不虑”。随后他又多次上书，得到了宋仁宗的赞赏和重用，在朝主政、挂帅戍边，使西北边防稳固了相当长的一段时间。可以说，这些政治家的居安思危意识，在当时都起到了维护国家稳定的积极作用。

三、中国共产党是极其重视居安思危的执政党

新中国成立之初，当把《义勇军进行曲》定为代国歌时，是否保留“中华民族到了最危险的时候”这句歌词成了争论的焦点。正当大家拿不定主意的时候，毛泽东同志深谋远虑地指出，这句歌词没有过时。他说：“新中国的成立是中国人民的伟大胜利，可是，我们还要居安思危。这首歌曲中的这一句，我看很好，意味深远，我表示赞成。”1978年曾经对国歌重新填词，但党内很多同志都认为《义勇军进行曲》反映了中国人民的革命传统，体现了居安思危的思想，激励了中国人民的爱国主义精神，多年来已深入人心，建议恢复原歌词。1982年12月4日五届全国人大五次会议作出决议，恢复《义勇军进行曲》为中华人民共和国国歌。国歌歌词选定及恢复这个小故事，可以充分体现我们党居安思危的意识。

我们党是生于忧患、长于忧患、成于忧患的政党。居安思危一直是我们党的座右铭，也是历代领导人的自觉遵循。新中国成立之初，核大国对我们进行核讹诈，面对随时可能会爆发战争的阴影，为了国防安全，以毛泽东同志为核心的党的第一代中央领导集体决定加紧研制核武器。毛泽东同志讲："我们要不受人家欺负，就不能没有这个东西。"在毛泽东同志和中共中央的有力领导下，原子弹、氢弹等尖端武器相继研制成功，大大提高了我国的慑战能力和国际地位。新中国成立后，疫病多发频发，严重危及人民生命健康，造成社会恐慌和秩序混乱，对此毛泽东同志高度重视，密切关注。1951年9月7日，卫生部副部长贺诚同志向中央报告说："不少省县以下的党政领导干部，只把不饿死人认为是政府的责任，对因不卫生而病死人则重视不够，认为是难以避免的'天灾'。"这个苗头性问题引起毛泽东同志的警觉，他马上以中央的名义作出指示，严厉指出："中央认为各级党委对于卫生、防疫和一般医疗工作的缺乏注意是党的工作中的一项重大缺点，必须加以改正。"在毛泽东同志的关心和领导下，新中国卫生防疫的体制机制很快建立起来，天花、鼠疫、霍乱等烈性传染病得到有效控制，尤其是严重威胁人民健康的血吸虫病防治取得重大成果。

改革开放时期，我国迎来了重大发展机遇，也面临着巨大风险挑战。邓小平同志多次强调："我们要把工作的基点放在出现较大的风险上，准备好对策。"著名的"863"计划就是这样出台的。1983年，美国为抢占21世纪战略制高点，出台加快发展高新科学技术计划。德国、日本等国随后纷纷提出高科技发展战略，新一轮全球科技竞争浪潮涌起。如果不采取有力措施，我国就面临在科技竞争中掉队的风险。为此，1986年3月5日，邓小平同志在"两弹一星"元老陈芳允等四位老科学家提出的《关于跟踪研究外国战略性高技术发展的建议》上作出批示："此事宜速作决断，不可拖延。"在邓小平同志的推动下，中央拨了专款100亿元。不久，面向21世纪的中国战略性高科技发展计划正式公布，以邓小平同志批示时间命名的"863"计划诞生。"863"计划实施以来，瞄准世界科技前沿，强化基础研究，不断取得前瞻性基础研究、引领性原创成果重大突破，不仅提高了我国的科技竞争能力，还直接和间接创造了上万亿元的经济效益。

中国特色社会主义进入新时代后，面对世界百年未有之大变局，以习近平同志为核心的党中央忧患意识愈益强烈。习近平总书记在多个重要会议、重大场合强调，"前进的道路不可能一帆风顺，越是前景光明，越是要增强忧患意识，做到居安思危，全面认识和有力应对一些重大风险挑战"[①]，并将防范化解重大风险列为"三大攻坚战"之首，将"驾驭风险本领"列入我们党必须增强的八种"执政本领"，要求全党一以贯之地增强忧患意识、防范风险挑战。2019年1月21日，党中央专门举办了省部级主要领导干部坚持底线思维着力防范化解重大风险专题研讨班，习近平总书记在开班式上全面深刻地分析了当前我们党面临的形势，就防范化解政治、意识形态、经济、科技、社会、外部环境、党的建设等领域重大风险作出具体部署，提出明确要求。正是因为有了这种居安思危的意识和斗争准备，习近平总书记精准研判、果断决策，带领全党全国人民沉着应对，取得了抗击新冠肺炎疫情重大战略成果，极大地提升了中国特色社会主义制度的吸引力，有力地巩

① 2018年4月17日，习近平在十九届中央国家安全委员会第一次会议上发表的重要讲话。

固了中国共产党的执政地位。

四、当前面临哪些“危”

当前，随着国内城镇化的快速发展、社会财富的聚集、人口密度的增大、交通工具的便利，以及国际形势的错综复杂，我们面临的风险越来越多，而且相互交织叠加。尤其是公共治理领域风险点更多，需要引起高度重视。

一是存在自然灾害之危。从历史上看，我国是世界上自然灾害最为严重的国家之一，灾害种类多，分布地域广，发生频率高，造成损失重。据有关部门统计，除了现代火山活动外，地球上几乎所有的自然灾害类型在我国都发生过；70%以上的城市、50%以上的人口，分布在气象灾害、地震灾害、地质灾害、海洋灾害等自然灾害严重的地区；2/3以上的陆地面积受到洪涝灾害威胁。近年来，随着全球气候变暖，我国极端天气气候事件多发频发，高温、洪涝、干旱的风险进一步加剧，地质灾害风险也越来越高，而且其中有些高灾害风险集中在东部人口密集和经济发达地区，这使我国面临自然灾害的形势和挑战更加严峻复杂。

二是存在重大安全事故之危。近年来，我们国家在加强重大安全事故应急管理上做了很多工作，采取了完善制度、强化责任、加强监管等有力措施，取得了积极效果，百人伤亡特大事故的数量明显减少。但由于安全事故遗留问题和风险种类多，加上一些企业主体责任落实不到位，蓄意违法违规行为在某些地方、某些领域还比较突出，等等，重大安全事故仍时有发生，隐患较大。

三是存在重大公共卫生事件之危。与其他公共治理领域风险相比，重大公共卫生事件具有系统性、难测性、难控性、动态性等特点，危害程度大，涉及范围广。重大公共卫生事件一旦失控，影响的就是一座城市、一个国家，甚至波及全世界，而且它的风险不仅在于事件本身的复杂难控和对民众生命健康的危害，还在于由其引发的多维度、多领域风险交织叠加，严重破坏社会稳定，危害经济发展，就像新冠肺炎疫情的影响已远远超过其自身。一些重大公共卫生事件属于小概率的黑天鹅事件，无法预测、不可抗拒，更增加了预防的难度。

四是存在重大社会安全隐患之危。当前，我国正处在社会转型期，整体运行平稳，但个别领域矛盾逐步凸显，加上一些境外势力煽风点火、推波助澜，群体性事件、暴力恐怖事件时有发生，社会风险有所累积，特别是近年来民族分裂势力、宗教极端势力、暴力恐怖势力日趋活跃。据统计，自1990年至2016年底，仅在新疆地区就发生了数千起暴力恐怖案（事）件，严重影响社会秩序、工作秩序、生产生活秩序。去年，香港发生了多起破坏国家安全的暴力事件。可以说，随着形势发生深刻变化，我国社会安全领域各类传统风险仍未消弭，一些新的风险也正在显现。

五、开展忧患意识教育尤为紧迫

能不能做到居安思危，关键在于忧患意识教育开展得好不好。就我国当前而言，建立忧患意识教育体系，开展好忧患意识教育，是一件迫在眉睫的事情。

一是加强全民忧患意识教育。长期以来，我们在开展忧患意识教育方面存在较大不足，很多老百姓没有接受过系统的忧患意识教育。在这方面，新加坡和日本的做法值得我们学习借鉴。新加坡专门编写了《居安思危：大战前后新马史料汇编》一书，通过历史教育让现在的新加坡人民特别是青年一代明白和平的可贵，借此把居安思危的思想渗透到社会生活的每个角落。日本更是将忧患意识作为其国民教育的主要脉络，从幼童到成人都要接受忧患意识教育。日本的中小学教科书上至今仍写着：日本国土狭小，没有资源，只有靠技术、靠奋斗，否则要亡国。从学生教育开始就注重加强应对突发灾害事件的教育和训练。每年冬季流感流行时，政府会根据疫情发展，依照《学校保健安全法》进行临时休课，就是俗称的“封锁学校”，让学生在家隔离数日进行观察。从幼儿园至大学，几乎每个人都亲身经历过这样的教育。苏联物理学家、诺贝尔物理学奖得主卡皮查曾经说过，人一生最重要的东西是在幼儿园学到的。我们在开展全民忧患意识教育时，也要坚持从娃娃抓起，把忧患意识教育的内容编入中小学教科书，纳入学校的教学体系，开设专门的课程，切实改变当前正面教育多、忧患教育少的局面，让人们从小就能够学会辩证地看待安和危，并掌握应对火灾、水灾、地震等灾害和公共安全风险的基本技能。现在有的学校设置了有抗灾救灾相关内容的“第一课”，这也是一种忧患意识教育，值得肯定。但有的“第一课”与忧患意识教育无关。而且，忧患意识教育只是“第一课”还不够，还要变成一门必修课；只是少数学校还不够，还要在所有学校推开。

二是强化领导干部忧患意识教育。领导干部和各行各业的管理者作为决策者和执行者，更需要进行忧患意识教育。许多危机，特别是安全生产事故，大多数是由麻痹大意、疏于安全检查引起的，如果领导干部及有关管理人员有强烈的忧患意识，是可以避免的。2011年5月29日，贵阳市金阳新区朱昌镇发生一起煤矿透水事故，造成12人死亡、1人失踪，直接经济损失达1000多万元。事后，当地党委负责人检讨时反思，这起安全事故发生的主要原因是没有做到居安思危，在安全生产工作上有麻痹、侥幸心理，片面地认为贵阳不是煤炭的主产区，煤矿安全生产的压力不大，煤矿安全生产这根“弦”绷得不紧，对安全检查工作抓得不够深入。一个地方的领导干部需要强化忧患意识，一个企业的负责人也同样需要。2000年，在华为以年销售额220亿元、利润29亿元位居全国电子百强首位的时候，任正非作了一次题为《华为的冬天》的演讲，畅谈危机意识。“公司所有员工是否考虑过，如果有一天，公司销售额下滑、利润下滑甚至破产，我们怎么办？”“这一天一定会到来。面对这样的未来，我们怎样来处理？我们是不是思考过？”“居安思危，不是危言耸听。”正是凭借这种强烈的忧患意识，华为2013年超过爱立信，成为世界最大的电信设备供应商；2019年克服“断供危机”，全年营收增长18%，市场份额达28%。因此，应将忧患意识教育作为领导干部和管理人员教育培训的必备内容，通过党校、高校等阵地和渠道，采取灵活多样的方式定期对领导干部、管理人员进行专题培训和实战训练，使其进一步增强忧患意识，特别是公共危机治理意识，提升应对能力，从而造就大批政治强、敢担当、有风险管理意识和能力、擅长公共危机处置的优秀领导干部和管理者。

三是把忧患意识教育融入各类组织。开展忧患意识教育，仅靠学校还不够，社会也是一所大学，工作和生活就是最好的老师。各级党组织、机关、企事业单位以及各类群众组织、社会组织可以结合各自实际，开展各具特色、更加专业的忧患意识教育。车间、工地可以开展关于安全生产的忧患意识教育，避免发生安全生产事故。高科技企业可以开展关于不断创新的忧患意识教育，避免被市场淘汰，比尔·盖茨就反复告诫员工微软离破产永远只有18个月，必须不断创新。环保组织可以开展关于爱护环境的忧患意识教育，让更多的人参与到保护环境的行动中来。卫生健康组织可以开展关于公共卫生的忧患意识教育，引导人们形成健康的生活方式，养成良好的卫生习惯。总之，应通过分布在各行各业的各类组织，切实增强人们的忧患意识，做到：平安无事时，防患未然；危机来临时，把伤害降到最低。

第二策　前事不忘

前事不忘，后事之师。我们要擦清历史的镜子，抹去灰尘，以史为鉴，走好未来的路。[①]

——习近平

2009年2月，原卫生部党组书记高强在接受《学习时报》采访时曾表示，非典是一种新发传染病，在应对这场严重公共卫生事件初期，存在判断不准、处置不当、信息不准、传递不畅等问题。2020年新冠肺炎疫情暴发，暴露出我们在重大疫情防控体制机制、公共卫生应急管理体系等方面仍然存在一些短板。其实，早在2018年1月，习近平总书记在学习贯彻党的十九大精神专题研讨班开班式讲话中就曾发出提醒："像非典那样的重大传染性疾病，也要时刻保持警惕、严密防范。"现在看来，一些干部还没有很好地做到"前事不忘"。

① 2017年12月13日，习近平在会见南京大屠杀幸存者代表和为中国人民抗日战争胜利作出贡献的国际友人亲属代表时的讲话。

一、前事不忘有助于鉴往知来

“前事不忘”一词，见于《战国策·赵策一》：“前事之不忘，后事之师。”意思是，不要忘记从前的教训，可以作为以后的借鉴。类似的成语有前车之鉴、后车之戒等。

大量事实表明，一些事件总是会通过不同的形式“重现”，对这些事件进行回溯并总结经验教训，有利于真正把握事物发展进程中的内在必然性和规律性。人们常说，历史总是惊人的相似。的确，在人类文明史中几乎找不出什么“新鲜事”。以长江重大洪水灾害为例，1153年以来长江上游出现大于8万立方米每秒的洪水有8次，流域型大洪水在20世纪有1931、1954、1998年3次，这3次大洪水非常相似。1931年，由于气候反常，洞庭湖、鄱阳湖水系雨季比常年提早半个多月，7月份长江中下游大范围长时间强降雨，致使长江干支流洪水猛涨，中下游江堤、圩垸普遍决口，受灾人口2800多万人，死亡14.54万人。1954年，同样是因为流域大气反常，梅雨大气早来，梅雨期持续时间比正常年份长了约1倍，降雨强度也比常年大，暴雨频繁发生，从5月下旬溃口、分洪开始直至8月，大洪水造成1800多万人受灾，3万多人淹死。正是基于这些惨痛教训，毛泽东同志提出了建设三峡大坝等水利工程、提高防汛能力、根治长江水患的战略构想。1998年，受厄尔尼诺现象影响，长江流域再次形成大洪水。但在抗击这次洪水过程中，大量防洪工程发挥了重要作用，洪灾损失大大低于1954年。台风、地震等灾害也是如此。台风季节性很强，一般发生在夏秋之间，而且总是在沿海地带登陆，因此，不管什么名号的台风，在福建还是在海南登陆，并没有本质上的不同，只是风力级别差异而已。地震则往往发生在地壳大板块的边界上，全球80%的地震都集中在环太平洋地震带上，不论是发生在美国、日本还是中国的地震，发生过程并无本质上的差异。因此，牢记这些前事的经验教训，有助于我们更好地进行预防和应对。

我们都听过寒号鸟的故事。冬天到了，没有做窝的寒号鸟在崖缝里冻得直打哆嗦，不停地叫着："哆啰啰，哆啰啰，寒风冻死我，明天就做窝。"到了第二天，风停了，太阳暖暖的，懒惰的寒号鸟忘了昨天的教训，得过且过，还是没有做窝。到了晚上，寒号鸟又冻得直打哆嗦，不停地叫着："哆啰啰，哆啰啰，寒风冻死我，明天就做窝。"但是到了白天，寒号鸟又忘了做窝的事。寒冬腊月，大雪纷飞，依旧没有做窝的寒号鸟冻死在了崖缝中。这个故事提醒我们，千万不要好了伤疤忘了疼，否则会付出更大的、难以承受的代价。

二、克服善忘这个人类通病

善忘是人类的通病。随着时间的推移，当灾难渐渐远去，人们会慢慢忘记灾难带来的痛苦和伤害，以致重蹈覆辙。

那么，人类为什么会善忘呢？

从生理学的角度看，遗忘是大脑的一种自我保护机制，人们会主动遗忘一些痛苦。据美国《细胞》杂志报道，瑞士巴塞尔大学的研究团队发现，在人类进化过程中，大部分人会具备自然遗忘的能力，会自动清空一些记忆，如果这个机能受影响，大脑功能反而会出现紊乱。从社会学的角度看，人们会综合考虑经济、政治等各方面因素，权衡利益得失，有意地选择遗忘。黑格尔所说的"人类从历史中学到的唯一教训，就是没有从历史中吸取到任何教训"，指的便是如此。《自然》杂志曾经发表过一篇文章，该文章研究了人类对灾害的记忆情况。课题组根据历史记载，运用碳年代测定法等考古方法，分析了中欧地区伏尔塔瓦河流域近1300个城镇和村庄的记录，对近900年来在盆地地区发生的特大洪水的相关记载进行了比较研究。这样的特大洪水具有强大的毁灭性，研究人员记录了其中的7次。每发生一次大洪水，新建的居民点都会比洪水前的居民点高出非常大的垂直距离，但这种趋势在洪水发生后25年左右开始改变，幸存者的后辈们又开始往山下移居，并且越来越靠近河流，逐渐进入洪水危险区，洪水再次来临后又往高处移居，如此反复。在为新家园选址时，人们会权衡洪水破坏的风险和靠近河流的好处，但因时间已经久远和眼前利益的诱惑，人们往往会选择遗忘灾难的记忆。

由此可见，在公共危机治理领域，铭记非常重要，不然就会在同一个地方反复摔跤。2020年3月5日，一名亲历过1918年大流感疫情和2020年新冠肺炎疫情的105岁的西班牙老人发出警告，提醒要重视当前疫情蔓延趋势，绝对不能掉以轻心，避免类似的悲剧重新上演。但对比这两场疫情不难发现，100年前犯过的一些错误，今天仍在重复。1918年，大流感初期，人们盲目乐观，集会、娱乐照常进行，报纸上写着：无须惊慌，纽约的教堂、学校以及剧院不应被关停。2020年，新冠肺炎疫情初期，人们同样大规模聚集，1月18日武汉百步亭社区举办万家宴，4万多个家庭参加了活动。更为遗憾的是，在中国全力抗击疫情时，西方国家仍然没有给予足够重视，大规模的集会、活动照常举行，美国2.7万名选手参加的洛杉矶马拉松如火如荼，意大利一年一度的“橘子大战”也未受影响，有1.5万人参加。1918年，大流感没有特效药，人们迷信偏方，尝试各种五花八门的疗法，如吃大量的洋葱且这期间不刮胡子、不洗澡、不换衣服，吃煤油蘸糖，等等。2020年，新冠肺炎同样没有特效药，吃草莓、喝酒、熏醋、抹香油、用生理盐水漱口等各种奇葩偏方依然很有市场。1918年，一些不法商人利用人们的恐慌心理趁机发灾难财，借机销售阿司匹林、奎宁等各种药品，引起了一大波的抢购潮。2020年，依然有人趁乱发灾难财，在口罩最为紧张的时期，不法商贩囤积居奇，美国N95口罩售价高达220美元/盒。1918年，流感病毒对人类是无差别攻击的，西班牙国王、美国总统、德国皇帝、英国首相、沙特王子都被感染。2020年的新冠病毒也是如此，美国总统、英国首相、法国总统、俄罗斯总理、巴西总统、洪都拉斯总统等人染病。无论多么显赫的政要、明星，只要不注意防护，都难逃它的魔爪。这些都提醒我们，忘记前事，悲剧就会重演。正如哲学家乔治·桑塔亚纳所讲，忘记过去的人注定要重蹈覆辙。

三、善于从前事中吸取教训

前事，既包括自己身上发生的事，也包括他人身上和历史上发生的事。对领导干部而言，对前事只是不忘还不够，还要善于总结，从中吸取教训。

一是善于从自己的前事中吸取教训。来自于自己身上的教训，最直接也最难忘，应更加重视，以启迪未来。2008年1月，贵阳市遭受了五十年不遇、个别地方百年不遇的特大凝冻灾害，应对工作总体上是值得肯定的，但由于主客观原因，存在一些不足，最终造成全市约262万人受灾，约占总人口的74%，直接经济损失达110亿元，相当于2007年地区生产总值的15.87%。3年之后，也就是2011年，贵阳市再次遭受严重的凝冻灾害，全市正常生产生活秩序受到严重威胁。与2008年初的那次凝冻灾害相比，这次灾害来得更突然、更迅猛，受灾面积之广、危害程度之深、抗灾救灾难度之大，更是罕见。但在这次抗灾救灾中，贵阳市充分吸取了抗击2008年凝冻灾害的教训，按照已掌握的应对凝冻灾害天气的规律，周密部署，顽强抗击，从容应对，特别是在2008年“抗凝冻、保民生”的基础上，提出“一抗三保”（抗凝冻、保民生、保生产、保稳定），通过强化组织领导、保持交通干线通畅、积极稳定市场供应、千方百计组织生产、维持社会秩序稳定等措施，把灾害损失降至最低，真正做到了“前事不忘”，达到了吃一堑长一智、打一仗进一步的目的。

二是善于从他人的经历中吸取教训。人们常说，聪明的人从旁人的错误中吸取教训。一个人不可能经历所有的事，必须善于从他人身上吸取教训。1988年1月，因市民食用不洁毛蚶导致甲肝在上海大规模暴发，这次疫情持续了两个月左右的时间，最终确诊病例达35万例，死亡31人。此次疫情来势凶猛，传染速度之快、规模之大给人留下了极其深刻的印象。20年后的2008年，从3月29日至4月2日，短短几天内，贵阳学院确诊甲肝病例从2例增长到40例。在有关部门初步认定这是一起甲型肝炎暴发疫情后，贵阳市当天就迅速组织相关人员召开专题会议，对处置工作进行安排部署，并对上海甲肝疫情应对办法进行了深入研究，充分借鉴其防控应对经验和做法，全力查找发病直接原因，积极采取有效应对措施。正是因为做到了对上海甲肝疫情暴发“前事不忘”，贵阳市这次甲肝疫情很快得到了有效控制，4月23日起就停止了应急处置状态，转入卫生常态，最终确诊病例仅300余例。

三是善于从历史中吸取教训。历史是最好的教科书，在公共危机治理领域，有很多历史教训值得我们去总结反思。以重大疫情为例，人类社会在不同发展阶段都饱受过传染病的困扰，在一定意义上讲，人类历史就是一部人类与瘟疫的斗争史。尤其是发生在14世纪的大鼠疫（黑死病）和1918年的大流感，都夺去了数千万人的生命。据统计，从公元前7世纪到公元20世纪，中国发生的较大规模瘟疫就达700次以上。新中国成立以来也暴发过多次重大疫情，如20世纪50年代的血吸虫病、80年代的甲肝、2003年的非典疫情等。这些疫情发生的原因各不相同，有的是因为自然灾害和战争，即大灾、大战导致大疫，有的是因为地理环境的变迁、气候的变化，有的是因为人类种群交流的深化、不健康的饮食习惯等。但是，疫情的传播速度和范围往往跟当时人们的卫生状况和卫生意识有很大关系。14世纪的大鼠疫和1910年至1911年的中国东北鼠疫，之所以会快速大面积传播，主要是因为当时社会动荡不安，人们生活条件简陋，加上人们缺乏室内卫生、个人卫生方面的知识，卫生意识薄弱，致使鼠疫疫源动物、媒介昆虫大量滋生，从而导致了鼠疫的流行，其他传染病也大多如此。新中国成立后，我们从这些大疫病中吸取教训，大力组织开展爱国卫生运动，改变旧中国不卫生状况，不断提升国民卫生健康意识和水平，着力从源头上控制疫病发生。

四是善于总结借鉴前事中的成功经验。教训固然要牢记，成功的经验和做法也要善于总结提炼。历史上，公共治理领域有很多经过实践检验、行之有效的经验、做法，都值得我们学习借鉴。2020年新冠肺炎疫情暴发以来，钟南山院士强调，最有效的防控手段就是早发现、早隔离。事实上，隔离就是人类千百年来在应对重大传染病过程中总结的最为有效，也是最容易实施的一条重要措施。从医学上看，把病人、疑似病人与健康人隔离开来，既控制了传染源（病人和疑似病人），也切断了传播途径（隔断病人、疑似病人与健康人群的接触），从而能够有效遏制疫情蔓延。在14世纪席卷欧洲的大鼠疫中，意大利的威尼斯是鼠疫致死人数最多的欧洲城市。为了避免更多的人感染鼠疫从而造成更多死亡，当有来自疫区的商船到达繁华的威尼斯港口时，当局命令船只不准靠岸，更不许一人上岸，船只需要到一个孤地抛锚隔离40天。1383年，法国马赛正式建立海港检疫站，在欧洲实行最严厉的隔离制度，对患者、村庄外来人员、往来货物进行隔离。我国古代人们在应对严重疫病时，也采取了隔离这种措施。比如，秦代针对麻风病流行，专门制定法律，明文规定指定专门医生检查麻风病人，将麻风病人送到疠所或疠迁所隔离治疗。疠所是目前已知我国最早的传染病隔离场所。这种传染病隔离场所，从秦代开始设立，以后历代都有所改进和发展。汉代，将得了传染病的民众送到专门收容的类似传染病医院的机构中进行隔离与治疗。清代专设名为“查痘章京”的官职，其职责是到各地检查有无天花病人，一经发现即强行将病人迁往很远的地方居住，进行隔离治疗。1910年至1911年，中国东北鼠疫大流行，一位叫伍连德的医生临危受命领导抗疫行动，成功地扑灭了这场数百年不遇的大瘟疫。他当时提出了三个原则控制鼠疫：管理传染源，处理尸体，将病人送进医院，给房屋消毒；保护易感人群，人人戴口罩；切断传播途径，减少人员流动，对疫区流动人员进行隔离观察。总之，古今中外的一些好做法、好经验，对我们建立和完善现代公共危机治理体系有很好的启示。

第三策　百年大计

培养选拔优秀年轻干部是一件大事，关乎党的命运、国家的命运、民族的命运、人民的福祉，是百年大计。①

——习近平

2020年6月2日，习近平总书记主持召开专家学者座谈会时强调，在实现“两个一百年”奋斗目标的历史进程中，发展卫生健康事业始终处于基础性地位，要构建起强大的公共卫生体系，为维护人民健康提供有力保障。我们相信，经历新冠肺炎疫情灾难后，中国的公共卫生事业一定会有百年大计，有更为长远的规划和更为完善的制度设计，有像长江三峡水利枢纽工程那样的“硬核”防御工程，从根本上减少或避免这样的损失和代价。

① 2019年3月1日，习近平在2019年春季学期中央党校（国家行政学院）中青年干部培训班开班式上的讲话。

一、百年大计管根本管全局管长远

“百年大计”一词，见于梁启超的《论民族竞争之大势》：“数月之间，而其权力已深入巩固，而百年大计于以定矣。”意思是关系到长远利益的计划或措施。类似的成语有千秋大计、长计远虑等。百年大计揭示的道理是，要善于用长远和全局的眼光，制定有利于事物长期发展的规划和措施。事实上，人之所以为人，一个重要原因就是人能够有意识地对长远未来作出思考和谋划，而动物只能凭借本能。那么，什么样的谋划才能够被称为百年大计，或者说，百年大计有哪些特点呢？

一是管根本。“求木之长者，必固其根本。”百年大计谋划的是一些管根本的大事。比如，人才是一个国家的核心竞争力，也是最重要的资源。培养大量的人才，关键要靠教育。为此，我国把教育作为根本大计，提出了“百年大计，教育为本”。经过多年的发展，2018年我国各级各类教育在校生2.76亿人，是1949年的7倍，各级教育普及程度均达到或超过中高收入国家平均水平，为我国经济社会发展提供了人才和高素质劳动力支撑。再如，党的干部，特别是年轻干部是党和国家事业的中坚力量。决胜全面建成小康社会，广大年轻干部敢拼敢闯，是一支重要的生力军；全面建设社会主义现代化强国是接力跑，广大年轻干部又是一支重要的后备军。为此，习近平总书记特别指出，培养选拔优秀年轻干部是一件大事，关乎党的命运、国家的命运、民族的命运、人民的福祉，是百年大计。

二是管全局。“不谋全局者，不足谋一域。”百年大计谋划的是全局，而不是某个地域。比如，“四个全面”战略布局完整地展现出以习近平同志为核心的党中央治国理政的总体框架，使当前和今后一个时期，党和国家各项工作、关键环节、重点领域、主攻方向更加清晰，内在逻辑更加严密，为推动改革开放和社会主义现代化建设迈上新台阶提供了强有力保障，是关系国家未来全面发展的百年大计。

三是管长远。“不谋万世者，不足谋一时。”百年大计里的百年虽然是个概数，但所谋之事必须在相当长的时间内能够持续发挥作用，而不是短时间的应急措施。修建长江三峡水利枢纽工程的目的就是让这一水利工程在百年、千年内都能起到防洪兴利的作用。历史上，长江上游河段及其多条支流频繁发生洪水，每次发生特大洪水时，宜昌以下的长江荆州河段（荆江）都要采取分洪措施，淹没乡村和农田，以保障武汉的安全。新中国成立后，毛泽东同志非常重视这个问题，在他的主持下，中央通过了《中共中央关于三峡水利枢纽和长江流域规划的意见》。毛泽东同志还就三峡工程提出了关键性问题：如何解决泥沙淤积；国力能不能承受投资；怎样解决防空炸问题，同时要考虑防原子弹的问题。对此，他表示“这不是百年大计，而是千年大计”。1994年，三峡工程正式开工，经过20年艰苦努力，建设任务如期完成并连续经受了6年试验性蓄水检验。长江三峡水利枢纽工程已成为当今世界最大的水利水电工程，也成为我国最重要的防灾、减灾、兴利、除弊、保障长江中下游千百万民众生命财产安全的民生工程。

同样，公共危机治理事关人民群众生命财产安全，事关社会和谐稳定发展，是管根本、管全局、管长远的大事，必须从百年大计的高度来谋划。

二、百年大计，规划先行

规划是事业发展的前提，越是重大的战略、重要的工作，越是要坚持规划先行。国民经济和社会发展五年计划、规划便是如此。从第一个五年计划（1953—1957年）开始，到现在已经制定了十三个五年规划。可以说，新中国成立70多年来所取得的巨大成就，与这些计划、规划息息相关。

公共危机治理的百年大计，也要做到规划先行。以防治水害、兴修水利为例，新中国成立之初，我国大多数江河基本上处于无控制或控制程度很低的自然状态，水利基础设施十分薄弱，重大洪水灾害频发。为了从根本上解决这一问题，也为了促进经济社会发展，20世纪五六十年代，在毛泽东同志的大力推动下，我国全面开展了大江大河综合规划和一些主要河流、河段灌溉、供水、发电、航运等专业规划，长江、黄河、珠江、松花江、淮河、海河、辽河等流域规划报告相继编制，七大江河流域控制性工程规划布局在这一时期基本形成。在这些规划的指导下，全国进行了大规模河流治理开发，修建了大量水利水电工程，取得了明显的除害兴利效益，很多工程我们至今还在受益。随后的几十年间，我国又进行了三次全国范围内的水利规划工作，水利设施建设不断加快。截至2019年，全国各类水库从新中国成立前的1200多座增加到近10万座；5级以上江河堤防达30多万公里，总长度是新中国成立初的7倍多；大江大河干流基本具备了防御新中国成立以来最大洪水的能力。由此可见规划对公共危机治理事业发展的重要性。

2020年是我国第十四个五年规划（2021—2025年）的编制之年。鉴于这次新冠肺炎疫情带来的惨痛教训，许多专家、学者都建议以抗击新冠肺炎疫情为契机，结合“十四五”规划编制工作，系统梳理当前我国应对重大公共危机时在制度设计、基础设施、物资储备等方面存在的漏洞和短板，坚持问题导向，从促进事业发展的高度来编制公共危机治理规划，进一步完善顶层设计，以更好地开展公共危机预防和应对工作。

在编制规划时，可以突出四个重点：

一是强化统筹，优化公共危机治理资源配置。在2020年新冠肺炎疫情防控期间，不少地方围绕公共设施、应急能力、物资储备体系等方面，已经开始布局“补短强弱”，并积极培育新增长点。2020年3月初，山东省聚焦公共服务、社会治理、产业生态、基础设施等重点领域，突出公共卫生、公共安全、应急体系、应急物资储备、农村人居环境整治、医疗物资产业链建设和基础设施保障等，初步谋划了重点项目274个，总投资近9000亿元。其他地区也在谋划类似的项目。为提高资源利用效率和综合治理效果，在编制规划时，可以从国家层面强化全面统筹和对地方的指导支持，建立健全信息和资源共享机制，这样既可以防止重复建设，也能集中力量增强地方建设能力，形成全国一盘棋的治理格局。

二是加大投入，全面提升公共危机治理能力。近年来，我国公共危机治理能力有了很大提升，但与严峻复杂的形势和人民群众的需求相比，在监测能力、预警能力、应对能力、救援能力、保障能力等方面都还存在不足。比如，传染病医疗应急体系建设仍处于“疫情来了大家都关注，疫情走了就慢慢忘记”的尴尬境地，待遇低、人才断档、科研弱、硬件不足等问题没有得到根本解决，甚至有部分地区感染科的卫生防疫津贴标准从20世纪80年代以来就没有增长，每月只有二三十元。在编制规划时，应充分发挥政策导向作用和财政资金杠杆作用，引导多元化资金投入，坚持“攻防结合”，将补短板与高质量发展融合起来，大力推进公共危机治理基层基础建设和“科技新基建”建设，从根本上提升公共危机治理的各项能力。

三是实现项目化，大力推进公共危机治理重大项目建设。把理念变为项目，是规划编制的一项核心内容。比如，我国“十三五”规划纲要明确了165项重大工程项目，这些项目作为一个集合体，是将纲要做深做实的重要抓手。抓好这些重大项目，就抓住了纲要实施的“牛鼻子”。当前，谋划和推进公共危机治理重大项目建设，既是统筹推进疫情防控和经济社会发展的具体行动，也是完善我国公共危机治理体系建设的助推器。在编制规划时，应把公共危机治理重大项目清单编制作为一项重要工作，按照细化、量化、具体化、项目化要求，有计划、有节奏地谋划一批公共危机治理重大项目，一个项目、一个项目入手，一个工程、一个工程建设，逐步健全完善公共危机治理体系。

四是坚持中长期结合，稳步推进公共危机治理体系建设。公共危机治理既需要远景谋划，也需要中期安排。比如，2020年5月，北京市出台了《关于加强首都公共卫生应急管理体系建设的若干意见》，明确了加强首都公共卫生应急管理体系建设三个阶段的目标任务：到2022年，公共卫生管理领域突出短板基本补齐，各方面体制机制更加完善，集预防、控制、救治、保障于一体的公共卫生应急管理体系四梁八柱基本成形；到2025年，突发公共卫生事件防控能力全面提升，社区防控、医疗救治、科技和人才支撑、物资保障体系健全有力，首都公共卫生应急管理达到国际先进水平；到2035年，全面建成与国际一流的和谐宜居之都相适应的公共卫生应急管理体系。在编制规划时，可以结合我国公共危机治理的实际，按照中、长期相结合的原则，提出不同阶段的目标、任务和要求，并采取有力措施分阶段稳步推进，确保各项目标圆满实现。

总之，应通过编制公共危机治理规划，进一步明确新时代公共危机治理的指导思想、目标任务、措施原则，真正确立主动型、预防型公共危机治理理念，建立健全各项工作机制，站在全局的高度合理配置各种资源，提升公共危机治理各项能力，推动公共危机治理事业发展，尽可能减少突发公共事件对公众生命安全和经济社会运行的不利冲击与负面影响。

三、制定和完善应急预案

公共危机治理应急预案，是针对可能发生的各种突发公共事件，为确保迅速、有序、高效地开展应急处置，减少人员伤亡和经济损失，在风险分析与评估的基础上，预先制订的计划或方案。其主要作用是明确和规范事前、事发、事中、事后各个进程中的应急反应工作方案和办法，包括谁来做、怎样做、何时做以及用什么资源来做。如果说公共危机治理规划是事业发展的蓝图，那么应急预案就是施工图、操作图，告诉我们当危机来临时该怎么办。

实践证明，应急预案在预防和应对公共危机事件中作用巨大。日本是个多灾害的国家，但灾害对日本造成的人员伤亡和经济损失却远远少于其他国家，究其根源，就是因为日本有一个以防灾基本计划为主、防灾业务计划和地区防灾计划为辅的系统连贯、规范明晰、相互衔接的应急预案体系。2003年应对非典疫情之后，我国为解决卫生防疫基础薄弱、应急响应能力不足等问题，逐步建立了以“一案三制”（国家突发公共事件应急预案，应急管理体制、机制和法制）为四梁八柱的应急管理体系。这里的“一案”即应急预案，是应急管理体系的核心。2005年，国务院发布了《国家突发公共事件总体应急预案》，明确提出了应对各类突发公共事件的工作原则。这个总体预案是全国应急预案体系的总纲，明确了各类突发公共事件分级分类和预案框架体系，规定了国务院应对特别重大突发公共事件的组织体系、工作机制等内容，是指导预防和处置各类突发公共事件的纲领性文件。在这个总体预案的指导下，我国还编制了国家自然灾害救助、防汛抗旱、地震、地质灾害、重特大森林火灾等专项应急预案，各级地方政府、企事业单位也相继建立了各类预案。截至2019年，我国已累计制定550余万件应急预案，形成了一套完整的应对特别重大灾害应急工作体系、扁平化组织指挥体系和防范救援救灾一体化运作体系，有力有序有效应对了一系列突发事件，最大程度地减少了各种灾害和事故造成的损失。值得注意的是，预案不是一成不变的，应根据新情况、新形势不断加以完善，进一步提高科学性、周密性和可操作性。

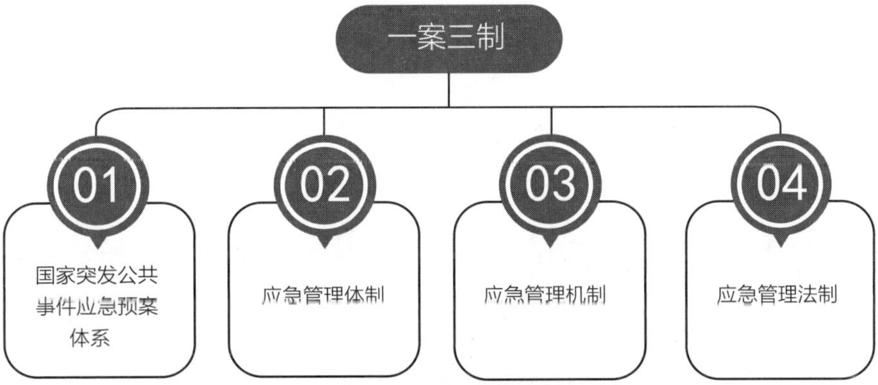

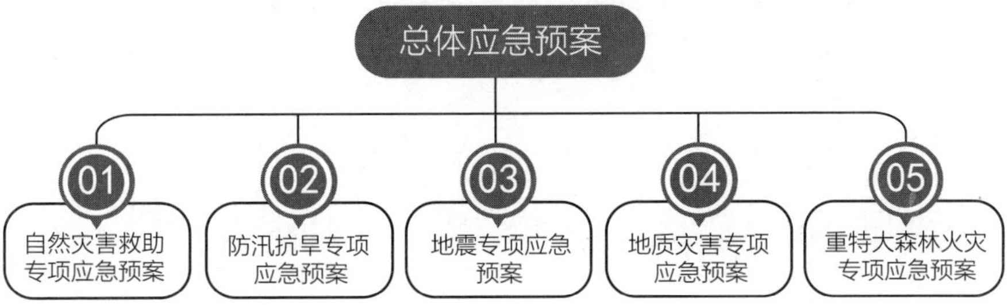

第四策　有备无患

要善于运用底线思维的方法，凡事从坏处准备，努力争取最好的结果，做到有备无患、遇事不慌，牢牢把握主动权。[①]

——习近平

在2020年新冠肺炎疫情暴发初期，全球多地出现“一罩难求”的现象，口罩成为非常时期的“硬通货”。世界卫生组织表示，全球口罩等防护用品需求暴增超100倍。其中，韩国口罩需求增长高达76倍，政府宣布对出口口罩进行监管，意大利限购口罩，日本加速扩大产能，德国多次拦截他国口罩等物资，美国N95口罩价格飙升10倍以上并禁止对外出口。除口罩短缺外，各国都出现了床位不够、防护服严重不足、民生物资紧缺、调度混乱等问题。这说明，面对这场突如其来的公共卫生事件，各国都没有做好准备。在公共危机治理实践中，必须努力争取主动、避免被动，牢牢掌握公共危机治理的主动权，真正做到有备无患，打好有准备之战。

① 2013年初，习近平在一次重要会议上的讲话。

一、做好准备是中国人自古以来的好习惯

“有备无患”一词，见于《尚书·说命中》“惟事事，乃其有备，有备无患”，又见于《左传·襄公十一年》“《书》曰：‘居安思危。’思则有备，有备无患”，意思是事先有了充分的准备，就可以避免祸患。类似的成语有未雨绸缪、防患未然等。

万事提前做好准备工作，是中国人自古以来的好习惯，就连没有读过书的老百姓也明白“不等水来先筑坝”“晴带雨伞，饱带饥粮”的朴素道理。《诗经》云：“迨天之未阴雨，彻彼桑土，绸缪牖户。”未雨绸缪这个成语就出自这里，说的是一种小鸟，在天未下雨之前，就懂得衔取桑树根，缠绕巢穴，使巢更加坚固。老子认为“为之于未有，治之于未乱”，指的是做事要在尚未发生以前就着手，治国理政要在祸乱产生以前就早做准备。《孙子兵法》中提到：“故用兵之法，无恃其不来，恃吾有以待之；无恃其不攻，恃吾有所不可攻也。”意思是，无论敌人什么时候来进攻，都应该长期准备，有备才能无患。人们也常说，养兵千日，用兵一时。不能没有仗打，就不要军队，不训练军队了。《左传·文公六年》记载：“备豫不虞，古之善教也。求而无之，实难。过求何害？”意思是，凡事都要提前做好准备，这是古代贤人教导我们的道理。如果准备了，没有发生不好的事情，那没有关系，但如果说出现了不好的情况，我们没有准备以致措手不及，这样就很困难了，所以现在凡事多想一步有什么危害呢？魏征常以“备豫不虞，为国常道”这句话劝诫唐太宗要有忧患意识，提醒他提前做好准备，以防范意料不到的事情发生，这是治国的永恒之道。习近平总书记也引用这句古语来告诫全党：一个国家要想长治久安，就必须在平日预防“不测之忧”，以免遇到灾害、战乱时无法应

对，危及国家和民族。他还强调，凡事要从坏处准备，努力争取最好的结果，做到有备无患。

二、宁可备而不用，不可用时无备

公共危机事件具有突发性、紧迫性、危害性等特点，一旦发生，往往威胁群体的人身安全，容易引发社会恐慌，加剧破坏性。因此，“防火”比“灭火”重要得多。东汉史学家荀悦在《申鉴·杂言上》中说，对于风险、危机“防为上，救次之，戒为下”。新公共管理理论也认为，管理的目的不是花钱去“疗伤”，而是要善于花钱“预防”。英国著名危机管理专家迈克尔·里杰斯特强调，预防是解决危机最好的方法。历史经验表明：见兔顾犬、亡羊补牢，是为下策；积谷防饥、曲突徙薪，方为上策。针对新冠肺炎疫情，习近平总书记就多次强调，预防是最经济、最有效的策略。总之，准备工作做得越充足，预防和应对公共危机就越有力。政府应坚持预防和应急相结合、常态与非常态相结合，凡事从坏处准备，积极做好应对准备工作，力争不出现重大公共危机，即使出现了也能牢牢把握主动权，最大程度减少损害。

然而，在现实中要做到有备无患并不容易。首先，人们对于突发事件往往有侥幸心理，认为不会这么巧刚好发生在自己身上。以2020年新冠肺炎疫情为例，中国作出了巨大牺牲和贡献，为其他国家赢得了一个多月的窗口期。但事实表明，在这段宝贵的黄金时间里，多数国家并没有提前做好应对疫情的各项准备工作，结果造成疫情蔓延，这多多少少与他们存在侥幸心理有关。其次，应对公共危机的各项准备工作往往都是一些打基础、作铺垫的事情，工作难度高，投入强度大，且短期内不具有政绩上的显现性，属于“潜绩”一类。现实中，有些地方存在重“显绩”不重“潜绩”的用人导向，因此有的领导干部往往有意无意地忽视这些工作。网上有一个故事流传很广，说的是某个县委书记，平时疏于修复水利设施，洪水到来时，冲垮了大坝，然后这位书记冲锋在前，大显身手，带领广大干部群众抢险救灾，把灾害损失降到了最低。因为在抗洪救灾中表现优异，他得到了上级组织的火线提拔。而隔壁县的县委书记，平时十分关心水利设施建设，投入大量资金整修大坝，巡查检查也很严密，力求做到有备无患，当洪水到来时，没有出现任何险情，但由于没有抗洪救灾的显眼表现，最后没有得到奖励和提拔。前一位书记在抗洪救灾中的表现确实值得肯定，但老百姓更希望自己的房屋、农田不被大水淹没，更希望像邻县一样没有受到任何损失。只有后一位县委书记也得到奖励，才会形成重视公共危机预防和准备工作的导向。

因此，对于公共危机，一方面，需要领导干部树立正确的政绩观，坚持底线思维，以对人民高度负责的责任心和宁可备而不用、不可用时无备的态度，认真做好各项准备工作；另一方面，应当完善干部考核评价机制，在考核、选拔干部时，不能只看一时的“显绩”，也要看到干部的“潜绩”，不要让“轰轰烈烈救援成为英雄，默默无闻预防得不到表彰”成为常态，推动领导干部既重视“显绩”，又重视“潜绩”。

三、下好具有战略意义的先手棋

对于风险，习近平总书记多次强调，我们既要有防范风险的先手，也要有应对和化解风险挑战的高招；既要打好防范和抵御风险的有准备之战，也要打好化险为夷、转危为机的战略主动战。[①]我们如何下好这个先手棋呢？需要做好哪些准备工作，才能打好有准备之战、战略主动战呢？根据《中华人民共和国突发事件应对法》《国家突发公共事件总体应急预案》等的规定，一般来讲，应做好以下七个方面的准备工作：

一是法律制度准备。重大传染病，地震、洪水等自然灾害，骚乱、恐怖袭击等社会性动乱，火灾、环境污染、核泄漏等重大突发性事件的发生，往往会导致公共危机，需要全社会特别是政府加以特殊的应对和管理。因此，加强特殊时期的法律制度建设，规范在危机时期或紧急状态下的特殊行政权力和程序，是提高公共危机应急系统的权威性和严肃性、稳定社会秩序的关键之一。2004年3月14日，第十届全国人民代表大会第二次会议通过了《中华人民共和国宪法修正案》，把《中华人民共和国宪法》中的“戒严”统一改为“进入紧急状态”。2007年11月，我国正式施行《中华人民共和国突发事件应对法》。这部法律是我国应急法律体系中起着总体指导作用的一般法、基本法。目前，我国已初步形成以《中华人民共和国突发事件应对法》为基本法，《中华人民共和国防震减灾法》《中华人民共和国传染病防治法》《中华人民共和国水法》《中华人民共和国安全生产法》《中华人民共和国消防法》《中华人民共和国食品安全法》《中华人民共和国国家安全法》《破坏性地震应急条例》等几十部单行法与之并存的全方位、多层级、宽领域的应急法律体系。各地也根据各自的特点，出台了相关的地方性法规和规章。这些法律、法规、行政规章都为政府的危机治理提供了法律依据，为政府行使公共危机治理权力提供了法律保障，我国应急管

① 2019年1月21日，习近平在省部级主要领导干部坚持底线思维着力防范化解重大风险专题研讨班开班式上的讲话。

理工作也逐渐进入制度化、规范化、法治化的轨道。2020年暴发的新冠肺炎疫情，也必将进一步推动我国公共危机治理相关法律法规的完善。

二是体制机制准备。在应对重大公共危机事件时，一些地方往往以领导小组或指挥部的模式，进一步加强统一领导和统筹协调。这种模式充分发挥了我们的制度优势，但其任务重点是在危机发生后负责应急处置或恢复重建的领导工作，并没有把各类危机的预防和准备工作纳入职责范畴。因此，需进一步建立健全统一领导、权责一致、权威高效的应急能力体系，完善预防与应急准备机制、监测与预警机制、信息报告与通报机制、应急指挥协调机制、信息发布与舆论引导机制、社会动员机制、应急保障机制等，推动形成统一指挥、专常兼备、反应灵敏、上下联动、平战结合的中国特色应急管理体制，以应对当今社会各类兼具复杂性、关联性、耦合性、跨界性的突发事件。2018年3月，国务院组建应急管理部，整合了安全生产监督管理、应急管理、消防管理、救灾、地质灾害防治、水旱灾害防治、草原防火、森林防火、震灾应急救援等原来隶属于各部门的职能。从应急管理办公室这样一个协调机构到应急管理部这样一个正式机构，是应急管理体制改革的一大进步，但尚需进一步完善，以更好地适应时代发展要求。

三是人力资源准备。人才培育是应急综合准备的核心，最终任务是培养出符合客观需求、高素质、专业化的具备综合防灾减灾和应急处突能力的人才队伍，在监测预警、应急决策、应急指挥、应急救援、现场处突、信息发布、舆情应对等方面履行职责、发挥作用。人力资源准备包括专业人才培养和社会人才培养两类。专业人才，包括消防、公安、特警、医疗卫生、环境监控、海上搜救、防洪抢险、工程抢险救援、基础信息网络事故处置队伍以及各相关领域的专家、学者。社会人才，包括社会组织、志愿者团体等非专业、机动的辅助队伍与人员。在常态时，应加强对应急救援队伍的业务培训和应急演练，加强基层公众应急能力建设，确保在公共危机事件发生时，应急救援队伍和社会骨干力量能切实发挥作用。

人力资源准备

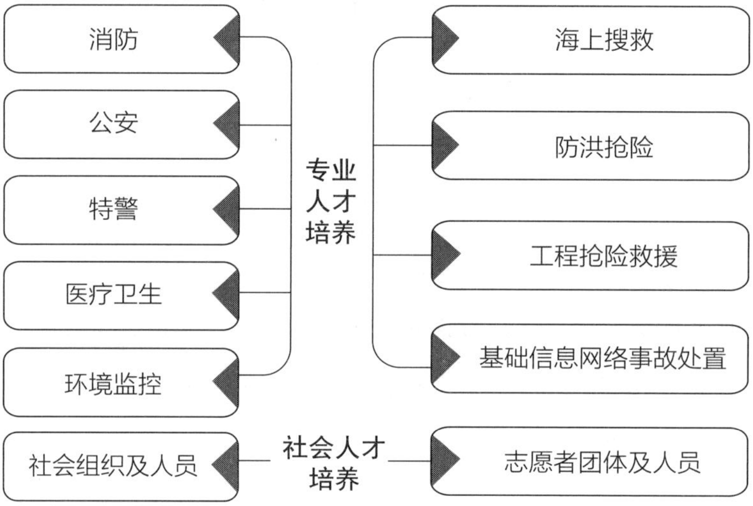

四是财力和物资准备。充足的财力和物资是应对公共危机的重要基础和支撑。应强化投入保障，保障各类公共危机预防工作经费、设备物资采购资金、科技研发资金等方面的投入。要坚守安全底线，做足物资储备。日本是一个“灾害大国”，其在灾害应急物资储备方面的丰富经验值得我们借鉴。日本各级政府都制定了较为全面的防灾计划，并建立了一整套防灾物资日常储备制度。比如，大分市地区防灾计划详细列出了该市防灾物资储备现状和五年储备计划，对儿童纸尿裤、卫生纸、外科口罩、一次性奶瓶、毛巾、毛毯、电池、便携式厕所等约30种物资的储备数量、地点都有明确规定。日本还鼓励、督促企业和个人做好防灾用品的储备。比如，《东京都归宅困难者对策条例》规定，为了应对灾害，各机构应为全体员工储备水和食物，分别是每人9升水和9餐主食。这次抗击新冠肺炎疫情的过程反映出一些地方在物资储备、管理、调度等方面的短板，对此，习近平总书记强调，要健全统一的应急物资保障体系，按照集中管理、统一调拨、平时服务、灾时应急、采储结合、节约高效的原则，尽快健全相关工作机制和应急预案。健全国家储备体系，科学调整储备的品类、规模、结构，提升储备效能。建立国家统一的应急物资采购供应体系，对应急救援物资实行集中管理、统一调拨、统一配送，推动应急物资供应保障网更加高效、安全、可控。在物资储备管理中，还要突出动态管理，定期开展形势研判和风险评估，实时掌握需要列入战略储备的物资品类，及时实现收储。

五是应急物资生产能力储备。突发公共事件的发生具有高度的不确定性，政府不可能无限扩大实物物资的储备规模。如何保证实物物资足量适用、品类齐全，供应及时有效，同时最大程度减少物资浪费，一直是摆在政府面前的一道难题。为此，应当加强应急物资的生产能力储备。生产能力储备是指政府与企业达成合作协议，在应对突发事件需要时，协议企业必须按照协议规定立刻生产、转产，保证物资及时供应的一种储备方式。与单纯的实物物资储备相比，生产能力储备更具有长远意义。新冠肺炎疫情的暴发使各国对口罩的需求量爆发式增长，任何一个国家都不可能提前储备这么多的口罩，这时口罩生产能力储备就显示出其重要性。据统计，2020年2月初，我国非医用N95口罩、医用N95口罩日产量分别为586万只、13万只，到4月底分别超过2亿只、500万只，医用防护服日产量较1月底增长90.6倍，中石油、格力、比亚迪等企业纷纷跨界生产口罩等防护用品，有效解决了一线医护人员的防护需要，我国也成了全球最大的医疗防护物资出口国。意大利皮埃蒙特大区与某著名时尚集团签署协议，由这家历史悠久的纺织公司转产制造医用N95口罩。法国奢侈品巨头酩悦·轩尼诗–路易·威登集团利用旗下化妆品品牌的香水生产线生产消毒洗手液，缓解法国洗手液供应紧缺的状况。相信经过新冠肺炎疫情的洗礼，各国会越来越重视应急物资生产能力的储备。在新冠肺炎疫情防控中，我国进一步优化重要应急物资产能保障和区域布局，对短期可能出现的物资供应短缺，建立集中生产调度机制，统一组织原材料供应，安排定点生产，规范质量标准，确保应急物资保障有序有力。

六是科技支撑和技术保障。积极开展公共安全领域的科学研究，加大对公共安全监测、预测、预警、预防和应急处置技术研发的投入，改进技术装备，建立健全公共安全应急技术平台，提高公共安全科技水平。比如，在抗击新冠肺炎疫情中，习近平总书记强调，要综合多学科力量开展科研攻关，加强对传染源、传播致病机理等的理论研究，为复工、复产、复课等制定更有针对性和操作性的防控指南；要加大药品和疫苗研发力度，同临床、防控实践相结合，注重调动科研院所、高校、企业等的积极性，在确保安全性和有效性的基础上推广有效的临床应用经验，力争早日取得突破；要加强病例分析研究，及时总结推广有效诊疗方案；要充分运用大数据分析等方法支撑疫情防控工作。

七是应急避险场所建设。建立与人口密度、城市规模相适应的应急避险场所，完善紧急疏散管理办法和程序，确保在紧急情况下公众安全、有序地转移或疏散等。针对应对新冠肺炎疫情过程中出现的公共卫生问题和防疫设施不足的问题，有学者建议，今后所有医院、各级党校、住宿制学校和培训机构的设计方案都必须考虑到防疫时能快速改造成传染病医院这一点。一些地方采纳了这个建议，比如，海南省委党校新校区项目就优化了设计方案，改造通风等设施，将普通电梯设计为医用电梯，为今后发生重大疫情时快速改造为隔离场所做准备。

第五策　审时度势

大数据发展日新月异，我们应该审时度势、精心谋划、超前布局、力争主动。①

——习近平

2020年新冠肺炎疫情发生后，党中央审时度势、果断决策，立足地区特点和疫情形势因应施策，牢牢把握打赢疫情防控阻击战的战略主动权，实现了疫情防控形势的大逆转，并“为全世界抗疫争取了宝贵时间”。反观其他一些国家，对疫情发展变化研判错误，应对不当，浪费了中国争取的黄金窗口期，造成了疫情大蔓延。比如，美国作为当今世界“首富”“首强”，是科技最发达、医疗设施最齐全、技术水平最高的国家，面对疫情，3月初还向国人和世界宣传“一切皆在掌控之中”，然而进入4月，疫情大暴发，成为世界“震中”。对此，美国国内方方面面议论纷纷，对政府有关施策多有诟病，认为政府预判错误、政策失误、不

① 2017年12月8日，习近平在主持中共中央政治局第二次集体学习时的讲话。

负责任是造成局面失控的根本原因。美国最具权威性的报纸之一《波士顿环球报》3月30日的一篇社论认为，错误的预判浪费了几个月时间，使病例成倍增加，政府的手“沾满了鲜血”。公共危机事件具有突发性和发展变化的不确定性，能审时度势、准确判断形势，及时根据形势变化作出正确的决策，对控制事态发展、降低危害至关重要。

一、审时度势是领导干部应当具备的基本素质

“审时度势”一词，见于明朝沈德符的《万历野获编》：“刘欲毕试以完大典，俱审时度势，切中事理。”意思是了解时势的特点，估计情况的变化。典籍中也作“审时定势”，如《诸葛武侯庙记》云：“乃知务开济之业者，未能审时定势。”“定”改作“度”，语意未变，仍然指仔细地观察、研究现状，正确估计形势。

事物总是在不断地发展变化，“时”和“势”也无时无刻不处在变化中。“时”指时机，是事物发展变化在时间上的转折点；“势”指事物的客观态势。“审”和“度”指对“时”和“势”的判断，是因时、因势掌握和推动事物发展变化的能力。古语云：“君子谋时而动，顺势而为。”顺势而为，就如同顺水行舟，事半功倍；逆势为之，则如同逆水行舟，艰难至极。也就是说，在时机不对或者各方面条件都不成熟、事物发展变化的有利态势还没有形成的时候，勉强去做事，就会很困难，即使经过努力侥幸取得一些成绩，也要付出很大的代价。而如果时机成熟，条件具备，有利态势已经形成，这时只要能审时度势，因势利导，就可以使事物沿着理想的方向变化。《吕氏春秋》也曾言：“圣人不能为时，而能以事适时。事适于时者，其功大。”其意思是，圣人不能改变时势，却

能使所做的事情顺应时势，而做到事情顺应时势，取得的功效就大。明朝张居正认为："审度时宜，虑定而动，天下无不可为之事。"其意思是，做事要懂得审时度势，深思熟虑后再行动，这样一来天下就没有做不成的事。从这些先贤箴言中，可以看到审时度势的重要性。

审时度势是领导干部应当具备的基本素质。古希腊诗人荷马曾说，智慧的标志是审时度势之后再择机行事。领导干部作为领头羊、决策者，只有善于审时度势，才能不在复杂多变的环境中迷失方向，带领团队在激烈的斗争中取得优势。毛泽东同志说过，没有预见就没有领导，预见就是预先看到前途趋向。有预见能力的领导往往是善于审时度势的领导，能够对事物的形势和发展趋势作出正确判断和预测，并且适时抓住机遇，作出科学的决策。毛泽东同志就是善于审时度势的伟人。秋收起义遭到严重挫折后，他根据敌我力量对比悬殊改变起义计划，及时作出由进攻大城市转向农村进军的决定，初步形成了农村包围城市的战略思想。他在指挥中央苏区反"围剿"的战斗中，根据敌势的发展变化，成功地运用了避实就虚、声东击西的灵活战术，迷惑敌人，让敌人对形势判断失误，从而掌握了战争的主动权。习近平总书记高度重视对形势的分析研判，强调谋划和推进党和国家的各项工作，必须深入分析和准确判断当前的世情、国情、党情。总之，在瞬息万变的现代社会，领导干部尤其要注重培养和提高审时度势的能力，只有这样才能跟上时代的步伐，才能满足未来的发展要求。

二、审时度势尤为重要

"明者远见于未萌，而智者避危于无形。"一般而言，公共危机事件的发生从本质上来说是一系列风险诱发因素由量变到质变的发展变化过程，在这一过程中，科学地识别风险、评估风险，合理地研判事态发展趋势，是预见、预测和预防公共危机事件发生或是在其发生后阻止其进一步演变的最基本的思维方式和最有效的防范手段。面对突发事件，如果能够早一步发出风险预警，就能留出时间进行科学决策，及时做好应对准备工作；如果能够早一步诊断危机的成因和机制，就能找到危险源，斩断即将引爆“炸药”的导火索，抢先运出未爆的“火药桶”；如果能够准确研判突发事件的危险和发展趋势，就能因时因势精准施策，防止危机恶化。

新冠肺炎疫情暴发以来，以习近平同志为核心的党中央展现了高超的审时度势能力，为取得战疫的全面胜利提供了坚强保障。实践证明，党中央对疫情形势的判断是准确的，各项决策部署是及时的，采取的举措是有力有效的。在此过程中，习近平总书记亲自指挥、亲自部署，时刻关注疫情的发展变化，观势、谋局、落子，牢牢把握着战疫主动权。2020年1月25日（农历正月初一），面对新冠肺炎疫情加快蔓延的严重形势，他主持召开中共中央政治局常务委员会会议，要求各级党委和政府把疫情防控工作作为当前最重要的工作来抓。2月10日，他在北京市调研指导疫情防控工作时，强调湖北和武汉是疫情防控的重中之重，是打赢疫情防控阻击战的决胜之地，武汉胜则湖北胜，湖北胜则全国胜。2月12日，他主持召开中共中央政治局常务委员会会议，指出当前疫情防控工作到了最吃劲的关键阶段，要加强疫情特别严重或风险较大地区的防控，非疫情防控重点地区要以实行分区分级精准防控为抓手，统筹疫情防控与经济社会秩序恢复。2月23日，在统筹推进新冠肺炎疫情防控和经济社会发展工作部署会议上，他判断疫情防控形势积极向好的态势正在拓展，强调要毫不放松抓紧抓实抓细防控工作，统筹做好经济社会发展各项工作。进入3月中下旬，面对我国疫情防控形势持续向好，但境外疫情扩散蔓延并对世界经济产生不利影响等新情况，他在3月24日召开的中共中央政治局常务委员会会议上，强调要准确把握国内外疫情防控和经济形势的阶段性变化，因时因势调整工作着力点和应对举措。3月26日，他在二十国集团领导人应对新冠肺炎特别峰会上倡议有效开展国际联防联控，积极支持国际组织发挥作用，加强国际宏观经济政策协调。3月27日，他主持召开中共中央政治局会议，强调要把重点放在外防输入、内防反弹上来，保持我国疫情防控形势持续向好态势。4月8日，他主持召开中共中央政治局常务委员会会议，指出面对严峻复杂的国际疫情和世界经济形势，我们要坚持底线思维，做好较长时间应对外部环境变化的思想准备和工作准备，要坚持在常态化疫情防控中加快推进生产生活秩序全面恢复，抓紧解决复工复产面临的困难和问题，力争把疫情造成的损失降到最低。4月29日，他主持召开中共中央政治局常务委员会会议，指出经过艰苦卓绝的努力，湖北保卫战、武汉保卫战取得决定性成果，全国疫情防控阻击战取得重大战略成果，强调要抓好重点地区、重点群体疫情防控工作，有针对性地加强输入性风险防控工作。危机之时，习近平总书记一个个高瞻远瞩的判断、一次次审时度势的决策、一句句掷地有声的话语，为打赢疫情防控阻击战指引了方向，提供了遵循。而反观一些国家，对疫情的风险评估不足，对形势变化研判不准，防控策略摇摆不定，错过了防控的最佳时机，造成了疫情全球大流行。由此可见，审时度势在公共危机治理中的重要作用。

三、做好风险评估工作

当今社会是风险社会，风险无处不在、无时不在。风险是未暴发的危机，危机是已暴发和兑现的风险。在公共危机治理中，要科学研判风险，准确把握形势，做到审时度势，首先就要高度重视风险评估工作。风险评估是指发现、确认、描述风险，理清风险所属类别，分析风险转变为危机的可能性和可能造成的损害程度，研判定级高危风险，从而界定出公共危机的过程。

风险评估工作，是公共危机治理中一项重要且必要的工作。通过风险评估，可以提前规避、阻止危机发生，或为最大程度地减轻减缓危机损害做好准备，是预防和应对公共危机的第一道防线。比如，台风来了，要评估其风力等级，预测影响区域和程度，以便提前做好应对准备。山区持续大规模降雨，要评估暴发山洪、发生泥石流的风险，为是否需要转移居民提供依据。大型活动举办前，要评估其安全风险，找到风险源，提前规避或化解风险。比如，为保障北京奥运会安全顺利举办，北京市于2007年2月开始，在全市启动奥运期间突发事件风险评估工作。这次风险评估共涉及自然灾害、事故灾害、公共卫生和社会安全等4大类41项突发事件，各区县、首都国际机场、铁路场站、重点商业和大型活动场所、旅游区域等94个重点地区。北京市出台了《风险评估框架指南》《风险评估实施细则》等指导性文件，开展并完成了风险源调查和各专项风险评估与对策报告，初步摸清了奥运期间北京市可能出现的37大类155小类风险源，并提出具体的风险防范对策和措施，为2008年北京奥运会顺利举办筑起了第一道防线。再如，对于计划于2020年夏季举办的东京奥运会，组委会在充分评估新冠肺炎疫情带来的风险后，作出了延期举办的决定。

风险评估包含哪些具体工作？《中华人民共和国突发事件应对法》《国家突发公共事件总体应急预案》等对四类公共危机事件（即自然灾害、事故灾难、公共卫生事件、社会安全事件）的风险评估做了相关要求和规划。一是四类突发公共事件的共性风险评估，包括对易引起危机的危险源、危险区域进行调查、登记、风险评估，定期进行检查、监控；建立健全安全管理制度，定期检查安全防范措施的落实情况，及时消除事故隐患；完善预测预警机制，建立预测预警系统，开展风险分析，做到早发现、早报告、早处置；等等。二是自然灾害的风险评估，包括开展自然灾害综合风险调查，编制自然灾害风险图和自然灾害综合区划图，推进自然灾害风险、综合减灾能力调查与评估，等等。三是事故灾难的风险评估，包括重要设施设备、高危行业领域、高危生产环节应及时排除和消除隐患，公共场所和其他人员密集场所应定期检测其监测预警和应急救援的设备设施，基础性行业业务系统和关键信息基础设施应做好风险管控和隐患排查，等等。四是公共卫生事件的风险评估，包括对高危环境、重点领域、关键物品做好风险监测和检验检测，及时发现突发公共卫生事件，等等。五是社会安全事件的风险评估，包括及时掌握并处理可能引发社会安全事件的问题，防止矛盾激化和事态扩大，完善重大决策社会稳定风险评估机制，等等。

一个具体的风险评估过程一般可分为确立风险背景、识别风险、评估风险三个步骤。第一步，确立风险背景。确定必须管理的风险及其基本参数，明确工作任务，建立风险管理的基本框架及风险评估的标准，即明确哪些风险需要应对、利益相关者有哪些、风险容忍的边界是什么。第二步，识别风险。认识和描述风险的性质，即可能发生什么、何时将会发生、发生在哪里、为什么会发生。第三步，评估风险。在前两个步骤的基础上，对危机造成的损失程度、影响范围、发生概率、发生后果、社会责任、负面影响等进行评估，从而确定风险等级，为科学判断、预防和应对危机提供依据。

四、提高审时度势能力

作为领导干部，应明白自己的责任不仅仅在于突发事件发生之后的及时应对和有效处理，更重要的是具有对风险的评估能力、对形势的判断能力，只有善于审时度势，才能根据形势变化及时作出正确的抉择，将风险降到最低。

一是提高研判风险的思维能力。准确分析研判形势，首先应掌握理论武器，明确分析问题的立场、观点、方法。习近平总书记在2019年1月召开的省部级主要领导干部坚持底线思维着力防范化解重大风险专题研讨班开班式上强调，领导干部要加强理论修养，深入学习马克思主义基本理论，学懂弄通做实新时代中国特色社会主义思想，掌握贯穿其中的辩证唯物主义的世界观和方法论，提高战略思维、历史思维、辩证思维、创新思维、法治思维、底线思维能力，善于从纷繁复杂的矛盾中把握规律，不断积累经验、增长才干。领导干部应通过加强理论学习，不断提高这六种思维能力。

二是时刻保持清醒的头脑。安全科学理论中的海恩法则认为，每一起严重事故的背后，必然有29次轻微事故和300起未遂先兆以及1000起事故隐患。祸患常积于忽微，哪怕忽视一个小小的风险隐患，都有可能造成不可挽救的后果。因此，即便已经做了充足的应急准备工作，对危机应急预案进行了多次演练，也不能掉以轻心、盲目自信，而应始终保持清醒的头脑，不放过任何一个风险隐患。同时，突发事件发生后，往往形势复杂多变，各方面的信息蜂拥而至，有的甚至是不实信息，这个时候领导干部只有保持清醒的头脑，才能在庞杂的信息中拨云见日，抓住主要矛盾，对形势作出准确的判断。

三是客观不带偏见地判断。每个人都有自己的立场，立场不同，对事物的看法就会不同。但事物发展有其客观规律，不会因人的意志而转移。危机事件的暴发、演变也是有一般规律可循的，只有遵循其规律，对所收集到的风险信息客观不带偏见地进行去粗取精、去伪存真，才能对风险性质、发生概率、严重程度、发展形势等作出准确判断。像防控新冠肺炎疫情，有的国家站在保经济的立场上，在没有对易感人群进行充分检测、有效控制住疫情的情况下，就带有目的性或倾向性地判断和宣布疫情风险不大，以“佛系”态度应对，然而疫情是不会因为人的主观意愿而改变其自身传播规律的，这些国家也因此吃下了苦果。

四是提高风险评估工作质量。风险评估为分析、研判形势提供了科学依据，是审时度势的前提和基础。应建立完善的风险数据平台支撑机制，运用大数据等现代信息技术，构建重大风险的信息基础数据库，实现各类风险信息的监测、采集、整合和共享，提高研判的信息化水平；建设统一、开放、高效、扁平化的公共危机治理信息直报平台，压缩信息传递层次，减少中间环节，及时掌握风险演变动态；广泛听取专家、媒体和公众的意见建议，经过多元主体研讨、协商、比较、权衡，消除风险认知偏差，提高风险研判质量。

第六策　胸有成竹

胸有成竹才能出口成章，找准症结才能对症下药，源于实践才能指导实践。①

——习近平

2020年9月28日，习近平总书记在在全国抗击新冠肺炎疫情表彰大会上的讲话中指出，过去8个多月的时间里，我们经受了一场艰苦卓绝的历史大考。总体上，各级党组织和广大党员、干部交出了合格答卷。既然是考试，总有得高分或低分的。一些领导干部面对疫情头脑清醒、胸有成竹、从容不迫，对确诊病例、防控举措、物资储备等如数家珍，当地的防控效果也很明显，在这场大考中得了高分，有些还得到了表彰或提拔重用。也有一些领导干部面对疫情惊慌失措、心中无数、“一问三不知”，工作没思路、决策不果断，影响了当地的防控效果，有的还受到了

① 2012年5月12日，习近平在中央党校2010年春季学期第二批入学学员开学典礼上的讲话。

党纪政务处分。在危机状态下，时间紧迫、可利用资源有限、沟通不畅、诉求激增、情况复杂，对领导干部的工作提出了更高要求，此时也更能体现领导干部的能力和魄力。人们也希望有更多的优秀领导干部胸有成竹地应对公共危机，带领他们尽快战胜危机，最大程度地减少损失。

一、胸有成竹的底气在哪里

“胸有成竹”一词，见于北宋苏轼的《文与可画筼筜谷偃竹记》：“故画竹，必先得成竹于胸中。”意思是，画竹子以前，心里已经有了竹子的形象。后用以比喻做事之前已做好充分准备，对事情的成功已有了十分的把握，又比喻遇事不慌，十分沉着。近义词有成竹在胸、心中有数。

胸有成竹是一个很高的境界，要做到十分不容易。正如故事中的北宋画家文与可，他之所以能“成竹于胸中”，源于他平时的细微观察和苦练。他在自己家的房前屋后种上了各种各样的竹子，无论春夏秋冬，阴晴风雨，都雷打不动去竹林观察竹子的生长变化情况，琢磨竹枝的长短粗细，叶子的形态、颜色，每当有新的感受就回到书房，铺纸研墨，把心中的印象画在纸上。日积月累，竹子在不同季节、不同天气、不同时辰的形象都深深地印在他的心中，只要凝神提笔，在画纸前一站，平日观察到的各种形态的竹子就立刻浮现在眼前。所以每次画竹，他都显得非常从容自信，画出的竹子，无不逼真传神。当人们夸奖他的画作时，他总是谦虚地说：“我只是把心中琢磨成熟的竹子画下来罢了。”从中可以看出，胸有成竹是日积月累学习和练习的结果。

要胸有成竹地面对公共危机，也是十分不容易的，必须做好万全的准备。除了做到前文的居安思危、前事不忘、百年大计、有备无患和审时度势五策外，还应加强日常的学习培训和演练。

一是加强应急知识的学习培训。公共危机治理涉及到预防、抢险、救援、舆论引导、民生保障、维稳等各方面的知识，很多都是专业领域的专业知识，必须通过较系统的学习培训才能掌握。领导干部特别是主政一方的主要领导，未必都要掌握这些专业知识，但正所谓“知己知彼，百战不殆”，心中有数才能工作有方，至少要熟悉和了解这些知识，使自己成为内行领导。在现实中，由于缺乏相应的知识，领导干部应急处置指挥不当、措施不科学的案例并不少见。在2020年新冠肺炎疫情暴发初期，有的官员口罩戴反、底数不清，有的要求学生每天在家自费喝“大锅药”，这些不内行的行为遭到人们广泛诟病。当前，应急知识的培训对象主要集中在相关部门和专业人士，培训内容也集中在专业救援技能等技术层面。应扩大培训范围，加强对主政领导的培训，并将培训内容扩展为危机预防、危机处置、灾后恢复等全过程的知识。领导干部还应当自觉加强日常学习，多从已发生的案例中汲取经验，多向实践学习，提高自身专业素养和综合能力，努力成为公共危机治理的行家里手。

二是加强应急演练。课堂上学习到的知识，要通过考试来检验、强化，只有在一次次的模拟考中得到高分，才能信心满满地面对期末考试。应急演练就像是期末考试前的模拟考，是对各项准备工作的全面自检自查和查漏补缺，是必不可少的一个重要环节。应急演练简单地讲就是一种模拟应对突发事件的演习，指在事先虚拟的事件（事故）条件下，应急指挥体系中各组成部门和人员针对假设的特定情况，执行实际突发事件发生时各自职责和任务的排练活动。开展应急演练，通过模拟真实事件及应急处置过程能给参与者留下深刻印象，使参与者从直观上、感性上真正认识突发事件，提高警惕性；可以查找应急预案中存在的问题，进而完善应急预案，提高应急预案的实用性和可操作性，可以检查应急队伍、物资、装备、技术等方面的准备情况，发现不足及时予以调整补充；可以提高各级领导干部应对突发事件的分析研判、决策指挥和组织协调能力，帮助应急管理人员和各类救援人员熟悉突发事件情景，加深演练组织单位、参与单位和人员等对应急预案的熟悉程度，提高其应急处置能力；进一步明确相关单位和人员的职责，理顺工作关系；普及应急知识，增强公众的风险防范意识，提高公众的自救互救等灾害应对能力。

二、演练不能当成演戏

应急演练是检验突发事件应急预案可行性、应急准备全面性、应急机制协调性及应急处置能力高低的重要途径，是公共危机治理的重要内容。为了检验和提高我国公共突发事件的应急处置能力，规范我国应急演练的开展，国务院应急管理办公室于2009年9月出台《突发事件应急演练指南》，将应急演练纳入相关部门年度考核，使之成为政府和有关企业的必修课。但现实中，一些领导干部对演练的重要性认识不够，把它作为一项例行工作，甚至持怀疑态度，认为："演练是假的，就是演戏，不要太在意。""演练就是比比画画，派不上用场，真实事故中根本用不上。"这些观点是错误的，应急演练绝不是例行公事，在危急时刻往往能起到意想不到的效果。2008年5月12日，汶川地震吞噬了无数无辜的生命。在那场惨烈的大地震中，一位叫叶志平的中学校长创造了一项奇迹，全校师生无一伤亡，被称为"史上最牛校长"。他从2005年开始，每学期都在全校组织一次紧急疏散的演练，规定好每个班级固定的疏散路线，就连每个班在教室里怎么疏散都作了规定。在紧急疏散时，对老师的站位也有要求，要求老师站在各层的楼梯拐弯处。除了开展紧急疏散演练外，他还经常利用学生下课后、课间操、午饭、晚饭以及放晚自习的时间，在教学楼中人流量最大的时候，看学生的疏散情况，察看老师是否在各层的楼梯拐弯处。由于平时进行过多次演练，在地震发生后，全校2300多名师生从不同的教室冲到操场，以班级为单位站好，用时1分36秒，创造了奇迹。2020年7月2日，贵州毕节赫章县发生4.5级地震，危急时刻，赫章县城关镇中心幼儿园的24名老师第一时间带着孩子们躲到课桌下，剧烈的晃动结束后，老师们带着176名孩子仅用17秒撤离到安全地带，并马上清点各班人数，确认没有落下任何一个孩子。为什么当时老师们能够如此迅速有序地做出反应？该幼儿园老师在接受记者采访时表示，学生们能够平静地应对地震，井然有序地撤离得益于平日里定期举行的应急演练，每次演练学校均要求每个老师、学生到位参与。因此，决不能轻视应急演练，甚至把演练当成演戏，要坚决杜绝搞形式、走过场等行为。

三、推广双盲应急演练

为什么很多人不把演练当回事或者把演练当成演戏呢？很大程度上是因为现在很多应急演练的针对性、实战性不强。比如，参与者对预案内容不熟悉、不掌握，演练的时候扮演起照稿念稿的木偶人，使得整个演练过程中“演”的成分多于“练”的成分；有的预案中将职责明确到人，看似分工到位、职责清晰，但事故现场复杂多变，如果人员发生变化，那预案将成为一纸空文；有的把现场救援行动布置得太具体，忽略了事故现场瞬息万变的情况，有的又把情景设置得过于简单，甚至在消防演练中就是一个火盆，演示几具灭火器如何灭火，重“演”而轻“练”，不能达到检验预案、锻炼队伍、提高突发事件处理能力的目的。针对这些不足，近年来，公共危机治理领域的专家建议重视推广双盲应急演练，一些省市也开展了双盲应急演练，实践效果不错。

双盲应急演练是指事前不通知参演单位演练时间、地点和内容的一种演练方式。这种演练方式事前不编写演练脚本，只设计突发事件的情形及次生、衍生事件的情形，可避免参演人员照本宣科，能够充分检验参演人员的临场处置能力，发挥参演人员的主观能动性，打破演练脚本给参演人员带来的束缚。由于事前不告知演练时间、地点，所有参演人员都不知道突发事件的类型及演练内容，因此双盲应急演练具有突击性，能够很好地起到突击检查参演者应急水平的作用，可以较真实地反映参演者的应急能力。这种演练方式的实战性也比较强，由于参演人员事先对所模拟的突发事件情形一无所知，因此能够很好地模拟突发事件发生时紧张的氛围，起到实战的作用，从而提高参演人员的应急实战能力。它还可以有针对性地设计相关情形，并在暴露不足的同时临时增加相关指令以加强对薄弱环节的训练，从而有效地查漏补缺。与一般的应急演练相比，双盲应急演练更贴近实战，应当加以推广。

决断篇

第七策　见微知著

领导干部要有草摇叶响知鹿过、松风一起知虎来、一叶易色而知天下秋的见微知著能力，对潜在的风险有科学预判，知道风险在哪里，表现形式是什么，发展趋势会怎样，该斗争的就要斗争。[①]

——习近平

2020年1月7日，新冠肺炎疫情发生之初，在报告“不明原因病毒性肺炎”病例只有几十例时，习近平总书记就对做好疫情防控工作提出了要求。1月20日，全国累计报告新冠肺炎确诊病例217例，正在云南视察的习近平总书记专门就疫情防控工作作出重要指示，要求各级党委和政府及有关部门把人民群众的生命安全和身体健康放在第一位，采取切实有效措施，坚决遏制疫情蔓延势头。1月25日，正值农历大年初一，中共中央政治局常务委员会史无前例地召开会议，专题研究新冠肺炎疫情防

① 2019年9月3日，习近平在中央党校（国家行政学院）中青年干部培训班开班式上的讲话。

控工作。从中我们可以强烈地感受到习近平总书记见微知著的高超能力。反观美国，1月21日，美国确诊首例新冠肺炎病例，总统特朗普声称“我们完全可以控制住，一切都会好好的”。然而，到3月份，美国疫情形势突然急转直下，疫情蔓延速度惊人，美国已成为当前全球疫情最严重的国家。这很大程度上与特朗普在疫情暴发初期，不能够见微知著、疏于防控有很大关系。

一、见微知著彰显可贵的洞察力

“见微知著”一词，见于东汉班固的《白虎通义》：“智者，知也，独见前闻，不惑于事，见微者也。”意思是，聪明的人是善于察觉的人，对周围的所见所闻，有自己独到的见解，不被假象所迷惑，看到隐微细小的苗头，就能够洞察到事物将来的发展或它的内在本质。“微”是细微的、隐藏的，指事物发展处于萌芽时期，往往比较容易被人忽略；而“著”则是显著的、明显的，指事物已经充分发展，具有了非常显著的外在特征。任何事物的变化发展，都是从最初细微的苗头开始，逐步发展壮大到具备显著特征。见微知著也被理解为，从细微的苗头中就能有所发现，以小见大，由此及彼，预测它的发展，预见它的未来。意思相近的有一叶知秋、睹始知终、窥一斑而知全豹、处一隅而观全局等。

见微知著彰显和体现了一种洞察力，即在事物处于最初的萌芽阶段时，就能洞察和推知它的发展趋势以及可能造成的后果的一种能力，是区别一个人到底是平庸，还是高明的分水岭。古人云：“聪者听于无声，明者见于未形。”说的是，聪明的人可以于无声处听有声，于无形处见有形。同样，高明的人，特别是杰出的政治家、领导人，往往能登高望远、见微知著，见常人难见之“微”，知常人难知之“著”。《韩非子·说林上》记载：“圣人见微以知萌，见端以知末，故见象箸而怖，知天下之不足也。”意思是，圣人见到微小的现象就知道事物的苗头，见到事情的开端就知道最终结果，所以见到象牙筷后就害怕了，知道普天下的东西都不能满足商纣王的贪欲。这个典故里的圣人指的是殷商末期名人箕子，他是纣王的叔父，官至太师，以洞察力之强、气节之高为后人称道，孔子把他和微子、比干并称为殷之“三仁”。箕子看到纣王让人给自己做了一双象牙筷子这个“微”，就预见到纣王奢靡这个“著”。果然，后来纣王暴虐无道，整天酗酒淫乐，挥霍无度。1930年，中国革命正处于低潮时期，毛泽东同志给林彪写了一封信，回答了“红旗到底能打多久”的疑问，并高瞻远瞩地指出：“星星之火，可以燎原。”这个“星星之火”就是“微”，“燎原”就是“著”。毛泽东同志就非常英明地预见了中国革命的光明前途和美好未来。

二、能“见”能“知”的独特价值

在中国传统文化和传统思维中，见微知著是一种能“见”又能“知”的能力，也是人们在认识事物发展变化过程中需要不断提高和增强的思考认知能力。公共危机事件相对于普通事件有一定的特殊性，因此，见微知著能力在公共危机治理中有着独特的价值。

首先，在于提醒我们对苗头要敏感。见微知著强调通过观察细微的苗头，发现和预测事件发展的趋势与结果。一般来讲，公共危机是从开始产生苗头到逐渐变化、形成危机、造成危害的过程，有一个酝酿、萌芽的过程，都是有征兆的。在这个过程中，如果从最开始的苗头就能够见微知著、以小见大，做到抓小抓早，那就能够把公共危机事件消灭在萌芽之时、成灾之前，或者把危害降低到最小。比如，山体滑坡、泥石流等自然灾害，在成灾之前，一般会有一些细微的苗头或征兆，如果能从中有所发现，及时作出预测并做好准备工作，就可以大大减小灾害造成的危害。2014年8月27日晚上8点半，贵州省黔南布依族苗族自治州福泉市道坪镇英坪村发生一起山体滑坡事件，导致两个村民小组的房屋被掩埋，共造成23人遇难、22人受伤。这起山体滑坡事件不是突发的，而是有苗头或预兆的。这个滑坡的山体下面有磷矿，已经开采了近40年，山体早已被掏空，2006年就有村民发现山体出现了裂缝。后来政府制止了企业的采矿行为，但未对废置矿坑进行处置。2010年以后，山体裂缝越来越大，附近村民多次向各级政府反映山体松动并申请搬迁，但由于搬迁费用大约需要1亿元，政府、企业、村民一直没有达成统一意见，故未能搬离。为防止出现事故，福泉市把这个山体列为全市重点监控的滑坡点之一，道坪镇政府请8名村民作为安全观测员，24小时监控。在滑坡事故发生前的第4天，即8月23日，由于汛期雨量大增，村民发现山体裂缝持续加大，便马上反映给当地政府，政府派了地质勘探队进行勘探。27日下午6点，经地质勘探队专家研判，山体很可能要发生滑坡，政府随即发出紧急避险通知，要求村民立刻撤离。上百名村民紧急撤出，但是还有一部分人怀着侥幸心理，在撤离的路上又折回去，结果晚上8点半发生滑坡，造成多人伤亡。如果政府对滑坡苗头有足够重视，下定决心投入资金帮助村民搬迁，就不会造成人员伤亡和财产损失。事实证明，事故善后安置工作花费远超1亿元。另外，在事故发生当天，如果政府对专家的预警足够重视，组织人员一家一户地排查，转移村民，派人拦截折返的村民，也许就不会有这么多村民遇难。

与该起事件形成鲜明对比的是，2020年7月19日凌晨在湖北恩施屯堡乡马者村沙子坝发生的山体滑坡事件。该事件是当地有监测记录以来规模最大的滑坡事件，但这次滑坡没有一人伤亡，其原因就在于村民对苗头的敏感和重视。7月17日下午，作为地质灾害监测员的村民陈光明照例在自己的责任范围内巡视了一圈。这一次，他发现了不同寻常之处：在地上有一条食指粗的裂缝。眼看着裂缝一点点变大，下午4点，陈光明将裂缝拍照发到了地质灾害监测员工作群里。工作人员收到预警，立即前往现场勘查，在预判发生滑坡的可能性较大后，果断组织村民撤离。7月18日下午6点，全部村民撤离完毕。事后，网友们纷纷为陈光明的敬业意识、危机意识点赞。不仅是滑坡、泥石流有苗头，就连最难预测的地震也是有征兆的。1975年辽宁营口大地震预报，被认为是人类首次对7级以上地震的成功预报。1975年2月4日晚上7点36分，在辽宁营口县一带，发生了里氏7.3级的强烈地震。这次地震发生在人口密集的工业城市，国外专家预测死亡人数有10万至15万人。然而实际死亡1328人，不到预测值的百分之一，其原因就是专家们准确进行了预测。原来2月3日下午6点，营口地区发生了一次3.1级地震，紧接着地震频次逐渐增加，专家们分析了地震活动的发展趋势，大胆预测将会发生较大地震，并于2月4日0点30分，发出地震预报。由于震前广泛开展了防震减灾的宣传教育，有效减轻了伤亡和损失。关于这次地震的预测，科学家们还有争论，有人认为这次预报是“瞎猫逮住了死耗子”，纯粹撞运气。但是无论如何，我们千万不能掉以轻心，特别是领导干部，一定要对苗头敏感，能够见微知著，在公共危机事件刚有苗头的时候就准确预见它的发展趋势，及时予以防范或化解。

其次，在于提醒我们把握由微至著的规律性。事物是不断动态地变化发展的，由微到著是一个过程，其中一定有它的规律性。公共危机事件从萌芽到暴发也有其一般规律，把握住这个规律，就能更好地应对。比如，群体性事件的发生往往始于个人或少数人对某件事情不满，然后慢慢地相互串联、组织，并伴随着谣言，才逐渐形成群体性事件。传染病的暴发流行也有它的规律，传染病在人群中流行需要满足三个基本条件，也称三个环节，即传染源、传播途径和易感人群。这三个环节相互依赖、相互联系，缺少其中任何一个环节，传染病的流行就不会发生。因此，在应对这次新冠肺炎疫情之初，在对病毒还未完全了解、没有特效药来治疗时，最为重要和关键的就是阻断病毒的传播途径，“封城”“封小区”“保持社交距离”等措施都是源于这个规律。所以，对于公共危机治理而言，要求速战速决，以见微知著来赢得宝贵的时间，在有限的时间内动态地把握公共危机事件的发展规律，在不同的发展阶段采取相应的应对举措。

最后，在于提醒我们了解危机产生的后果。领导干部只有对危机会造成什么样的后果有所了解，才会如临大敌、如履薄冰，真正警觉和重视起来。这个后果不仅仅是多少人伤亡、财产损失多少这些量的概念，还有危机对人心理上的创伤、对整个社会的损害、对整个世界的影响等。比如，唐山大地震、非典疫情等对一些人造成的身体和心理创伤至今还没有恢复。由小小的冲突引发政局动荡、政权更迭的，也不在少数。比如，一起自焚事件最终导致突尼斯茉莉花革命爆发，进而成为“阿拉伯之春”运动的导火索。2010年12月17日，一则消息在网上疯狂传播。报道称，突尼斯的一名有研究生学历的26岁青年因经济不景气无法找到工作，无奈在广场上摆摊做起了小贩，结果却被城市警察粗暴羞辱和欺凌，他悲愤绝望之下只能选择自焚抗议，在惨叫声中被烧得焦黑。事实上，这名青年不是被逼自焚，而是不小心把汽油倒在了自己身上引起燃烧，城市警察也没有打他或羞辱他，在网络上引发民愤的视频和照片都是拼接而成的。从本质上看，这是一起意外事故，但在网络幕后推手的操作下却演变成一起警察欺压小贩、体制压制民众、政府不让底层民众生活的舆情事件。事件在网络上发酵后，博得了突尼斯大众的同情，也激起了他们长期以来对失业率高涨、物价上涨以及政府腐败的怒火，致使当地居民与突尼斯国民卫队发生冲突，随后冲突蔓延到全国多处，形成全国范围内的大规模社会骚乱，并造成多人伤亡。此事件最终导致突尼斯发生颜色革命，颠覆了已经统治突尼斯23年的本·阿里政权。这些都提醒我们，对于危机所产生后果的估计、判断不能仅限于危机事件本身，还要多想一想，进一步掌握其灾难性和事件发酵后的社会影响、政治后果，了解了这一点，我们就会对危机事件有一个更加清醒的认识。

三、见微知著的“三个入口”

见微知著既是一种认知思维能力，也是实践中的一种执行能力。对于领导干部而言，在公共危机治理中锻炼和提升这种能力，应当从以下“三个入口”着手。

第一，精准定性苗头。在危机发生之初，应对不当往往在于对危机苗头定性不准。对苗头的不同定性，决定了解决问题的不同方向和不同措施。比如，在面对群体性事件时，首先应思考该事件到底是经济纠纷事件还是政治诉求事件。如果是政治诉求事件，就要高度警觉，因为这类事件往往会被别有用心的人或组织利用、操纵，扩大事件影响力。而经济纠纷事件，属于人民内部矛盾，解决思路就完全不同。再如，一起爆炸事件是定性为刑事案件还是暴力恐怖事件，极为关键。如果是刑事案件，那可能是偶发，重点是抓凶手。如果是暴力恐怖事件，那可能会有一连串的袭击事件，必须严密防控。在新冠肺炎疫情发生之初，对该病毒是否人传人的定性一直是公众关注的焦点，也正是基于同样的道理。所以，首先要对各种事件的苗头进行精准定性。当然，事件的性质也有可能随着事态的发展而变化，从一开始的非对抗性矛盾演变为对抗性矛盾，甚至最后演变成各种社会矛盾交织在一起的政治事件，因此精准定性也是动态的。

第二，科学预测事态发展。见微知著，重要的是在对苗头定性后预测事态的变化发展，以此来决定采取哪种干预措施。对于采取不同干预措施可能会产生什么样的结果，要有一个科学的预测。比如，在较小程度干预的情况下会产生什么样的结果，在中等程度干预、强力干预的情况下又会产生什么样的结果，领导干部都应心中有数，并据此来决定采取哪种干预措施。在应对这次新冠肺炎疫情的过程中，英国将抗疫路线从原来的群体免疫变为积极抗疫，其依据就是科学家提出的疫情发展预测报告。该报告预测，如果采取消极应对措施，英国将有50万人因为感染新冠肺炎以及医疗资源不足而丧生，而不是之前预测的10万人，这将使英国走向灭亡。英国首相采信了这个预测，立刻改变了之前的“佛系”抗疫政策。

第三，运用科技手段。见微知著，要善于运用科技手段推演事件的发展情况。像洪水、台风等自然灾害，目前已经有比较成熟的科技手段来预测其发展变化，从而确定启动何种等级的应急预案。在应对这次新冠肺炎疫情的过程中，有专家就运用数学模型的定量分析方法评估居民在家隔离这一防疫措施的功效。该模型任意选择一个千人社区，假设其中一人不幸感染了新冠病毒，然后开始传播。利用数学模型分析发现，如果完全不采取隔离措施，感染者的数量将达到500人左右。而如果对八成以上的感染者采取隔离措施，感染者的数量不会超过200人。这个数学模型的分析，表明“宅”在家里的重要性。总之，公共危机治理离不开科技支撑，领导干部应善于运用各类科技手段来分析判断。

第八策　临危不乱

越是兵临城下，指挥越不能乱，调度越要统一。要让基层干部把更多精力投入到疫情防控第一线，而不是以形式主义、官僚主义的方式来给基层增加负担、消耗基层干部的抗疫精力。[①]

——习近平

面对2020年这一场世所罕见、突如其来、异常凶猛的新冠肺炎疫情，世界上各个国家在应对和抗击疫情过程中，表现出不同的状态。有人形容美国抗疫就是一个字：乱。从总统特朗普就开始乱，乱说话、乱表态、乱拍板、乱骂人、乱吃药、乱甩锅。美国前总统奥巴马尖锐地批评特朗普政府“疫情应对绝对是一场混乱的灾难”，“很多在位者都不知道自己在做什么，很多人甚至连假装自己在负责都做不到”，并认为这是美国应对疫情危机一直乏力的原因之一。反观中国的抗疫历程，习近平总书记始终把人

① 2020年2月3日，习近平在主持召开中共中央政治局常务委员会会议研究应对新型冠状病毒肺炎疫情工作时的讲话。

民的生命安全和身体健康放在第一位，带领全党全军全国人民沉着应对、果断处置、科学防控，及时制定疫情防控战略、策略，凝聚起全国人民奋起抗疫的磅礴力量。对此，世界卫生组织指出，中国目前应对新冠肺炎疫情所采取的战略和战术方法都是正确的，这些措施有效阻止了疫情传播，“中国的防疫措施为世界提供了宝贵的防疫窗口期”。临危不乱正是我们在应对新冠肺炎疫情过程中不断取得重大成果的一个法宝。

一、临危不乱表现为一种定力

“临危不乱”一词，见于梁实秋的《槐园梦忆》：“此次事件端赖季淑临危不乱，镇定应付，使我得以幸免于祸灾。”意思是，面临危险情境却毫不慌乱，形容人在面临危机时能够镇定自如、从容应对。庄子曰：“临大难而不惧者，圣人之勇也。”唐代骆宾王在《萤火赋》中说：“临危不惧，勇也。”“临危不乱”与“临危不惧”虽有一字之差，但是它们的内涵却是基本一致的。“不惧”是指面临危险时内心镇定自如的状态，“不乱”则是内心毫不畏惧的外在行动表现。简单说就是“不惧”即能“不乱”，“不乱”即是“不惧”。

临危不乱不是说消极地顺应逆境而无所作为，而是一种置之死地而后生的奋勇作为。《邓析子·无厚》载：“死生自命，贫富自时。怨夭折者，不知命也。怨贫贱者，不知时也。故临难不惧，知天命也。贫穷无慑，达时序也。”说的是，人的生死都是有命数的，贫困或者富贵是要靠时运的。这里错误地把“命”与“时”看成是先天既定、不能改变的，因此认为不怨天命、不怨贫贱就能做到临危不惧。但事实恰恰相反，临危不乱更加需要坚定意志和积极作为。在中国历史上，不乏以少胜多的经典战役，能够以少胜多、出奇制胜，自然离不开临危不乱。比如，在著名的淝水之战中，东晋兵少势劣，以八万军力迎战十倍于自己的前秦大军，十分被动，形势也很危急。但是东晋军总指挥谢安临危不乱，沉着应战，从容调度，派谢玄为先锋迎击前秦军主力，终于变被动为主动，取得了战争的全面胜利。

在抗击新冠肺炎疫情的紧张战斗中，一件事引起了国人的高度关注。当地时间2020年5月15日，美国商务部针对华为公司出台出口管制新规，要求所有含有美国技术或设备的公司不得卖芯片给华为。世界上最强大的国家以一国之力封杀一家公司，使华为遭遇了近年来的最大危机。对此，华为没有慌乱，一如既往地沉着镇定，华为通过心声社区发文称："没有伤痕累累，哪来皮糙肉厚，英雄自古多磨难。回头看，崎岖坎坷；向前看，永不言弃。"配图是一架第二次世界大战中被打得像筛子一样的飞机。这架伊尔–2攻击机尽管浑身弹孔累累，但依然坚持飞行，最终安全返回。这张配图也是华为创始人任正非最喜欢的图片。确实，华为的成长之路可谓崎岖坎坷，一直伴随着各种危机，特别是近几年美国对华为穷追猛打，使用了各种非市场、不公正的手段。但面对危机、逆境，华为从来没有逆来顺受，而是永不言弃，奋勇作为。比如，华为早早就开始实施"备胎"计划，投入重金成立海思半导体有限公司，研发自己的芯片；在全世界设立研发中心，高薪招揽人才；独立于现有的安卓系统，打造鸿蒙操作系统；等等。面对美国的打压，任正非曾表示："我们已经准备好了。"5月18日，华为轮值董事长郭平向华为全体员工发去内部信，称"美国对华为的打压是长期和持续性的，我们也将长期在逆境下求生存、谋发展"。华为在危机之时表现出的临危不乱、奋起抗争、积极作为，令人钦佩。我们也相信，在国家和人民的大力支持下，华为一定能化解这场危机。

二、思维、指挥、行为“三不乱”

2020年新冠肺炎疫情发生后，美国的学者、民众把特朗普和经历了“9·11”事件的小布什进行对比，认为小布什更加具有临危不乱的领袖品质。“9·11”事件发生时，小布什正在佛罗里达州的一个学校给学生们讲故事，幕僚长进来跟他说，有一架飞机撞上了世贸大厦，当时他惊讶了一下，想着可能是飞机失事，然后继续讲故事。过了不久，幕僚长又进来说，又有一架飞机撞上了世贸大厦。据后来小布什自己回忆，他当时的第一反应是：谁要对付美国？是谁干的？但为了不让学生们害怕，他没有立即离开教室，而是在活动结束后才到隔壁教室了解具体情况，之后要求立刻返回华盛顿。当时幕僚们都反对他回到华盛顿，说恐怖袭击的具体情况还不明朗，这个时候回华盛顿非常危险。而小布什认为，作为美国总统，如果此时不回到华盛顿而在别的地方发表演讲，那么国人会说他是懦夫。幕僚们又对小布什返回白宫时应乘坐通常的直升机还是使用更安全的汽车卫队争论不休，小布什打电话跟他们说：“我们平常怎么回去，现在还怎么回去。”在面对媒体时，小布什不急不躁，一直在传递严厉打击恐怖分子的信息。小布什的弟弟曾说：“哥哥没有变……即使在这样巨大的压力之下，他还会与我们讨论家庭问题。”小布什后来讲：“我这样做的目标只有一个，就是努力给美国人民一种总统很镇定的感觉。作为总统，我的一举一动都会在心理上对美国人民起很大的作用，要知道整个世界都在看着我，我要尽力营造一种正常的氛围。”小布什的临危不乱使美国人民迅速从恐慌中走出，重新安定下来。而反观特朗普，在新冠肺炎疫情防控中刚愎自用、反复无常，自身已经陷入混乱状态，在他的混乱指挥下，美国各州各自为战，抗疫过程也一片混乱。

在公共危机治理中，尤其需要领导干部具备临危不乱的定力。这是因为在公共危机事件中，各种事态纷繁复杂，公众往往措手不及、惊慌失措，这就特别需要领导干部在关键时刻挺身而出、沉着镇定、指挥有度、调度有方，井井有条地予以应对，做到思维不乱、指挥不乱、行为不乱。

第一，公共危机具有危险性。丘吉尔曾说，勇气被认为是人类最优秀的品质，因为它是保证其他品质实现的一种品质。处置公共危机事件往往是一项很危险的工作，比如，地震发生后可能还有余震，塌方发生后可能接着还会有塌方，爆炸也可能会衍生出更多安全事件，群体性事件中可能会有一些群众采取过激行为，等等。遇到这种情况，领导干部首先应有直面危险的勇气，率先做到临危不乱，保证自己不乱阵脚，才能想出适当的办法来应对危机和处理问题；如果自乱阵脚，就会影响整个危机处理团队的信心，更谈不上从容不迫地领导众人积极应对。

第二，公共危机具有复杂性。应对公共危机，是一项复杂的系统工程，需要各部门乃至全社会通力协作，解决起来也需多管齐下。如应对新冠肺炎疫情，仅靠医疗卫生部门肯定无法妥善处置，所以这是一场人民战、总体战。即便是常见的造成伤亡的交通事故，也需要协调交通、公安、交警、医疗、城市管理等多个部门。这就要求领导干部在面对公共危机时，思维不能乱，指挥不能乱，要有冷静的头脑和清晰的思路，对哪个部门在什么时候该做什么工作，应心中有数，不能顾此失彼，要统筹协调好各部门，形成合力，有条不紊地处理危机。

第三，公共危机具有群众性。不论哪一种类型的公共危机，都牵涉到人民群众的生命和财产安全，涉及方方面面。公共危机发生时，群众往往处于惊恐、混乱状态，这个时候，他们最需要一个主心骨。而一个及时出现又临危不乱的领导，就是他们无助时的主心骨，就像“定心丸”，使群众迅速从混乱状态中走出，尽快恢复正常秩序，为处理危机争取更多的时间和更有利的条件。

三、面对危机，如何做到临危不乱

面对危机临危不乱是对领导干部的一项基本要求，那怎么样才能做到呢？

一是培养强大的政治定力。临危不乱，要求领导干部对危机有必胜的信念。必胜的信念，一方面来自于人类战胜各类危机的历史。人类一直多灾多难，是在同瘟疫等各种灾难的斗争中成长起来的，即便是造成几千万人死亡的鼠疫、流感，也没有将人类击垮。中华民族在5000多年的文明进程中，历经大灾大难而不衰，任何灾难都没有把中国人击倒。另一方面，来自于强大的政治定力。2020年新冠肺炎疫情防控以及成功应对1998年特大洪水、2008年汶川大地震等重大灾害的经历，都彰显了中国共产党领导和中国特色社会主义制度的显著优势。相信经过这次疫情的洗礼，特别是在看到其他国家防控疫情的混乱和对生命的漠视后，当再次面对各类危机时，广大党员、干部一定会更加临危不乱。

二是有举重若轻的积极态度。面对公共危机，人出于本能难免会有慌乱，但领导干部一定要有举重若轻的态度，快速冷静下来，正确应对，传递积极信号，引导公众恢复理智，只有这样才能迅速地控制事态。比如，有一个广为传播并被搬上大荧幕的真实事件，2018年5月14日，四川航空公司3U8633航班执行重庆飞往拉萨的任务过程中，驾驶舱右座前风挡玻璃突然破裂并脱落，造成飞机客舱失压，副驾驶身体飞出一半。此时，机舱内乘客已经一片恐慌，到处都是尖叫声。在生死关头，机长刘传健和乘务员没有慌乱，刘传健凭借泰山崩于前而面不改色的胆识以及平时养成的强烈责任意识、精湛专业技能，创造了奇迹，被赞为“中国机长”。2018年9月30日，习近平总书记专门邀请刘传健和机组成员参加国庆招待会，并称赞他们：“生死关头，你们临危不乱、果断应对、正确处置，确保了机上119名旅客生命安全。你们化险为夷的英雄壮举感动了无数人。得知你们的英雄事迹，我很感动，为你们感到骄傲。”

三是应从容不迫、指挥若定。危机来临时，其他人都有权利乱，都可以叹息、埋怨、品头论足，唯独领导干部不能跟老百姓一样惊魂不定、惊慌失措，成为惊弓之鸟。这是领导干部的身份和职责所决定的。所以，领导干部把临危不乱落实到实际行动中，就应从容不迫、指挥若定，快速有效地解决问题。

第九策　从善如流

广泛听取各方面专家学者意见并使之制度化，对提高党的执政能力、提高国家治理能力具有重要意义。[①]

——习近平

2020年3月以来，美国成为了全球新冠肺炎疫情的“震中”。按理说，美国有着全球顶尖的疫情防控专家、先进的设备和一流的医疗技术，为什么会陷入疫情的泥潭无法自拔呢？这跟美国总统特朗普无视科学、自以为是、不尊重专家意见有很大关系。3月7日，特朗普在访问美国疾控中心总部时，向媒体表示自己对新冠病毒十分了解，他说：“这里的每个医生都问：‘您对病毒怎么如此了解？’也许我与生俱来就有这种天赋。”在4月23日召开的白宫疫情简报会上，特朗普表示“也许可以通过注射消毒剂杀死新冠病毒”，这些言论令人瞠目。4月，《纽约时报》《国会山报》等多家美国媒体发表一系列文章，批评特朗普政府对科学的无视及

① 2014年7月8日，习近平在经济形势专家座谈会上的讲话。

造成的严重后果，《纽约时报》认为“无视科学建议，一直都是特朗普政府的鲜明特征”。同时，据媒体报道，美国疾控中心在这次疫情防控工作中被边缘化，尽管美国政府一直向疾控中心寻求建议，但来自公共卫生专家的建议常常遭到政府的拒绝。5月初，美国疾控中心的公共卫生专家团队为各州的“启封”、复工计划研究撰写了《实施重启美国的框架性指导方针》，该方案用流程图的方式，帮助各级决策人士判断当地是“解封”还是继续“封城”，甚至还针对不同行业给出了详细计划。但这份方案却遭到了白宫的否决，并且没有任何解释。这说明特朗普政府对专家意见往往是置若罔闻，这也从侧面反映了从善如流的重要性。

一、从善如流实为民主决策

“从善如流”一词，见于春秋时期左丘明的《左传·成公八年》：“君子曰：‘从善如流，宜哉。’”意思是能够迅速接受好的、正确的意见。孔子说“三人行，必有我师焉。择其善者而从之，其不善者而改之”，讲的也是类似的意思。与从善如流意思相近的成语还有从谏如流、广开言路、集思广益等，而反义词则有拒谏饰非、独断专行、刚愎自用等。前者与后者，含义褒贬、孰是孰非一目了然。汉末群雄割据时期，曹操和袁绍一个从善如流，一个刚愎自用，结果曹操聚集了一大批将才、谋士而用之，最终成就了一番事业，袁绍则失去了民心和人才，最终兵败人亡。由此可见，一个领导干部，一旦主观、自负，听不进不同意见，就容易犯这样或那样的错误，这对治国理政和干事创业，有百害而无一利。从这个意义上讲，一个领导干部能不能凝聚各方智慧，把工作做好，其中一个重要方面就是有没有发扬民主作风，做到从善如流、科学决策。

2019年，我国颁布了《重大行政决策程序暂行条例》，明确规定重大行政决策事项，除依法不予公开的决策事项外，决策承办单位应当采取便于社会公众参与的方式充分听取公众意见。听取意见可以采取座谈会、听证会、实地走访、书面征求意见、向社会公开征求意见、问卷调查、民意调查等多种方式。决策事项涉及特定群体利益的，决策承办单位应当与相关人民团体、社会组织以及群众代表进行沟通协商，充分听取相关群体的意见和建议。决策事项直接涉及公民、法人、其他组织切身利益或者存在较大分歧的，可以召开听证会。《重大行政决策程序暂行条例》中的这些规定对领导干部作出重大决策之前必须广泛听取意见、做到从善如流提出了硬性要求。

二、公共危机治理中的从善如流

平常的决策要尽可能从善如流、集思广益，危机处置更须如此。

首先，公共危机治理具有很强的专业性，需要及时听取专家的意见和建议。公共危机治理，特别是自然灾害抢险、危险化学品应急处置、瘟疫和流行病防治、核辐射防护等，都是科学性、技术性、专业性很强的工作，必须听取相关领域专家的意见和建议，按照严格的标准、方法和程序进行科学处置，坚决避免盲动蛮干、“外行指导内行”。2008年5月，处置唐家山堰塞湖就是充分发挥专家作用的一个典型范例。唐家山堰塞湖，是汶川大地震后形成的面积最大、危险程度最高的一个堰塞湖。由于唐家山堰塞湖集雨面积大、水体大、水位上涨快、地质结构差，溃坝的可能性极大。5月27日，中共中央政治局委员、国务院副总理、国务院抗震救灾总指挥部副总指挥回良玉深入唐家山堰塞湖现场指导抢险，组织水利专家反复研究后，确定了“疏通引流，顺沟开槽，深挖控高，护坡填脚”的施工方案，成功地处理了唐家山堰塞湖险情，消除了汶川地震次生灾害的一个特大威胁，确保了人民群众生命安全，创造了世界上处理大型堰塞湖的奇迹。

其次，公共危机治理在制度上具有强制性，要求领导干部必须听取专家意见。《国家突发公共事件总体应急预案》明确规定，处理重大突发公共事件时要充分发挥专家队伍和专业人员的作用，并在组织体系上设立专家组，提出国务院和各应急管理机构要建立各类专业人才库，可以根据实际需要聘请有关专家组成专家组，为应急管理决策提供建议，必要时参加突发公共事件的应急处置工作。这就从制度上对领导干部在处置公共危机事件时必须听取专家的意见和建议提出了明确要求。2008年5月12日汶川地震发生后，党中央立即作出部署，迅速成立由温家宝同志担任总指挥的国务院抗震救灾总指挥部，全面负责抗震救灾工作，同时专门成立汶川地震专家委员会。该委员会由全国各方面的专家组成，为抗震救灾和地震预报提供了科学支持。在2020年新冠肺炎疫情防控工作中，国务院向湖北、北京等省市派驻了专家指导组，地方政府也都组建了专家组，指导抗击疫情工作。

最后，公共危机治理具有公共性，需要听取各方的意见和建议。公共危机涉及广大人民群众的生命和财产安全，需要向社会进行必要的公开并及时听取公众的意见和建议。在新冠肺炎疫情防控过程中，我国及时公布确诊病例数、疑似病例数、治愈出院人数等信息，保障了公众的知情权。同时，畅通信息渠道，通过多种方式广泛听取公众关于疫情防控、社会民生等各方面的意见和建议，并迅速处理、及时反馈，努力把服务延伸到基层，把问题解决在基层。公开透明的疫情防控工作得到了社会大众的理解支持和配合参与，形成了强大合力，维护了社会秩序稳定。

三、牢牢把握“五个关键”

在公共危机治理中，领导干部要做到从善如流，应牢牢把握以下“五个关键”。

一是虚怀若谷，主动向各方面专家诚心求教。“尺有所短，寸有所长。”领导干部往往具有较强的能力，但并不是全知全能的，需克服盲目自大的心理，虚心向他人，特别是各个领域的专家请教。针对新冠肺炎疫情，习近平总书记明确指出：要组织临床医学、流行病学、病毒学等方面的专家，研究病毒传播力、毒性等关键特性，尽快拿出切实管用的研究成果；要鼓励专家学者增强担当精神，承担职业责任，在科学研究的前提下多拿出专业意见和建议。事实上，新冠肺炎疫情防控过程中很多好的做法，都是听取专家意见后作出的决策。比如，建立方舱医院是采纳了王辰院士的建议。

二是兼听则明，善于听取各方面的意见和建议。古人云：“兼听则明，偏信则暗。”意思是说，同时听取各方面的意见，才能正确认识事物，只相信单方面的话，就会犯片面性的错误。领导干部在工作中应最大程度地集思广益，汇集各方面的智慧。比如在新冠肺炎疫情防控过程中，起初有很多人偏信西医，认为中医没什么用。后来多名中医专家指出，中医在临床治疗中起到了很好的作用。由多名院士组成的专家组到武汉深入开展临床救治，边观察边总结，形成中医治疗方案，并被纳入第三版国家新冠肺炎诊疗方案中。之后的几版方案均进一步完善了中医治疗方案，加大了中医治疗的比重。2月20日，围绕救治重症患者，12个国家级中西医结合重症专家组开始巡回指导，打出中西医结合救治的“组合拳”，取得了积极效果。特别是中国工程院院士、天津医科大学校长张伯礼镇守的江夏方舱医院，实现中医药全覆盖，自2月14日开舱收治病人到3月10日正式休舱，共收治轻症新冠肺炎患者564人，没有一个转成重症患者，而其他方舱医院的转重率基本维持在2% ~ 5%。

三是闻过则喜，能够包容刺耳的声音。公共危机处置涉及的对象群体很多，不同的群体因为立场不同、利益关系不同，意见不可能完全统一，有一些不同的甚至是刺耳的、批评的声音很正常。对于这些声音，领导干部应包容大度，并进行反思，看看工作是不是有不足的地方。2008年贵阳市在组织抗击凝冻灾害的时候，成立了很多专项组以保障人民群众，特别是偏远地区群众的生活物资供应，当时很多人包括贵阳市的领导都认为准备得很充分，应该是万无一失了。但是在实际工作中仍出现了一些漏洞，比如，贵阳市的一位市领导在检查开阳县生活物资供应工作时，就遇到几位村民批评抱怨，话说得有些难听。原来是停电造成小碾米厂无法开工，他们手里有粮食，但打不了米，造成吃饭困难。掌握这一情况后，该领导立刻指示开阳县政府抓紧时间给村民送去一台发电机，一个下午就打了5000斤米。可以说，多听些不同的声音，可以使领导干部在工作上减少失误，赢得群众的理解和信任。

四是明辨是非，提高鉴别对策、建议是否可行的能力。各方面提出来的意见和建议，有的是对症下药、切实管用的锦囊妙计，有的是不符合实际的馊主意，还有的甚至是站在个人或者少数人利益的角度提出的歪主意。因此，领导干部要有辨别能力，知道什么是靠谱的、管用的，什么是不靠谱的、无用的，并从中吸纳有益的意见和建议。比如这次新冠肺炎疫情防控，在初期内防扩散阶段，采取了“应收尽收、应治尽治”策略；到了外防输入、内防反弹阶段，则实行“应检尽检、愿检就检”策略。这个变化调整，就是认真研判各方面意见，“择其善者而从之”的结果。

五是完善制度，建立健全广开言路、广纳谏言的制度机制。2014年7月8日，习近平总书记在主持召开经济形势专家座谈会时指出：“广泛听取各方面专家学者意见并使之制度化，对提高党的执政能力、提高国家治理能力具有重要意义。”这次新冠肺炎疫情也提醒我们，必须建立健全制度机制，使广纳谏言成为公共危机治理的常态。比如，可以建立健全吹哨人制度。2019年9月，我国出台了《国务院关于加强和规范事中事后监管的指导意见》，明确提出：“发挥社会监督作用，建立‘吹哨人’、内部举报人等制度，对举报严重违法违规行为和重大风险隐患的有功人员予以重奖和严格保护。”吹哨人制度，也就是知情人士爆料制度。知情人往往是来自内部的专业人士，一般能够尽早发现问题并作出专业判断，若能吹响预警的哨声，可使决策者及时了解到关键信息，及早发现危机、处理问题。

第十策　刨根问底

> 领导干部搞调研，要有明确的目的，带着问题下去，尽力掌握调研活动的主动权，调研中可以有“规定路线”，但还应有“自选动作”，看一些没有准备的地方，搞一些不打招呼、不作安排的随机性调研，力求准确、全面、深透地了解情况，避免出现“被调研”现象，防止调查研究走过场。①
>
> ——习近平

新冠病毒到底会不会人传人？这关系到对疫情严重性的准确判断和疫情防控措施的选择。据媒体报道，先后有三批专家组到武汉调查这个关键问题。第一批专家组于2019年12月31日到达武汉，主要通过查看病例、门诊走访、开会研讨等方式研究疫情，得出的结论是“可防可控”“未发现人传人证据”。第二批专家组于2020年1月8日到达武汉，他们一直怀疑人传人，但当时掌握的信息和资料有限，没有证据。其中一名成员回

① 2011年11月，习近平在《学习时报》发表的署名文章《谈谈调查研究》。

顾称："每到一个地方都会问有没有医务人员感染，得到的答复都是没有。从现在情况来看，他们在说谎。"最后，第二批专家组得出的结论是"尚未发现明确的人传人证据，不能排除有限人传人的可能，但持续人传人的风险较低"。2020年1月18日晚，以钟南山为组长的第三批专家组到达武汉，面对类似的答案，钟南山并没有满足，而是异常尖锐地追问了好几次，最终坐实了病毒人传人的证据，改变了疫情防控的局面。网民质疑：为什么前两批专家组没有发现人传人的证据呢？就算是有人说谎，为什么他们就听信了谎言呢？看来，缺乏刨根问底的调查精神是重要原因之一。

一、刨根问底是为了追求真相

"刨根问底"一词，见于老舍的小说《老张的哲学》："一辆汽车碰在一株老树上，并没伤人……谁能刨根问底地要证据。"意思是树根在土里看不到，如果不刨开土，就不知道根深根浅、根弯根直。刨根问底里面，刨和问是方法，根和底是目的。刨根问底，刨的是真相，特别是对一些复杂事物和状况，只有由表及里、去伪存真，才能形成对事物本质的准确认识，这体现了透过现象看本质的唯物辩证法原理。

这个成语提醒我们，在作管理决策之前应深入调查研究，保证获得信息的充分性、完整性和准确性。信息是管理决策的基础，只有准确全面地掌握信息才能作出正确的决策。如果不刨根问底，得到的信息可能就是不完整的，甚至是错误的，从而影响正确判断。周恩来同志就非常喜欢刨根问底，工作中遇到涉及几个部、委、会的问题时，他就在西花厅召集各部、委、会有关人员碰头，一起研讨对策，取得较成熟的意见后再上报中央。在了解情况、征求意见时，周恩来同志会问得相当详细、具体，不遗漏任何细节，并进行相互印证，问得每个与会同志都心里打鼓，于是大家给这种碰头会起了个名字叫“考试”。也正是因为采用了这种刨根问底的做法，经他手报给中央的文件、方案，都很少有删减改动，并得到了很好的贯彻落实。

二、刨根问底十分必要

在日常工作中，领导干部要深入基层调查研究，掌握真实情况；危机来临时，更要下功夫刨根问底。

一方面，真相本来就不容易掌握。公共危机事件暴发之初，信息往往是孤立的，不仅不全面而且真假难辨，真真假假的信息很难在短时间内甄别，真相往往被掩盖其中。而且公共危机演变很快，容易造成信息不对称，使得领导干部对危机事件的信息掌握不及时、不准确。这时候，就需要决策者通过刨根问底掌握更翔实的信息。比如，发生地震或台风灾害，人命关天，必须尽快掌握灾害造成了多大损失、死了多少人、失踪多少人、受伤多少人、倒了多少房屋等。这些灾情信息关系到对灾情严重程度的判断和救灾力量配置，一定要搞准确。再如，处置群体性事件时，领导干部应全面了解、掌握事件发生的原因、导火索、过程、规模和可能后果，这些关键信息关系到对群体性事件的定性及应对措施的选择。只有掌握了这些信息，才能采取有针对性的措施，否则就可能不仅没解决好问题，反而进一步激化矛盾。

另一方面，存在人为掩盖真相的现象。尤其是生产安全事故、群体性事件等利益关系比较复杂的公共危机事件，一些人为因素会让真相变得更难获得。比如，有的领导干部喜欢报喜不报忧，在他们眼里忧就是矛盾、问题，报忧会使自己在上级领导心里留下不好的印象，影响提拔任用。他们往往只讲成绩，不讲问题，甚至当辖区内或分管领域出现公共危机事件时，不是及时上报解决问题，而是千方百计地捂着、盖着。有的领导干部怕被问责而不敢讲真话，他们在遇到问题时首先考虑的是个人得失，怕暴露问题会被问责，就选择瞒报；有的领导干部不仅自己不如实报告，也会干预别人，甚至压制下级。这些人为掩盖真相的行为，都会使上级领导误判形势，从而错过危机处置的最佳时机。

三、领导干部践行“五个多”

善于刨根问底是领导干部必须具备的一种能力。那么，怎么才能刨根问底、掌握真相呢？关键是做到“五个多”。

一是多进行暗访调研。《十八届中央政治局关于改进工作作风、密切联系群众的八项规定》明确要求领导干部到基层调研要深入了解真实情况，切忌搞形式主义。一些领导干部到基层调研时都是先发通知，这就等于告诉基层要做好应对的准备。领导干部到了基层，基层往往会安排一群人陪同，按照设计的流程进行参观、汇报和交流，有的座谈会事先让发言者准备口径、排练多次，因此领导干部很难全面地了解情况。因此，领导干部应多“微服私访”，不发通知、不打招呼、不要陪同，主动深入到问题较多、情况较复杂的一线开展暗访调研，这样才能更好地掌握真实情况。

二是多进行随机调研。一些基层在应对上级领导检查和调研上已经形成一套办法，最为典型的就是打造一些固定的线路和参观点，集中力量包装几个“盆景”，作为接待上级领导的保留节目。如果领导干部下基层调研都按照预设好的情景和路线，那了解的情况可能是片面的。领导干部搞调研，应带着问题下去，尽力掌握调研活动的主动权，调研中除走“规定路线”外，还应有“自选动作”，可以临时性地看一些没有准备的地方，把调研做得更实、更深入。

三是多问几个为什么。领导干部到基层和现场了解情况时，需始终保持怀疑态度，多问几个为什么，尤其是对有苗头、有迹象的问题，更需“打破砂锅问到底”。日本一家公司的老总在一次检查工作时，车间的机器忽然停止了运转，他马上要求下属去检查，下属检查后报告说是保险丝坏了。老总对下属说：“你去认真查一查，保险丝为什么会坏。”下属回来说是因为机器负荷太重。老总说：“整个装置是按照标准配置的，怎么会负荷太重？你再去仔细查一查。”下属回来报告说是因为轮带之间有杂物，增大了摩擦力。老总说：“你再查一下为什么会有杂物。”最后查出来是因为过滤网坏了，及时更换过滤网后，问题就解决了。如果这个老总不多问几个为什么，就可能找不到问题产生的根本原因，那问题也就得不到根本性解决了。

四是多借助第三方力量。第三方是指独立于当事人或单位的机构，包括督查部门、高校和科研机构、专家团队等。他们立场客观，若领导干部能借助他们的力量进行调查研究，并进行相互印证，可以有效防止被片面信息所误导。比如，在对公共危机事件进行决策时，可以邀请相关领域的专家开展咨询。专家具有专业性，可以对该领域的现象、问题作出一针见血的分析、判断，提出专业性建议；专家的独立性可以有效降低故意隐瞒误导决策的可能。

五是多运用大数据。人类的社会活动时时刻刻都会留下痕迹，把众多痕迹数据化并汇集在一起，就成为了大数据。由于大数据规模极大，很难控制、篡改，比较真实准确，因此大数据的应用也越来越多。同样，公共危机发生的前兆、过程都会产生大量相关数据，这些数据是客观形成的，可以发挥预警、监测、评估、佐证的作用，为公共危机治理决策提供可靠的数据支撑。在危机发生之前，通过大数据分析可以发现危机的迹象线索，以便提前做好应对准备。在危机发生的过程中，通过分析人们留下的痕迹数据，可以验证危机治理决策是否有漏洞，了解各方对决策的反应。在抗击新冠肺炎疫情期间，我国利用大数据技术梳理感染者的生活轨迹，追踪人群接触史，成功锁定感染源及密切接触人群，在很大程度上避免了谎报、瞒报现象，有效提高了疫情防控部署的精准性。

第十一策　权衡轻重

我们要学会运用辩证法，善于“弹钢琴”，处理好局部和全局、当前和长远、重点和非重点的关系，在权衡利弊中趋利避害、作出最为有利的战略抉择。[①]

——习近平

在抗击新冠肺炎疫情这场持久战中，世界各国都面临着在遏制疫情与经济恢复间寻求平衡的两难选择：是持续严控还是逐步重启？阿根廷采取的是以不惜牺牲经济发展为代价、全力防止疫情扩散的从严政策。阿根廷总统费尔南德斯多次在不同场合表示，经济和生命毫无可比性，经济衰退了可以恢复增长，但逝去的生命却不可重来。然而，在严防严控之下，阿根廷的经济发展几乎陷入停滞，债务违约压力陡增。与此形成鲜明对比的是，5月初，在新增确诊病例快速增多、死亡病例破万的严

① 2016年1月18日，习近平在省部级主要领导干部学习贯彻党的十八届五中全会精神专题研讨班上的讲话。

峻形势下，巴西总统博索纳罗依然选择尽快重启经济。他多次呼吁各州尽快结束居家隔离，甚至亲自参与抗议集会，并于5月11日宣布开放健身房、理发店等必要服务场所，市政建设、工业生产项目建设复工。因为与总统意见不一致，两任卫生部长也在一个月内相继离职。还有一些国家则是在两种选择之间进退维谷、左右为难。比如，4月中旬，新加坡在疫情缓解、放宽限制后，新增确诊病例再次飙升，最多时3天内新增3000例，因此政府不得不宣布重新“封锁”至6月1日。由此可见，在公共危机治理的过程中，根据形势权衡轻重、斟酌损益从而作出科学合理的决策，是一门难度很大但又必须掌握好的必修课。

一、权衡轻重体现大智慧

“权衡轻重”一词，见于《淮南子·泰族训》：“欲知轻重而无以，予之以权衡则喜。”“权”，指秤砣；“衡”，指秤杆。这个成语的原意是，想要知道东西的轻重，就要把它放在秤上称量。《商君书·修权第十四》中提到：“夫释权衡而断轻重，废尺寸而意长短，虽察，商贾不用，为其不必也。”意思是，如果抛弃了秤砣、秤杆而判断轻重，废除尺寸而估计长短，即使估计得很准，商人也不会用这种办法，因为这样的结果不是完全正确的。《庄子·胠箧》中提到：“为之权衡以称之。”《周书》中提到：“权衡轻重，斟酌古今。”后来，这个成语常用来比喻比较利害得失的大小，类似的成语有权衡利弊、比权量力等。

在人生的道路上，我们常常会面临各种各样的选择，比如报考哪所大学、选择什么样的工作、在哪个城市居住……在面临这些人生选择时，需学会权衡轻重。权衡轻重的过程，实际上就是一个比较、选择的决策过程，体现的就是一种善于取舍的人生智慧。对领导干部而言，干事情、作决策，应多角度思考，善于权衡轻重、得失、利弊、主次，做到统筹兼顾、因势利导、扬长避短。

二、权衡好不同的利益关系

在公共危机治理中，随时都有可能出现各种两难选择，需要决策者在各种利益关系中进行掂量和平衡。

一是权衡眼前利益与长远利益。公共危机的紧急性特征使我们在决策时容易关注眼前利益，而忽略长远利益。有些短平快的措施看上去立竿见影、药到病除，但从长远来看，则弊端不少，往往埋下隐患，造成顾此失彼、“按下葫芦浮起瓢”、一波刚平一波又起的局面。比如，处理群众上访事件，有的人提出的利益诉求明明不合理，但政府可能出于维稳心理予以满足，这个人是满意了，但很可能造成其他人的互相攀比、心理失衡，引发更大规模上访的连锁反应。相反，如果对群体性事件采取一味压制的做法，短期效果是事件平息了，但由于没有从根源上化解矛盾，表面平静的背后很可能潜伏着更大的危机，会引发更大的负面连锁反应。河南灵宝的王帅案，起因是当地一个名叫王帅的青年在网上发了一篇批评家乡政府违法征地的帖子。当地政府认为其言论有损政府形象，指示公安部门派人到上海，将在那里工作的王帅以诽谤罪抓捕并刑事拘留8天。此事引发《中国青年报》等数十家媒体的重点关注，舆论几乎一边倒地批评当地政府“因言治罪”，不依法行政，最终当地公安部门对相关办案人员及领导进行了责任追究，政府也重新确定了土地征收标准，但政府的公信力已受到不小损害。究其原因，就是在处置危机时只考虑网帖对政府形象的影响这个眼前矛盾，而没有抓住违法征收土地这个根本矛盾来化解危机。因此，在进行公共危机治理时，我们不仅要注重“解燃眉之急”，还要善于“疏长远之弊”，在考虑当前治理效果的同时，还要考虑如何从根本上避免下次危机发生，处理好眼前利益和长远利益的关系，以期达到最优结果。

二是权衡整体利益与局部利益。公共危机治理中经常会产生不同群体间的利益冲突。比如，在禽流感、非洲猪瘟等突发公共卫生事件中，往往需要采取强制关闭畜禽交易市场、大规模扑杀销毁畜禽等措施，一方面，这是防控疫情蔓延、保障公众健康的必要之举，另一方面，也给养殖户造成了不同程度的经济损失。新冠肺炎疫情的暴发，使国人对革除滥食野生动物这一陋习达成共识。2020年2月24日，十三届全国人大常委会第十六次会议表决通过了《全国人民代表大会常务委员会关于全面禁止非法野生动物交易、革除滥食野生动物陋习、切实保障人民群众生命健康安全的决定》(以下简称《决定》)，这符合全国人民的整体利益，但在短期内会给众多陆生动物养殖户带来一定冲击，其中有一些还是政府扶贫项目，带来致贫返贫风险。这就要求有关部门权衡整体利益和局部利益，在维护整体利益的同时尽量兼顾局部利益，避免引发新的危机。《决定》出台后，有的地方搞“一刀切”，在国家没有明确陆生动物的边界，没有出台补偿和支持现有养殖户转型发展政策的情况下，就全面取缔，不顾现有养殖户的利益，造成养殖户群体上访的风险陡增。再比如，2011年11月，持续3个多月的洪水逐渐逼近泰国首都曼谷，为了确保市中心金融区的安全，政府最终决定牺牲东部郊区，采取开闸泄洪的方式将洪水引到非人口密集地区，这导致东部的工业园遭洪水淹没，近百家工厂停产，郊区的数百名居民游行示威，抗议政府对洪水“分配”不公，牺牲郊区保护内城。这些启示我们，在权衡整体利益与局部利益时，一方面要坚持以大局为重，另一方面也要妥善处理好利益受损群体的安置、赔偿等，避免造成更大危机。

三是权衡人民利益与官员个人利益。新冠肺炎疫情暴发以来，为什么美国总统特朗普始终坚持不戴口罩？对此，美国媒体也进行了分析。美联社认为，特朗普担心戴口罩会让公众的注意力聚焦到疫情上，强化恐慌情绪，不利于美国重启经济，他的竞选团队也认为，经济才是他在11月总统大选中胜出的关键。《商业内幕》杂志分析，特朗普担心在公共场合戴口罩被媒体拍摄到，会让他错失连任总统的机会。美国《大西洋月刊》评论，特朗普完全从个人角度和自己政治利益角度去处理这场疫情。可以说，特朗普就是把个人利益置于大众利益之上。这与我国在应对疫情中始终坚持以人民利益至上的价值理念形成了鲜明对比。

三、权衡轻重要坚持“三个原则”

在治理不同类型、不同特点的公共危机时，权衡轻重的判断标准是什么？有没有一些具有普遍性、规律性的原则呢？领导干部可以从以下三个方面去把握。

一是坚持“生命第一”。在2020年9月8日召开的全国抗击新冠肺炎疫情表彰大会上，习近平总书记指出：“为了保护人民生命安全，我们什么都可以豁得出来！”公共危机治理的目标往往不止一个，但最核心的就是抢救人的生命，尽可能地减少人员伤亡。因此，在公共危机治理中，必须牢固树立“生命第一”的原则，始终把对人的生命权的尊重放在首位，在确保公众人身安全的前提下，再考虑如何减少公众财产损失。同时，还应该最大程度地保护军人、公安民警、医护人员等参与危机治理的一线人员的生命安全。比如，火灾发生后，首先是抢救受困群众，然后考虑抢救财产。如果火情危急、火势太大，相关的防护措施不足以确保救援人员的安全，救援存在较大危险，就必须考虑放弃抢险灭火，避免出现不必要的牺牲。比如，在应对传染病等公共卫生事件中，救死扶伤是医护人员的天职，但在这个过程中，也要保护好医护人员，避免其感染疾病。比如，在地质灾害、洪水、台风等严重威胁人民生命安全的公共危机事件中，应“宁可事前听群众骂声，不可事后听群众哭声”，果断、迅速转移群众，千方百计地避免或减少人员伤亡。

二是坚持对比择优。世上没有万全之策。在公共危机治理中，要想使各方利益都得到全面有效的维护，几乎是不可能的事，但总体目标是尽快解除危机，把损失控制在最小范围内。因此，在进行决策时要立足全局、统筹考虑，拟定多个方案。通过综合比较分析危机可能带来的人员伤亡、直接经济损失以及可能造成的其他后果等，合理确定不同价值的主次顺序，优先等级的价值优先保全，次要价值能保全则保全，不能保全时要敢于舍弃，最后在坚持两利相权取其重、两害相权取其轻的基础上找出最优方案。比如，1998年，湖北省荆州市遭遇百年不遇的特大洪水灾害。8月17日，公安县的水位已经突破了45米，根据20世纪50年代国务院制定的荆江分洪预案，超过45米就要进行分洪。一旦做出这一决定，位于分洪区的公安县54万人民将失去家园。但如果不分洪，谁也不敢保证已经浸泡了一个多月的荆江大堤能否经受住超过历史最高水位的洪水的冲击。最终，党中央本着对当地经济和广大群众负责的态度，经过深入细致的科学调查研究，反复比较不同方案的后果，作出了暂缓分洪的决策，同时动员百万军民上堤严防死守，最终取得双赢：既成功保住了荆江大堤，也避免了公安县54万百姓家园被毁的沉重代价。

三是坚持算好政治账。全心全意为人民服务是中国共产党的根本宗旨。领导干部在党的领导下工作，作为决策者，是“公共人”而非单纯的“经济人”。这些都决定了领导干部在进行危机决策的过程中，应善于从政治上看待问题、分析问题、解决问题，心中始终装着关乎群众利益、民生福祉的政治账，统筹兼顾好经济效益和社会效益，不能一味追求治理成本最小化。比如，在应对新冠肺炎疫情过程中，我国在2020年1月下旬就明确，新冠肺炎患者（包括确诊和疑似患者）的医疗费用，在基本医保、大病保险、医疗救助等按规定支付后，个人负担部分由财政给予补助。通俗地说，就是对患者进行免费治疗。截至2020年5月31日，全国确诊住院患者结算5.8万人次，总医疗费用13.5亿元，确诊患者人均医疗费用约为2.3万元。其中，重症患者人均治疗费用超过15万元，一些危重症患者几十万元甚至上百万元的治疗费用，全部由国家承担。为满足重症患者救治需要，我国想尽一切办法筹措体外膜氧合器（ECMO），能买尽买，能调尽调。这个设备的开机成本就是7万元，使用中每天则需花费1万至2万元，有一名患者连续使用了73天才恢复意识，成为目前全球依靠体外膜氧合器接续生命时间最长的患者。免费治疗体现了我们党为人民服务的宗旨，挽救了众多生命，人民群众对社会主义制度优越性也有了更深的认识。

第十二策　当机立断

1月22日，党中央果断要求湖北省对人员外流实施全面严格管控。作出这一决策，需要巨大政治勇气，但该出手时必须出手，否则当断不断、反受其乱。①

——习近平

武汉号称九省通衢，是交通要地，也是一个有千万级人口的大城市。2020年1月22日，也就是中国传统新春佳节假期前两天，面对疫情暴发且随着四通八达的交通网络向全国蔓延的危急时刻，党中央当机立断，以巨大的政治魄力和勇气及时作出“封城”决定，武汉经济社会瞬间“停摆”，号称全球最为壮观的“人口大迁徙”的春运被踩了急刹车。习近平总书记强调：“作出这一决策，需要巨大的政治勇气，需要果敢的历史担当。”②事实证明，这个英明果断的决策，有效控制了新冠肺炎疫情

① 2020年2月23日，习近平在统筹推进新冠肺炎疫情防控和经济社会发展工作部署会议上的讲话。

② 2020年9月8日，习近平在全国抗击新冠肺炎疫情表彰大会上的讲话。

在全国的蔓延势头。据《科学》杂志研究报告预估，中国采取的严厉措施使中国减少了超过70万例的感染者。反观西方一些国家，“封城”迟缓，失去先机。比如，意大利伦巴第地区早在2月12日就发现了新冠肺炎疑似病例。3月2日，意大利高等卫生研究院建议对该地区采取封锁措施，但当局没有采纳，放任疫情扩散，直到3月7日才封锁，错失了控制疫情的最佳时机，伦巴第成为意大利疫情最严重的地区。由此可见，危机面前当机立断的重要性。

一、当机立断显示非凡的果敢与魄力

“当机立断”一词，常表述为“应机立断”“逢机立断”等，最早见于东汉文学家陈琳的《答东阿王笺》“秉青萍干将之器。拂钟无声，应机立断”，用来比喻要把握时机，毫不犹豫地作出决定。《隋书》中评价隋朝官员樊子盖：“子盖雅有干局，质性方严，见义而勇，临机能断，保全邦邑，勤亦懋哉！”唐朝元载的《故相国杜鸿渐神道碑》中评价宰相杜鸿渐：“观公之辨政，消烦解结，逢机立断。”明朝方孝孺的《送河南佥事汤侯序》中指出：“遇事敏决而应机立断，执理坚确而奋起勇决。”从这些古文中可以看出，自古以来，当机立断就是优秀领导干部必备的能力素质，反映了一种善于抓住机遇、敢于决策的胆识和魄力。

当机立断既是对时机的把握，又是果断的行动，这是成功的关键之一。1950年朝鲜战争爆发，9月15日，美军在仁川登陆，朝鲜战局逆转。9月29日，美军进抵三八线。面对“联合国军”咄咄逼人的气势和朝鲜最高领导人金日成的求援信，毛泽东同志清楚，出兵朝鲜意味着新生的中国要与头号帝国主义强国美国较量，风险极大。在反复考虑国际国内形势等因素后，毛泽东同志当机立断，以非凡的果敢和魄力作出了抗美援朝的决策。他说："我们不出兵让敌人压至鸭绿江边，国内国际反动气焰增高，则对各方都不利……应当参战，必须参战，参战利益极大，不参战损害极大。"历史进程证明了毛泽东同志抗美援朝决策的英明正确。不仅伟人需要有当机立断的魄力，在日常生活中，普通人也会碰到需要当机立断的时候。比如，遇到一个人突发心肌梗死，第一时间应该采取什么措施？答案一定是毫不犹豫地立刻喂救心丸，把握住抢救生命的黄金四分钟，先把人抢救过来再说，而不是直接送医院，否则就有可能人还没进抢救室，就已经去世了。

二、应对公共危机，领导干部必须当机立断

公共危机具有即时、演变快、波及范围广等特点，这决定了领导干部必须善于当机立断，果断决策应对。

首先，公共危机具有即时性。一般来说，公共危机事件往往都是突然发生的，情况紧急，尤其是一些自然灾害，比如地震就是瞬间发生，要求决策者必须当机立断，容不得半点迟疑和优柔寡断。领导干部必须抓住最佳时机果断决策，筑牢"防火墙""隔离墙"，只有这样才能及时把危机控制在一定范围内。比如，新冠病毒的传染性极强，如果不及时切断病毒传播链条，任由其在人群中传播，感染者将成倍增加，后果不堪设想。

其次，公共危机事态发展演变快。贵州瓮安县"6·28"事件就是典型。2008年6月28日下午，因对贵州省瓮安三中初二年级女学生李树芬的死因鉴定结果不满，一些群众让两名中学生举着横幅到县政府请愿上访。

游行开始时只有十多人，一路上加入的群众越来越多。特别是游行消息传开后，一些此前在政府征地、城市拆迁等中利益受损的失地农民和市民等，也纷纷跟在后面一起往县政府走。最终抵达县政府时，游行队伍已有上千人的规模。由于当天是星期六，县政府没人上班，请愿者在县政府门前表达完诉求后，又转到距县政府100米左右的公安局大楼。到下午4点时30分左右县公安局民警与请愿者发生冲突时，围观人群已有上万人。而由于处置不当，没有及时化解危机，晚上8点，一些人煽动不明真相的群众冲击县公安局、县政府和县委大楼，最终酿成严重的打砸抢烧事件，造成直接经济损失1600多万元，这一切都发生在短短的几个小时内。

最后，公共危机波及范围广。2008年汶川大地震波及大半个中国及亚洲多个国家和地区，受到严重破坏的地区超过10万平方千米，共造成近7万人死亡，37万多人受伤，近1.8万人失踪。2020年，新冠肺炎疫情席卷全球，遍及五大洲210多个国家和地区，截至12月31日6时30分，全球累计确诊病例超8000万例，累计死亡1809633例。应对波及范围如此之广的重大公共危机，必须果断决策，统筹协调、组织动员各方面力量共同应对。在应对新冠肺炎疫情这场大考中，如果不是习近平总书记和党中央果断作出决策部署，全面加强对疫情防控的集中统一领导，动员和组织全党、全国、全社会勠力同心、众志成城、共克时艰，在最短时间内集中最大力量阻断疫情传播，疫情防控阻击战就不会取得今天这么重大的战略成果。

三、做到当机立断的“三个要领”

习近平总书记指出，领导遇到问题要当机立断、及时决策，采取果断措施，切实担负起领导责任。那么，如何做到当机立断呢？

一是快速全面掌握危机的真相。及时、准确、全面的信息支持，是决策的基本前提。危机发生后，决策者必须尽可能全面地收集信息，确定信息的可靠性，快速全面地掌握危机发生的原因、经过、范围，危机现状，人员伤亡，财产损失等关键信息，在此基础上对事态的发展方向和可能产生的后果做出快速准确的判断。

二是迅速采取控制事态的实招。公共危机一旦发生，时间就成为最稀缺的资源，如果不能在短时间内控制住事态，危机就有可能升级并造成严重后果。领导干部应善于在紧急状态下从纷繁复杂的矛盾中抓住要害，采取务实管用的实招和出其不意的高招迅速控制事态。比如，2009年1月贵州省两会期间，贵阳市发生了一起群众堵路上访事件，上百名群众把中华中路这条通往省委大院的主干道堵得水泄不通。事发时，正值省两会召开之际，两会代表的车队已经在前往省委大院会场的路上，如果不在15分钟内疏散人群，将会影响会议的顺利召开。怎么办？有人提出让警察驱散，有人提出让信访局局长出面解决。贵阳市时任主要领导否决了他们的建议，认为时间紧急，这些办法或者不能用，或者不管用，便立即驱车赶赴现场处置。该领导抵达现场后，找到几个带头人询问堵路的原因。原来是一些无证个体经营户在贵阳的正新街摆设摊位，扰乱和影响了正新商场的正常经营秩序，正新商场经营户向区政府反映，要求取缔该马路市场，在多次反映无果后，经营户就采取了在两会期间堵路这种极端方式。该领导向他们表明态度："其实，大家反映的事情很好解决，但现在省里正在开两会，你们堵在这里也解决不了问题，不如先找个地方大家好好地谈一谈。"群众表示同意，于是在这名领导同志的带领下，参与堵路的"浩荡大军"紧随其后离开了交通主干道，道路立刻被疏通，恢复了正常。一场群体性的堵路危机便被迅速化解了，两会按时召开。可见，有些方法不一定高大上，只要管用就是好方法。

三是坚决扛起应对危机的责任。与常规决策不同，危机决策面临的外界环境瞬息万变，往往来不及通过协商讨论、专家评估等常规方式进行决策，需要领导干部在有限的时间内迅速作出重大决策。特别是在危机发生初期，由于信息不对称，危机迅速无序化演变，很难确保所作决策万无一失、无懈可击。此时，就需要领导干部敢于担当负责，勇于独立决断，而不能顾忌太多个人利益，因担心自己的乌纱帽而患得患失、当断不断，更不能囿于常规，按部就班、左顾右盼、决断迟缓，在消极等待中错失危机处理的最佳时机。可遵从例外原则，通过先处理、后报告或边处理、边报告等方式简化常规决策程序，在较短的时间内，以较高的效率作出决策。比如，2008年5月12日汶川大地震发生后，成都数百万惊魂未定的市民聚集在街头，天色渐暗，他们依然不敢回家。所有人都希望听到来自政府和专家的关于是否能回家居住的权威声音。当时的四川省委书记、四川省省长和成都市委书记都陪同温家宝总理去了汶川，成都市市长葛红林凭着自身过硬的材料科学与工程专业知识，以及对成都地质结构的了解分析认为，这次地震对成都城区的影响较小，市民可以回家休息。为了使自己的分析更具权威性，葛红林还找到成都市地震局的专家征询意见，但依然没有人敢明确表态。面对市民的期望，葛红林拍板决定，在当晚8点发表电视讲话，劝告市民除危房外，当晚即可放心回家。发表电视讲话前，市政府秘书长还特意提醒，要把所有在成都市的领导召集起来开会，对讲话内容进行集体决策。这个善意的提醒被葛红林拒绝。事后，他说："真要出事，我是准备掉脑袋的。"这就是一个领导干部敢于担责的典范。再比如，湖北省潜江市主要领导在没有得到省里统一部署指令的情况下，基于武汉疫情持续升级的严峻形势，敢担当、早决断，比武汉早5天做出类似“封城”的防控决策，有效地阻止了疫情向潜江蔓延扩散。用潜江市主要领导的话来说就是“冒了一点点不是太合规的风险”。所以，当危机来临时，领导干部一定要敢于担当，敢于当机立断。

处置篇

第十三策　身先士卒

领导机关是国家治理体系中的重要机关，领导干部是党和国家事业发展的“关键少数”，对全党全社会都具有风向标作用。“君子之德风，小人之德草，草上之风必偃。”在上面要求人、在后面推动人，都不如在前面带动人管用。①

——习近平

在2020年抗击新冠肺炎疫情过程中，习近平总书记亲自指挥、亲自部署，以身作则、身先士卒，每天都听取疫情防控情况汇报，不断作出指示批示，多次主持召开重要会议专题研究部署，全程、全面指挥了这场规模空前的全民战“疫”。特别是在疫情防控的关键时期，习近平总书记多次亲临一线指导工作，2020年2月10日、3月2日先后深入北京市的社区、医院、疾控中心和科研攻关机构调研、指导疫情防控工作，2020年3月10日专门赴湖北省武汉市进行考察指导，此后还到浙江、陕

① 2020年1月8日，习近平在“不忘初心、牢记使命”主题教育总结大会上的讲话。

西、山西就统筹推进常态化疫情防控和经济社会发展工作进行考察调研。在习近平总书记的率先垂范下，各级领导干部冲在一线、干在一线。中央还专门发出《关于加强党的领导、为打赢疫情防控阻击战提供坚强政治保证的通知》，要求各级党组织和广大党员、干部投身防控疫情第一线，让党旗在防控疫情斗争第一线高高飘扬。从习近平总书记到省、市、县、乡、村“五级书记”都在一线抗疫，各级领导干部身先士卒，这是中国的政治优势、体制优势，是其他国家学不来的。正如习近平总书记在2020年1月8日“不忘初心、牢记使命”主题教育总结大会上所指出：“‘人不率则不从，身不先则不信。’领导机关和领导干部带头冲在前、干在先，是我们党走向成功的关键。”

一、身先士卒是优秀领导干部的标志

“身先士卒”一词，见于《史记·淮南衡山列传》“当敌勇敢，常为士卒先”，后见于《资治通鉴》“玄感每战，身先士卒，所向摧陷”，意思是带兵打仗的将领亲自带头，冲在士兵前面奋勇杀敌。现在多用来比喻领导带头，走在群众前面。类似的成语还有躬先士卒、以身作则、一马当先等。

身先士卒原为军事用语，说的是将领带头冲锋陷阵对提振士气、赢得胜利具有重要作用。尤其在冷兵器时代，两军对战，短兵相接，将领身先士卒就能有效激发全军士气。东汉末年，有一个将领叫孙辅，他是孙策和孙权的堂兄，曾以扬武校尉的身份协助孙策平定了江东三郡。孙辅带兵打仗时总是带头冲在士兵前面，极大地激发了士兵的斗志，屡战屡胜，因为战功赫赫得到多次晋升，后来成为平南将军，兼任交州刺史。如今战争的条件、手段发生了很大变化，但对军队指挥员而言，身先士卒的要求是一样的。解放战争时期，解放军和国民党军两军对垒时，国民党军每次都有督战队督战并高喊“给我上”，而我军指挥员则身先士卒，冲在队伍前头，挥手对身后的战士喊“跟我上”，结果就是“给我上”惨败给了“跟我上”。“给我上”和“跟我上”一字之差，境界天壤之别。

现在，身先士卒已由军事用语逐步延伸到了领导与群众之间的关系上。一个组织不能“群龙无首”，总得需要一个领导，也称为“领头雁”“掌舵者”“带头人”，起到决策、组织、指挥、协调、沟通、激励以及攻坚克难的作用。领导干部身先士卒是最好的动员，优秀的领导干部往往善于通过身先士卒、以身作则树立威信、凝聚人心、鼓舞士气。孔子说：“其身正，不令而行，其身不正，虽令不从。”说的是，当官员自身品行端正，能够作出表率时，不用下命令，民众也会跟着行动起来；相反，如果官员自身品行不端正，而要求民众，那么纵然三令五申，民众也不会服从的。邓小平同志指出：“连长、指导员不以身作则，就带不出好兵来；领导干部不做出好样子，就带不出部队的好风气，就出不了战斗力。”我们党考察评价一个干部优秀不优秀，一个很重要的方面就是看他能不能身先士卒。“干部干部，先干一步”，“喊破嗓子，不如甩开膀子”，要成为一名优秀的领导干部，必须具备身先士卒的品质，有苦先吃、有难先担、有险先上。只有“身先”，才能有威望和号召力，才能带出好队伍，凝聚出战斗力。

二、面对公共危机，领导干部必须身先士卒

危机来了，领导干部是胆小怕事，还是身先士卒，关系其称职不称

职、合格不合格。

首先，身先士卒是中华传统文化中最受褒奖的官德。在中华传统文化中，当官意味着责任，意味着担当。如果为官者尸位素餐，避事、躲事、无所作为，定为百姓所不齿。金代文学家、文学批评家元好问的一句诗“当官避事平生耻，视死如归社稷心”集中体现了中华传统文化中忠义、担当的官德，这也是古代优秀官员受老百姓爱戴的重要原因。对于这些具有身先士卒官德的官员，民间还会修建祠堂以示纪念。浙江临海、福建福州都有戚公祠，戚公祠是明代老百姓为纪念民族英雄、抗倭名将戚继光而建的。临海的戚继光表功碑的碑文中称赞戚继光：“心在国家而身先士卒，勇不畏难而善谋料敌。”古代面对洪灾等自然灾害时，从皇帝到官员带头抗灾救灾十分关键。西汉年间，汉武帝亲自到黄河决口处，沉白马、玉璧于河中，自将军以下皆参与劳役，负薪填堵决口，减少了灾害造成的损失。宋神宗时，苏轼任徐州太守，到任后正赶上黄河在曹村决口，大水很快汇聚到徐州城下。苏轼在城上搭了临时帐篷，住在里面，坐镇指挥，全力调拨官员分段守护。军民望见太守的帐篷，士气大增，与大水艰苦鏖战，最终保全了徐州。

其次，领导干部身先士卒是中国特色治理体系的要求。我国是中国共产党领导的社会主义国家，东西南北中，党是领导一切的。2007年11月施行的《中华人民共和国突发事件应对法》明确规定，各级政府及其主要负责人是突发事件应对工作的责任主体。但在实际工作中的要求是党政同责，党委往往比政府负更大的领导责任，这是我国与一些西方国家公共危机治理实行政府责任制不同的地方。新修订的《中国共产党问责条例》明确规定，党的领导干部在推进各项工作、建设中出现重大偏差和失误，给党的事业和人民利益造成严重损失，产生恶劣影响的，予以问责。在这次新冠肺炎疫情防控中，有的地方应对不力，首先被问责的是各级党委主官，比如，湖北省、武汉市及云南省、大理市、吉林省、舒兰市党委主要负责人被免职。因此，危机发生时，各级党组织和党的领导干部应当身先士卒，否则就是失职渎职。

最后，身先士卒是稳定人心、赢得支持的现实需要。危机面前，领导干部及时出现在现场，对惊魂未定的群众来说是一种无声的鼓舞，起着“定海神针”的作用，有利于稳定人心、稳定局势，从而赢得群众的支持和配合，使危机应对工作有条不紊地开展。“5·12”汶川大地震发生后一小时，中共中央总书记胡锦涛同志就作出抗震救灾重要批示，要求尽快抢救伤员，保证灾区人民的生命安全；5月16日，胡锦涛同志赶赴灾区，亲临前线指导救灾工作。地震发生当晚八点，国务院总理温家宝同志就出现在灾民面前，将总指挥部设在前线，一连好几天不分昼夜地和灾民、抗震救灾部队在一起，三天内辗转七地指挥救灾。中央领导轮番进驻灾区，亲临一线指挥救灾工作，既稳定了人心，又提高了救灾效率。

三、把握身先士卒的精髓

领导干部在处置公共危机时身先士卒，不应是鲁莽的行为，而应是智勇双全的表现。

一是强化第一时间意识。评价领导干部是否身先士卒的重要标准是：面对公共危机，领导干部是不是第一时间处理，第一时间发出指令，第一时间赶赴现场。人们常在新闻报道中看到，某地发生突发事件后，为表示一些部门行动迅速，喜欢用“第一时间传达”“第一时间部署”“第一时间赶赴现场”这样的表述。那么，究竟什么是“第一时间”呢？“第一时间”既是个模糊的概念，又有着清晰的要求。从时间的延续性来讲，领导干部在得到明确的消息后马上行动，从所在地赶到事发现场的合理时间，就是“第一时间”，这个时间是可以精确计算的。原国家安全生产监督管理总局有关官员曾表示，第一时间要具体到领导干部几点几分到达现场，这是事故调查和责任追究的依据。从事物的关联度来讲，领导干部在得知相关消息后，放下手头的其他工作，把危机处置作为第一位的工作，立马作出处置安排，就是“第一时间部署”。2020年7月7日中午12时许，贵州省安顺市西秀区一辆公交车在行驶过程中冲出路边护栏，坠入虹山湖水库中。事件发生后，贵州省委、省政府主要领导第一时间对救援工作作出批示。而且，受省委主要领导委托，省长迅速赶往现场指挥处置。这都体现了强烈的第一时间意识。

二是靠前指挥。领导干部只有如同军事指挥员一样亲临瞬息万变的前沿阵地，靠前指挥，才能随时掌握战场上出现的千变万化的形势，迅速捕捉战机，夺取胜利。2020年新冠肺炎疫情发生以来，习近平总书记亲自指挥，至6月底，先后主持召开中共中央政治局常务委员会会议14次、中共中央政治局会议4次，以及中央全面依法治国委员会会议、中央网络安全和信息化委员会会议、中央全面深化改革委员会会议、中央外事工作委员会会议、党外人士座谈会、专家学者座谈会等，听取中央应对新冠肺炎疫情工作领导小组和中央指导组汇报，因时因势调整防控策略，对加强疫情防控、开展国际合作等进行全面部署，在北京就社区防控、防疫科研攻关等进行考察，亲临武汉一线视察指导，赴浙江、陕西、山西、宁夏就统筹推进常态化疫情防控和经济社会发展工作、巩固脱贫攻坚成果进行考察调研。习近平总书记为全党树立了靠前指挥的光辉典范。国务院总理、中央应对新冠肺炎疫情工作领导小组组长李克强在北京、武汉等地考察中国疾控中心、中国医学科学院病原生物学研究所、北京西站、北京首都国际机场及疫情防控国家重点医疗物资保障调度平台等，并指导工作。以孙春兰副总理为组长的中央指导组，于2020年1月27日农历正月初三赶赴武汉坐镇一线指挥，直到4月27日离鄂返京，在这整整三个月的时间里，孙春兰副总理和中央指导组的其他同志，不顾危险，深入一线，第一时间发现问题、解决问题，同湖北人民并肩作战，胜利完成了抗疫任务。各级党委、政府主要领导也纷纷靠前指挥，牢牢把疫情防控工作抓在手中。需要注意的是，领导干部靠前指挥的目的是更好地解决问题，决不能把一线战场当作“秀场”，作秀不仅解决不了问题，还会贻误战机，引起群众反感，个人也会被组织问责追责。

三是提高处置本领。面对公共危机，领导干部身先士卒需具备较强的公共危机处置能力。从现实情况看，有的突发事件本身并不复杂，但由于负责处置事件的领导干部迟迟拿不出管用的办法，甚至惊慌失措、方寸大乱，事件发展愈演愈烈。前文提到的贵州瓮安“6·28”事件就是一个活生生的教材。该事件中，最初的上访事件并不难处置，后来实际上真正参与打砸抢烧的不法分子也不多，大量的群众都是围观者，一些干部也主动做了一些劝解工作，但是为什么会由上访事件演变为打砸抢烧县委、县政府、县公安局大楼的恶性事件呢？这与当时的瓮安县主要领导没有处置能力，拿不出处理问题的方案，不敢直面矛盾，不敢面对群众有很大关系，据说当天瓮安县主要领导整个下午都在开会研究怎么办。在后来的省委反思大会上，省委主要领导是这样描绘该县主要领导的：“束手无策、呆若木鸡，两眼直勾勾。”领导干部应当不断提高处置能力，努力成为公共危机治理的行家里手，否则即使有身先士卒的勇气，也于事无补，解决不了问题。

第十四策　兵贵神速

我们要按照坚定信心、同舟共济、科学防治、精准施策的要求，切实做好工作，同时间赛跑、与病魔较量，坚决遏制疫情蔓延势头，坚决打赢疫情防控阻击战。[①]

——习近平

在抗击新冠肺炎疫情过程中，中国给世界留下的一个深刻印象就是“中国速度”。习近平总书记指出，抗击疫情就是同时间赛跑，与病魔较量。从2020年除夕夜开始征召，来自全国各地的346支援鄂医疗队4.26万名医务人员，从接到指令到组队完成平均不超过2小时，从成员集结到抵达武汉平均不超过24小时。从全国集结4万名建设者，调集几千台机械设备，仅用10天建成有1000张病床的火神山医院，仅用12天建成有1600张病床的雷神山医院。仅用1天多时间建成并启用有1500多张床位的武汉国际会展中心江汉方舱医院，10多天内共建成

① 2020年2月3日，习近平在中共中央政治局常务委员会会议上的讲话。

16座方舱医院，共有1.4万余张床位。医疗企业克服工人返岗不足等困难，以最快速度恢复医疗用品生产，最大限度扩大产能，其他行业企业迅速调整转产，防护服、医用口罩、全自动红外测温仪等防疫物资4月底的产量较1月底的产量分别增长90.6倍、34倍、23.3倍。科研人员以创纪录的速度完成新冠病毒毒株分离、基因测序，连续发布多版诊疗方案，多个新冠病毒疫苗火速进入临床试验阶段。世界卫生组织指出，"中方行动速度之快、规模之大，世所罕见"，"最关键的是要学习中国的速度"。兵贵神速是我们能够始终牢牢把握抗疫战略主动的关键因素之一。

一、兵贵神速方能抢占先机

"兵贵神速"一词，见于《三国志·魏书·程郭董刘蒋刘传》："太祖将征袁尚……嘉言曰：'兵贵神速……'"这个词的意思是用兵贵在行动特别迅速，多用于军事。战场局势瞬息万变，战机稍纵即逝，只有行动特别迅速才能抢占先机，占据主动。纵观人类战争史可以发现，速度始终是克敌制胜的不二法门，而速度又包括移动速度、打击速度、保障速度、通信速度等。毛泽东同志指挥的四渡赤水战役，就是兵贵神速的经典战例。一渡赤水采用主力部队轻装急行军的策略，避开敌军围堵；二渡赤水快速进攻敌军防备空虚的黔北地区，红军在5天内击溃和歼灭敌军2个师又8个团；三渡赤水是引诱敌军在遵义地区聚集，然后快速渡过赤水，西进川南，再次避开敌军围堵；四渡赤水采用声东击西之计，利用一个团诱敌西进川南，而真正的主力迅速从敌人间隙中渡过赤水直逼贵阳，待蒋介石急调滇军入贵州"救驾"时，红军转身迅速挺进云南，待国民党军调兵回防昆明时，红军再次转身渡过长江北上，甩掉了敌军。红军超强的徒步机动能力使红军处处先敌一步，牢牢把握了战场主动权。电影《南征北战》中有个情节也体现了兵贵神速的重要性：解放军和国民党军抢占摩天岭，谁以更快的速度先上去，谁就可以获得战斗的胜利，结果是解放军抢先三分钟占领了摩天岭高地，阻击了敌军，确保了全歼凤凰山之敌。

商场如战场，兵贵神速在商业竞争中也十分重要。外卖行业送餐快是核心竞争力，快递物流行业送货速度快是客户选择在哪家公司寄件的重要考虑因素。对企业来讲，新产品更新迭代速度快是赢得竞争优势的重要一环。比如，华为在5G网络技术方面的成熟度比其他公司至少领先12 ~ 18个月，使其拥有极强的竞争力，这也是美国为保持其在第五代通信革命中的霸主地位，动用国家力量打压华为的原因之一。总之，在当今这个日新月异的时代，做到了兵贵神速，就能抢占先机，赢得主动权。

二、处置危机的主动权取决于兵贵神速

一些公共危机事件处置得不成功，政府在应对方面“反应不及时”，“行动缓慢”被认为是罪魁祸首。危机管理专家游昌乔提出了危机公关5S原则，其中的一条重要原则就是“速度第一”。美国危机管理专家罗伯特·希斯提出了危机管理4R 模式，认为危机管理所采取的行动需要避免浪费时间。公共危机的特性决定了应对危机必须兵贵神速。

危机公关5S原则

01 承担责任原则(shoulder)

02 真诚沟通原则(sincerity)

03 速度第一原则(speed)

04 系统运行原则(system)

05 权威证实原则(standard)

危机管理4R模式

01 缩减力（reduction）

02 预备力（readiness）

03 反应力（response）

04 恢复力（recovery）

一是拯救生命必须兵贵神速。重大公共危机事件往往会造成大量人员伤亡，大批灾民等待着救援。快速是应急救援的灵魂，救援界认为，发生地质灾害后的72小时是黄金救援期，也被称为“黄金72小时”，在这段时间内，灾民的存活率较高。第一天，被救出人员的存活率在90%左右；第二天，被救出人员的存活率在50%～60%；第三天，被救出人员的存活率在20%～30%；72小时后，被救出人员的存活率非常低，能存活是奇迹。72小时后，将由以救人为主的紧急救援阶段逐渐转为受灾群众医治、灾后重建阶段。因此，在这“黄金72小时”内，每多挖一块土，多掘一分地，都可以给被困者更多重获生命的机会。专家也一再提醒，在灾害发生后，非专业的救援队伍不要急着往灾区运送物资，而要把道路留出来给专业救援力量，让他们以最快的速度到达现场展开救援。2008年5月12日汶川地震发生后，震中汶川、茂县等地与外界失去联系，几十万群众生死不明，中央果断决定，启用空降兵部队进入震中搭建生命通道。5月13日一早，飞机飞往灾区上空，但由于高空温度仅有零下十几度，浓积云、积雨云随处可见，完全不具备跳伞条件，只能返航。终于在5月14日11时，天气稍微好转，运载着15名空降兵的飞机再次到达茂县上空，15名战士冒着生命危险跳下飞机，全部安全降落。他们是地震发生46小时后最先出现的救援者，灾区群众看到他们时，不少人都哭着跑向他们，抱住他们颤抖地哭喊：“我们终于有救了！谢谢你们。”空降兵落地后立即与外界建立联系，报告灾区情况，为中央正确制定救援方案，快速打通救援通道作出了巨大贡献。同样，在火灾救援中，能不能快速到达火灾现场拯救生命，消防通道是否畅通是关键。《中华人民共和国消防法》明确规定，占用、堵塞消防通道是违法的。消防通道是生命通道，堵住了消防通道，就可能丧失灭火、救人的最佳时机。

二是防止危机恶化必须兵贵神速。公共危机事件大都发展迅速，必须及时采取应对措施，迅速控制事态发展，全力防止事态恶化。有的事件看起来危害不大，但如果处理不及时，就可能会引发更大的危机，产生多米诺骨牌效应。比如，大坝的裂缝不及时堵上，洪水就可能冲毁大坝，造成群众生命财产损失。2014年7月，贵州省黄平县两岔河水库3号副坝出现坝坡裂缝滑坡险情，当时降雨量还在持续加大，这个时候如果应急处置稍有迟疑，待水涨上来就没法修补大坝，从而留下安全隐患，危及下游15万群众的生命财产安全，后果不堪设想。险情发生后，贵州省相关领导及有关部门负责同志和专家立即赶赴现场指导抢险，各应急队伍迅速集结，抢抓时间，仅用20多小时就完成了3号副坝坝体应急抢险工程，消除了安全隐患。2020年6月，在连续56天没有出现本地新增确诊病例的形势下，北京疫情突然出现复燃现象。6月11日，西城区确诊1例新冠肺炎患者。在短短24小时内，疾控部门通过环境采样和流调溯源，迅速锁定了感染源头——新发地市场。6月12日，全市对农贸批发市场、大型超市等开展排查。6月13日凌晨，新发地市场暂时休市，对新发地市场从业人员进行集中医学观察，市场周边11个小区实施封闭管理。北京市迅速调高突发公共卫生事件应急响应级别，划定新一轮疫情重点区域和重点人群，并立即开始实施最严格的流调，全面溯源，各社区也相应调整了防控策略。同时，北京市根据国家卫生健康委员会及专家组的建议，多措并举迅速提升核酸检测能力，积极扩大核酸检测范围，对重点人群、重点行业和重点区域实施应检尽检，对广大市民实施愿检尽检，在一周内就检测了近230万人，并通过短信通知存在感染风险的市民。截至7月6日，完成超过1100万人次的核酸检测量。针对疫情，北京市响应及时，第一时间发现疫情、锁定源头、采取措施，争分夺秒与病毒赛跑，切断了传播途径，在对决中掌握了主动，把疫情控制在了最小的范围内。这些经验都深刻启示我们，面对公共危机，领导干部的脑中应绷紧一根弦：每耽搁一秒，就多一分危险，只有争分夺秒、积极应战、速战速决，才能防止危机演变恶化。

三是防止危机扩大影响必须兵贵神速。公共危机具有极大的突发性和危害性，能够在较短时间内迅速成为社会关注的焦点和热点。特别是在当今的移动互联网时代，社交媒体高度发达，信息传播速度非常快，人人都有麦克风，人人都是报道者，哪怕只是一件区域性的突发事件，如果处置不及时，就可能持续发酵，产生更大的负面影响。2016年4月30日，在海南省海口市秀英区推进长流镇琼华村拆违过程当中，出现了村民暴力抗法和联防队员殴打群众（包括妇女、儿童）的现象，引起舆论的广泛关注，网络上涌现出各种批评的声音。这个时候，最需要当地政府第一时间向外界提供全面、准确的信息来平息舆情。然而，在秀英区早期的官方回应中，只说村民暴力抗法，对联防队员打人只字未提，导致舆情进一步发酵。直到5月1日，负责指挥这起拆违行动的区长引咎辞职，相关官员被问责，打人者被处理，此事才逐渐平息，但该事件已使秀英区政府的形象一落千丈。2015年12月4日，中央人民广播电台黑龙江记者站站长毕某通过哈尔滨交通广播的微信公众号发布标题为《一厅级干部在三亚被城管弄得没了尊严》的文章，称其在三亚天涯区海边游泳时，自行车和衣服被城管收走，致使其仅身穿短裤，徒步去三亚市政府，最后还因此生病回家，前后长达4个多小时，感觉遭受到巨大的羞辱。文章一经发出即被大量转发，国内众多媒体给予关注和报道，对三亚市的形象造成了较大的负面影响。12月8日下午，三亚市天涯区副区长、区城市管理局党组书记和两名涉事城管，登门向毕某道歉。毕某当场表示接受道歉，事件的整体热度迅速下降。但两天后，事情再起波澜。12月11日，微信公众号“三贱客”发文，以视频截图的方式，针对毕某自述的“身穿一条黄色短裤从三亚湾走到三亚市政府院内”的内容一一作出回应，指出毕某之前对外爆料的多处内容涉嫌作假。这些细节一公布，媒体和公众就非常关注，并就城管执法和毕某维权的方式展开了激烈讨论。随后，毕某承认自己有所隐瞒，并向公众及媒体道歉。此事最终反转，但前后7天高热度的舆情对三亚的城市形象已经造成了负面影响。假如三亚市政府能在第一时间掌握全部事实并及时公布真相，舆情就能得到有效控制。

三、兵贵神速的“四个快”

在公共危机治理中，兵贵神速体现在以下“四个快”上。

一是快速研判。公共危机事件的演变发展速度非常快，这要求领导干部必须快速准确地对事态作出判断和反应。在事件发生初期，应尽快了解情况，对事件进行深入分析，借鉴过去处置类似事件的经验，及时准确地判断和评估事件的性质、发展趋势、社会影响等，掌握应对处置的主动权。

二是快速决策。公共危机事件发生后，情势危急、时间紧迫，领导干部在研究处置策略时，应敢于拍板、敢于负责，不能唯唯诺诺、优柔寡断、议而不决，更不能推诿退缩、上推下卸，以致错失处置的最佳时机。

三是快速调配。公共危机事件发生后，救援人员和各类应急物资快速到达现场，对拯救生命和减少损失至关重要。在应对这次新冠肺炎疫情初期，个别地方的红十字会对社会各界捐赠的救援物资调配缓慢、混乱，导致口罩、防护服等防疫物资迟迟到不了物资紧缺的医院，个别地方对受捐的农产品调配不及时，导致一些农产品坏在仓库，这些现象都广受群众诟病。因此，应加强统筹协调，对各类物资进行统一调度，迅速整合应急、交通、民政、发改等各部门力量，积极协调社会组织，确保应急物资能快速筹集、快速调动、快速运达，为危机处置提供充足的

"粮草"和"弹药"。

四是快速公布。信息公开在公共危机治理中发挥着重要作用。一方面，公共危机事件发生后，突发的状况很容易引起公众的恐慌，因为公众往往面临着信息缺失的问题，所以迫切希望从政府那里获得准确的第一手消息。汶川地震发生后，全国人民都在关注中央电视台新闻频道，希望第一时间获得权威的救灾信息，以至于该频道那段时间的收视率不亚于央视春晚。这次新冠肺炎疫情暴发后，全国人民极为关注，急于了解相关信息，央视《新闻联播》的收视率因此大增。另一方面，信息公开不及时，会给谣言滋生留下时间和空间，给危机处置工作带来负面影响。《国家突发公共事件总体应急预案》明确规定，突发公共事件的信息发布应当及时、准确、客观、全面，要在事件发生后第一时间向社会发布简要信息，随后发布初步核实情况、政府应对措施和公众防范措施等，并根据事件处置情况做好后续发布工作。所以，信息公布也应兵贵神速。

第十五策　釜底抽薪

我们提出早发现、早报告、早隔离、早治疗的防控要求和集中患者、集中专家、集中资源、集中救治的救治要求，把提高收治率和治愈率、降低感染率和病亡率作为突出任务来抓。[①]

——习近平

在没有特效药之前，防控新冠肺炎疫情最有效的措施是隔离，切断了传播途径，病毒就无法传播，这是釜底抽薪之举。与其他一些国家相比，我们国家之所以能够在抗击疫情中取得积极成效，一个重要的原因就是隔离措施做得好。2020年1月23日武汉“封城”，各省区市迅速启动重大突发公共卫生事件一级响应，从应收尽收到尽收尽治，从外防输出、内防扩散到外防输入、内防反弹，从联防联控到群防群治，全国上上下下、方方面面都投入到疫情防控阻击战中，打出了一套隔离组合拳，用

① 2020年2月23日，习近平在统筹推进新冠肺炎疫情防控和经济社会发展工作部署会议上的讲话。

一个多月的时间初步遏制了疫情蔓延势头。反观一些欧美国家，在疫情暴发后相当长的时间内，从媒体人物到政治人物，都认为中国这样的隔离限制了个人的自由和权利，他们不能接受，而且对中国的隔离措施进行批评。因而，巴黎时装周、尼斯狂欢节、各种足球赛等大型聚集性活动仍在举行。这些国家没有采取严格的隔离措施，直接导致疫情失控蔓延、愈演愈烈，即使到后来他们不得不借鉴中国的隔离做法，也是像挤牙膏一样一步一步后退，甚至仍在犹豫、动摇。目前他们仍无釜底抽薪之举，感染人数何时停止增长还看不到尽头。

一、釜底抽薪在治本

“釜底抽薪”一词，见于东汉董卓的《上何进书》：“臣闻扬汤止沸，莫若去薪。”意思是想要使水止沸，与其往锅里加水，不如把柴火从锅底抽掉。其渊源可追溯到《吕氏春秋·尽数》，原文是：“夫以汤止沸，沸愈不止，去其火则止矣。”这个成语形容从根本和源头入手，才能真正解决问题。类似的成语还有抽薪止沸、拔本塞源等。

釜底抽薪揭示的道理是，对事物发展起决定作用的是主要矛盾，抓住了主要矛盾，才能从根本上解决问题。无论是历史上还是现在，釜底抽薪都被广泛应用于各个领域。比如，在军事领域，三国时期的官渡之战就是典型例子。袁绍和曹操在官渡对峙，袁绍在兵力上有明显优势，但曹操抓住“三军未动、粮草先行”这个关键，采取夜袭乌巢、烧光袁军粮草之计，一举奠定了胜利的基础。在政治思想领域，“文化大革命”后的真理标准大讨论便是冲破“左”倾错误思想和“两个凡是”思想束缚的釜底抽薪之举。当时，仍有不少人思想僵化、顽固保守，把“两个凡是”奉为主臬。如果正面进行回应，纠缠在毛泽东同志讲的某一句话是对还是错这些细枝末节上，问题永远都得不到解决。1978年5月10日，中央党校主办的《理论动态》发表了《实践是检验真理的唯一标准》；11日，《光明日报》以本报特约评论员的名义全文转发。文章发表后，人们围绕文章的争论最终发展成为一场全国范围的关于真理标准问题的大讨论，从此奏响了改革开放新时期思想大解放的序曲，为具有历史转折意义的党的十一届三中全会的召开准备了思想条件。社会生活领域也是如此。汾河曾经是“有河无水，有水皆污，遍体鳞伤”。2017年6月，习近平总书记在山西考察时提出让汾河“水量丰起来、水质好起来、风光美起来”的要求。随后，山西省太原市通过控污、增湿、清淤、绿岸、调水“五策并举”，水资源、水生态、水环境、水灾害“四水同治”等措施，对汾河水生态环境进行全面治理和修复。2020年5月12日，习近平总书记再次到山西太原考察调研，看到太原汾河沿岸的生态环境发生了巨变，对此表示欣慰。而有的地方在治理河水时把大量的人力、物力放在生物除臭、定期换水等治标之策上，没有从根本上进行生态保护、修复和治理，只能达到一时之效。因此，领导干部在处理问题、解决矛盾时，应用好釜底抽薪之策，不能把精力放在无关痛痒的措施上，更不能搞形式主义、做表面文章。

二、公共危机治理的制胜之道

公共危机治理有很明确的指向性和目标性，就是要快速从根本上解决问题，而不能扬汤止沸，更不能应对失当、抱薪救火，使其愈演愈烈。这个特性决定了领导干部在处置公共危机事件时，必须尽快找到釜底抽薪的办法。

一方面，釜底抽薪可以快速解决问题，防止事态进一步扩大和恶化。公共危机事件拖得越久，造成的损害就越大，因此必须采取有效措施，以最快速度把损失降到最小。以处置森林火灾为例，如果不能快速灭火，火势一旦蔓延开来就很容易失控。怎么样快速灭火呢？没有灭火经验的人往往看到火就扑打，以为这样可以快速把火扑灭。火小的时候，这种灭火方式可能是有效的，但森林火灾的火势一般都很大，再采用这种灭火方式效果很差，而且危险系数很高，一旦风向改变，甚至连灭火的人员都会深陷火海。有灭火经验的人则会到距离火场较远的地点通过机械或人工的方式设置隔离带，这便是防止森林火灾蔓延的釜底抽薪之举。2020年6月21日，为推进当地某项目建设，开展拆迁工作，山东省枣庄市山亭区山城街道工作人员与善崮村部分村民发生争执并引发肢体冲突，现场视频在网络上引发了广泛的关注和热议。21日当天，山亭区人民政府就发布事件通报，对涉事工作人员予以免职，并立即停止有关项目，派驻工作组进村入户听取群众意见。22日中午，山亭区区长到村里向村民鞠躬致歉，表示善崮村拆迁工作停止，说不拆就永远不拆。当地政府积极顺应民意，通过快速处置、釜底抽薪，有效避免了事态进一步恶化。

另一方面，釜底抽薪可以从根本上解决问题，防止问题反弹、死灰复燃。公共危机事件大多具有难测性、难控性、反复性等特点，如果不能从根本上解决，很容易再次暴发，甚至会更加猛烈。以处置群众上访的群体性事件为例，只有从根本上打消群众疑虑或解决群众诉求，才能避免出现后续问题。杭州市处置群众因反对垃圾焚烧项目聚集事件就是个很好的范例。2014年4月，杭州市余杭区中泰乡九峰村拟规划建造垃圾焚烧厂，引起中泰乡、老余杭、闲林等附近居民的忧虑，他们担心自己的生活环境及附近的水源会受到垃圾焚烧带来的不良影响，随后数百名群众聚集到中泰街道办事处，接着又聚集在九峰矿区，以此表示抗议和担忧。针对这种情况，杭州市人民政府和余杭区人民政府第一时间发出公告，承诺未获理解一定不开工。在引导群众有序撤离、恢复正常的社会公共秩序后，杭州市迅速召开垃圾处置专家媒体沟通会，相关领导表示，全程确保群众的知情权，一定要把这个项目做成能求取最大公约数的项目。同时，杭州市发布了九峰垃圾焚烧项目36问36答，回答了杭州为什么要新建垃圾处理设施、为什么要选择垃圾焚烧处理、为什么要选址九峰、对周边水源和环境有什么影响等市民关心的问题，打消了市民的疑虑。2018年，总投资18亿元的杭州九峰垃圾焚烧发电项目正式投入商业运营，每天分流处置生活垃圾3300吨，有效缓解了杭州市区垃圾治理的压力。杭州市对此事的处理方法就是釜底抽薪之举，值得其他地方借鉴。当前，有的地方上马的垃圾处理项目屡屡引发群体性事件，导致项目夭折，这与当地政府处理方法不当有很大关系。

三、釜底抽薪的“三个环节”

公共危机治理不能简单地头痛医头、脚痛医脚，必须对公共危机形成的背景、原因进行深入分析，找到问题的根源，综合施策、对症下药，打出组合拳，增强系统性，才能从根本上解决问题。

一是找准病根。“打蛇打七寸”，“擒贼先擒王”。要想釜底抽薪，首先得把“薪”找出来，把病根找准、找到位，这是处置公共危机事件的前提条件。如果病根找不准，那就很难解决问题，甚至带来更为严重的后果，比如天津港爆炸事故。2015年8月12日22时，天津市滨海新区天津港的瑞海公司危险品仓库发生火灾爆炸事故，随后消防车陆续赶到现场，展开救援，就在消防部队全力灭火之际，集装箱连续两次发生爆炸，共造成165人遇难、8人失踪、798人受伤，其中有不少是消防人员。后来人们对这次事故进行反思，发现之所以造成如此大的损失，其中一个重要原因在于消防人员对事故企业储存的危险货物底数不清、情况不明，尤其是在不知道仓库内存有大量硝酸铵的情况下，按常规火灾进行先期处置，致使一些措施针对性、有效性不强，造成了不必要的损失，令人痛惜。所以，在处置重大安全事故的过程中，必须先把事故原因找准，即把病根找出来，这是釜底抽薪的第一步。其他公共危机事件的处置也是同样的道理。

二是对症下药。名医华佗曾经同时给头痛发热的府吏倪寻和李延诊治，经过望闻问切之后，却给两人开出不同的药方，给倪寻开的是泻药，给李延开的是解表发散的药。两个人非常好奇，于是向华佗请教。华佗解释道："你们两人虽然生病的症状一样，但病因却不同，所以治疗方法也不一样。"治病要对症下药，进行公共危机治理也要对症下药。贵阳市云岩区曾经有一个元老级的上访户罗某，起初上访的原因是想让政府按照商铺的标准而不是按住宅的标准来对她的房子进行补偿，因为没有协调好，她一直上访，历时10年之久，且上访时言辞和行为非常激烈，工作人员多次做她的思想工作都没有效果，她提出的要求也越来越高，最后要求政府补偿1200多万元，她已经钻进了自己思想的死胡同，和她讲政策、讲依法依规信访都不管用。后来贵阳市相关领导了解到她信佛，于是请来了当地弘福寺的法师，让其跟罗某谈心，给她讲佛家义理，因菩萨是反对贪心、无理取闹的，最后罗某就放弃了过分的诉求。这个案例并不是要鼓励领导干部在做群众工作时用佛教义理去感化人，而是提醒领导干部应根据不同对象、不同情况，“一把钥匙开一把锁”，采取有针对性的措施处置问题。

三是药到病除。找准了病根、开好了药方，接来下就是科学煎药、科学吃药，采取巧妙可行的办法把公共危机处置好，做到药到病除。同样是吃药，饭前吃还是饭后吃是有讲究的，吃药的时间不对、方法不对，即使有对症的药，药效也不一定好。以抗击新冠肺炎疫情为例，病根是新冠肺炎病毒，药方是进行隔离。怎么隔离呢？疫情暴发之初，因缺少核酸检测试剂盒等原因，武汉市的一些发热患者无法确诊为新冠肺炎，难以得到有效的隔离和救治，在一定程度上造成了潜在的交叉感染。2月2日，根据中央要求，武汉市疫情防控指挥部决定对确诊患者、疑似患者、无法排除感染可能的发热患者、确诊患者的密切接触者这四类人员进行集中收治和隔离，明确规定：确诊的新冠肺炎轻症患者无法全部进入定点医院治疗的，必须征用其他医院或酒店作为临时治疗区，集中收治；疑似新冠肺炎轻症患者无法入院隔离的，必须改造酒店作为临时隔离区，进行集中隔离。经过20多天的拉网排查，武汉市对四类人员实现了应收尽收，有效地控制住了传染源，为打赢疫情防控阻击战奠定了坚实基础。

第十六策　多管齐下

卫生健康、发展改革、工信商务、外交外联、交通运输、农业农村、应急管理、财政金融、文化旅游、科技教育、市场监管、社保医保、资源环境、国资林草等部门和纪检监察、组织、宣传、统战、政法等战线各司其职，人大、政协以及各人民团体等主动担责，采取有力措施支持抗击疫情斗争。[①]

——习近平

新冠肺炎疫情暴发以来，在习近平总书记的亲自指挥、亲自部署下，我国把坚持全国一盘棋、统筹各方面力量支持疫情防控作为重要保障，充分调动各方资源，采取政治、经济、法治、科技、舆论等多种手段，开展了全方位的人力组织战、物资保障战、科技攻坚战、资源调配战。在政治上，发出了全国动员令，组织各级、各方齐心协力共同抗击疫情；

① 2020年2月23日，习近平在统筹推进新冠肺炎疫情防控和经济社会发展工作部署会议上的讲话。

在经济上，全力开展防疫物资生产，保障稳定供应，统筹推进疫情防控和经济社会发展；在法治上，坚决打击囤积居奇、危害社会安全等行为，稳定社会秩序；在科技上，聚焦临床救治、药物和疫苗研发、检测技术和产品攻关，取得了突破性进展；在舆论上，充分报道党中央重大决策部署，生动讲述防疫、抗疫一线的感人事迹，积极传播正能量，坚定国民必胜的信心。可以说，我国能够在较短的时间内取得湖北保卫战、武汉保卫战的决定性成果以及全国疫情防控阻击战的重大战略成果，跟我们以举国之力，多管齐下、综合施策密不可分。

一、多管齐下是一种科学统筹能力

“多管齐下”一词，源自“双管齐下”，见于北宋郭若虚的《图画见闻志》：“唐张璪员外，画山水松石，名重于世。尤于画松，特出意象。能手握双管，一时齐下，一为生枝，一为枯干，势凌风雨，气傲烟霞。”原指手握双笔同时作画，后引申为人们为达成某一目的或完成某一任务，多种办法同时使用或从多个方面同时进行工作。类似的词语还有多措并举、多措并用、数管齐下等。

多管齐下揭示的道理是，对于一些复杂问题，依靠单打独斗或单一方法难以奏效，需要科学统筹、充分调动各方资源，采取多种手段综合施策。比如，在脱贫攻坚战中，针对“怎么扶”的问题，习近平总书记提出按照贫困地区和贫困人口的具体情况，采取多管齐下的办法，实施“五个一批”工程。一是发展生产脱贫一批。引导和支持所有有劳动能力的人依靠自己的双手开创美好明天，立足当地资源，实现就地脱贫。二是易地搬迁脱贫一批。贫困人口很难实现就地脱贫的要实施易地搬迁，按规划、分年度、有计划组织实施，确保搬得出、稳得住、能致富。三是生态补偿脱贫一批。加大贫困地区生态保护修复力度，增加重点生态功能区转移支付，扩大政策实施范围，让有劳动能力的贫困人口就地转成护林员等生态保护人员。四是发展教育脱贫一批。治贫先治愚，扶贫先扶智，国家教育经费要继续向贫困地区倾斜、向基础教育倾斜、向职业教育倾斜，帮助贫困地区改善办学条件，对农村贫困家庭幼儿特别是留守儿童给予特殊关爱。五是社会保障兜底一批。对贫困人口中完全或部分丧失劳动能力的人，由社会保障来兜底，统筹协调农村扶贫标准和农村低保标准，加大其他形式的社会救助力度，加强医疗保险和医疗救助，新型农村合作医疗和大病保险政策要向贫困人口倾斜。可见，多管齐下既是一种多元的思维艺术，也是解决复杂问题的重要方法。领导干部在办事情、作决策的过程中，应坚持目标导向、问题导向，跳出单一思维，从多个角度、多个层次、多个方面去想问题、找办法。

二、公共危机治理需综合施策

公共危机的影响是多方面的，其治理涉及的部门多、环节多，具有一定的特殊性，尤其需要综合施策。

首先，公共危机事件引发的问题很多，仅靠单一手段很难解决。以2020年新冠肺炎疫情为例，疫情引发的问题是全方位的。政治方面，防控疫情成为首要政治任务，这个问题解决不好，就会使老百姓对我们党和政府的形象、对社会主义制度产生负面感受。经济方面，进出口贸易、加工制造业、服务业等行业受到巨大冲击，第一季度GDP比上年同期下降6.8%。社会方面，全国人民，特别是湖北人民面临医疗资源不足、出行受限、生活保障受影响等问题，在生理上和心理上承受了巨大压力。舆论方面，疫情引起了全国甚至全世界的高度关注，各种声音嘈杂纷乱，使一些公众，特别是部分武汉市民产生了恐慌、迷茫等情绪。可见，抗击新冠肺炎疫情是一项复杂的系统工程，很难用“一招鲜”的办法，必须从政治、经济、法治、舆论等方面共同发力，才能有效解决，甚至每个具体问题都要多管齐下、综合施策。比如，在救治患者方面，中央明确表示，救治新冠肺炎患者是政治任务，全部治疗费用由国家财政兜底，这从根本上解决了患者的后顾之忧；国家先后派出340多支医疗队42000多名医务人员火线驰援武汉，解决了医护人员不足的问题；在武汉市改造和新建了86家定点医院、16家方舱医院，提供了6万多张床位，解决了床位不足的问题；加大医疗物资生产力度，从全国各地向湖北供应调运医用防护物资，实现了重要医疗物资从紧缺到紧平衡，再到应配尽配。可以想象，如果不是同时采取多种办法，湖北省特别是武汉市很难在短时间内控制住疫情。

其次，公共危机治理涉及的部门很多，仅靠一个部门单打独斗很难解决问题。公共危机处置既涉及专业的应急管理部门，也涉及行业管理部门和公共管理部门等，每个部门都有自己的责任和义务，缺一不可。以北京大兴“11・18”火灾为例，2017年11月18日，北京市大兴区西红门镇聚福缘公寓发生重大火灾，导致19人死亡、8人受伤。表面看，这是一次火灾事故，但认真剖析，里面涉及的问题很多。其一，此次火灾的发生地聚福缘公寓是一幢集仓储、经营、生产、居住功能为一体的建筑，共设305间房，有400余人租住，楼道呈“回”字形，外侧窗户被铁护栏封死。该公寓于2002年至2006年分三次建成，未经相关部门审批。其二，事发地西红门镇新建二村注册有多家服装制造企业，服装加工作坊和群租房在此聚集，而村内多数道路的宽度在2米左右，消防车辆难以进入。

其三，公寓的起火部位为地下中部冷库间南墙中部的墙面，该处埋在聚氨酯保温材料内的电气线路发生故障，导致了此次火灾，而冷库建设过程中铺设接连电线的作业人员均无专业资质。这些问题涉及消防、工商、城管、安监等部门，不是某一部门单独可以解决的。想要避免类似的事故发生，必须各部门多管齐下、共同整治才行。

最后，公共危机治理涉及的环节很多，仅靠加强某个环节很难解决。公共危机治理包括预防与应急准备、监测与预警、应急与救援、事后恢复与重建等环节。每个环节都很重要，任何一个环节缺失，都可能导致问题无法解决或解决的质量不高。对公共危机事件，不能只盯着应急与救援，还需强化事前预防监测，事后总结提升，避免同类事件频发。以突发环境事件为例，在预防上，要定期开展污染源、放射源和生物物种资源调查，及时掌握环境污染源的产生、种类及地区分布情况，掌握动态变化的信息。在预警上，要建立健全环境安全预警系统，提升预警能力，确保事件发生后能第一时间发出警告。在应急救援上，要切实加强各级、各专业应急力量建设，提高现场处置、人员安置、医学救援能力，使突发事件得到妥善处置。可以说，只有各个环节同时得到加强，才能有效避免突发环境事件发生或减少损失。

三、打好一套奏效的组合拳

公共危机的特殊性决定了应对公共危机不是单打一，而应综合采取各种措施，打出一套组合拳。

一是用好政治手段。在应对重大危机特别是公共危机时，政治手段是最快速、最有效的手段。在抗击新冠肺炎疫情过程中，我们党充分运用了各种政治手段。习近平总书记把疫情防控作为头等大事来抓，亲自指挥、亲自部署，提出坚定信心、同舟共济、科学防治、精准施策的总要求，向全党、全国发出了政治动员令。党中央及时制定疫情防控方针政策，确保疫情防控有力有序推进，坚决遏制疫情扩散蔓延，同时加强对湖北疫情防控工作的指导，举全国之力予以支援。各级党委、政府切实履行政治责任，把抗击疫情作为首要政治任务，按照中央统一要求，步调一致地开展疫情防控工作。这些举措充分体现了我们党集中统一领导的政治优势、中国特色社会主义“集中力量办大事”的制度优势，以及“令行禁止、高效协同”的组织优势。

二是用好法治手段。法治手段是应对重大危机的有力武器。回顾历史可以发现，当危机来临时，总有一些不法商人借机囤积居奇，哄抬物价，发“灾难财”，也有不法分子浑水摸鱼搞破坏。这就需要运用法律武器，坚决依法打击这些违法行为。这次抗击新冠肺炎疫情期间，有一些药店存在借防疫之机囤积医用口罩、散布涨价信息等扰乱市场秩序的违法行为，工商部门对其作出了相应处罚。还有一些人故意隐瞒个人信息，如被称为“一人毁一城”的郑州“毒王”郭某蓄意隐瞒境外旅游史，违反传染病防治法的规定，拒不执行卫生防疫机构规定的预防、控制措施，引起新冠病毒广泛传播，后经法院审理以妨害传染病防治罪判处有期徒刑一年半。这些法治手段有力维护了社会秩序，保障了公民的合法权益。

三是用好科技手段。应对各类危机，尤其是同疾病较量，科学技术是最有力的武器和决定性力量。习近平总书记强调，我们注重科研攻关和临床救治、防控实践相协同，第一时间研发出核酸检测试剂盒，加快有效药物筛选和疫苗研发，充分发挥科技对疫情防控的支撑作用。[①]科技、

① 2020年9月8日，习近平在全国抗击新冠肺炎疫情表彰大会上的讲话。

卫健等12个部门组成科研攻关组，组织跨学科、跨领域的科研团队，科研、临床、防控一线相互协同，产学研各方紧密配合。正是因为高度重视科技的作用，我国很快就确定了新冠病毒的全基因组序列并分离得到病毒毒株，及时推出了多种核酸检测试剂产品，迅速筛选了一批有效药物和治疗方案，多条技术路线的疫苗研发也进入临床试验阶段。疫情防控离不开科技支撑，自然灾害、安全生产等其他公共危机治理也是如此。在汶川地震救援中，计算机网络技术、无线通信技术、地理信息系统技术的使用，极大地提升了救援效果和国家抗震救灾水平。

四是用好舆论手段。舆论宣传能够广泛普及公共危机治理知识，及时回应社会关切，疏解公众疑虑，起到凝聚人心、统一思想的作用。抗击新冠肺炎疫情成效的取得，与正确的舆论宣传引导密不可分。习近平总书记明确指出，疫情防控形势严峻复杂，一些群众存在焦虑、恐惧心理，宣传舆论工作要加大力度，统筹线上线下、国内国际、大事小事，强信心、暖人心、聚民心，更好地维护社会大局稳定。《人民日报》、新华社、中央电视台等主流媒体，深入宣传、充分报道党中央重大决策部署、联防联控措施、防控疫情的成效，让群众充分了解党和政府正在做什么、还要做什么，进一步坚定了信心。同时，推出了一系列专题报道，生动讲述奋斗在防疫、抗疫一线的英雄的感人事迹，这里面，有83岁高龄仍然深夜驰援武汉一线的钟南山，有身患渐冻症重疾依然冲锋在前的武汉市金银潭医院院长张定宇，有坚守医者仁心、拉响湖北乃至全国疫情警报的“疫情上报第一人”——湖北省中西医结合医院呼吸内科主任、内科党支部书记张继先等。这些感人事迹的报道，让广大群众了解了他们，感受到抗疫的艰辛，汇聚了抗疫的合力。可见，在公共危机治理过程中，应充分发挥舆论的作用，强化正面宣传引导，传播好正能量。

当然，多管齐下不是平均用力、面面俱到，更不能“眉毛胡子一把抓”，而是要“十个手指弹钢琴”，统筹兼顾，分清主次，优化资源配置，从而达到最佳治理效果。

第十七策　因时制宜

各级党委和政府要增强紧迫感，因地制宜、因时制宜优化完善疫情防控举措，千方百计创造有利于复工复产的条件，不失时机畅通产业循环、市场循环、经济社会循环。①

——习近平

在应对新冠肺炎疫情的过程中，根据疫情形势的发展变化，适时改进、调整防控措施是一条重要的经验。我国各省在战“疫”的不同时间节点，及时评估调整公共卫生事件应急响应级别和各地区风险等级，并有针对性地采取防控措施，从前期的全力抗疫到后期疫情防控和复工复产两手抓，从上半场的内防扩散、外防输出到下半场的内防反弹、外防输入，防控策略、举措不断优化完善，有效应对了一个个挑战和考验。新加坡的前期抗疫策略以“佛系”为主，但随着本土感染病例迅速增加，也陆续出台了企业停工、居家学习、要求民众必须佩戴口罩等一系列严

① 2020年4月8日，习近平在中共中央政治局常务委员会会议上的讲话。

格的管控措施，转为积极抗疫。2020年4月初，日本首先宣布东京、大阪等7个地区进入紧急状态，后来逐步将范围扩展到日本全国。随着疫情加剧，在5月4日又宣布将原定5月6日结束的紧急状态延长至5月31日。5月中旬确诊病例持续减少，疫情有所缓和后，日本大部分地区都提前解除了紧急状态，以尽快重启经济发展。这些案例都启示我们，在公共危机治理中，要切实把握和用好“因时制宜”这一重要方法论。

一、因时制宜体现精准施策的治理水平

“因时制宜”一词，见于刘安的《淮南子·氾论训》“器械者，因时变而制宜适也”，说的是器械用具要根据时代的变化而变化，使之适用。“因”就是依据、根据，“制”就是制定、规定，“宜”就是适当的方法、措施。“因时制宜”还引申出“因地制宜”“因人制宜”等近义词，总的意思是，在处理事情的过程中，要根据形势、地域和对象等具体情况，随机应变、灵活施策。

古代优秀的政治家们在治国理政中非常重视和善于做到因时制宜、因地制宜。《汉书·武帝纪》记载了汉武帝刘彻推行币制改革的经过，刘彻为了统一思想，在所下诏书中分析了前朝币制的弊端，阐述了改革币制的必要性，强调新的货币政策是“稽诸往古，制宜于今”，即在汲取历史经验的基础上制定，适合当前形势。《吴越春秋·阖闾内传》中提到“夫筑城郭，立仓库，因地制宜，岂有天气之数以威邻国者乎？”，强调修建城墙、仓库都要依地势而建。《晋书·列传第十六》记载，大臣刘颂上书晋武帝司马炎时指出，“所遇不同，故当因时制宜，以尽事适今”，强调因为古今所遇到的问题不同，所以应该根据当前形势采取适合的措施。

西汉大臣桓宽在《盐铁论》中指出“明者因时而变，知者随世而制”，认为聪明的人能根据时期的不同而改变行事策略，有智慧的人会随着世事变化的情况而制定法则。宋代陆游在《上殿札子三首》中提出，“臣闻夏尚忠，商尚质，周尚文，三者迭用，非以为异，因时制宜，有不得不然者”，认为夏、商、周三朝不同的治国方针是因时制宜后不得不做出的选择。明朝内阁首辅朱国祯在《涌幢小品·选法》中强调，“用人图治，亦当因时制宜，岂能一一拘定常格”。清代的政治家、思想家魏源在《圣武记·武事余记》中也指出“为政贵因时制宜”。

“因时制宜”“因地制宜”不仅体现在古代的治国理政实践中，也体现在经济社会生活的方方面面。比如，古人很早就认识到，发展农业生产时，只有尊重天时、地利等客观规律，才能取得事半功倍的效果，否则就会徒劳无功。《氾胜之书》说“种禾无期，因地为时”，意思是农作物播种的日期，绝不是南北统一、固定不变的，而是要根据不同地方的自然环境特点灵活掌握。《王祯农书》认为“万物因时受气，因气发生，时至气至，生理因之”，“九州之内，田各有等，土各有产，山川阻隔，风气不同，凡物之种，各有所宜”，强调天时地利是影响农业生产的重要因素。北魏农学家贾思勰在《齐民要术》中指出：“顺天时，量地利，则用力少而成功多。任情返道，劳而无获。”在几千年的农业生产实践中，我国逐渐形成了因时制宜、因地制宜、因物制宜的“三宜”农学理论。二十四节气深刻揭示了季节变迁和农事的关系。这些观点和事例都生动地反映了古人的智慧。

从马克思主义哲学来看，“因时制宜”“因地制宜”一方面体现了一切从实际出发、主观与客观相符合、按照客观规律办事的哲学道理，另一方面体现了共性和个性、一般和个别、矛盾的普遍性和矛盾的特殊性的对立统一规律。其要求我们在想问题、办事情、作决策时要把特定时间、地点的客观存在作为根本出发点，摒弃教条主义和经验主义，坚持一切从实际出发，具体问题具体分析，对症下药。

二、以不变应万变

不同的公共危机事件，类型不同，其产生的原因、时间，影响程度和范围也不同，即使是同一危机事件，在不同发展阶段的治理重心、目标任务也在不断变化。可以说，千变万化是公共危机的常态。荀子曾说："千举万变，其道一也。"道家思想也认为，万变不离其宗。在公共危机治理中，以不变应万变的方法就是坚持因时制宜、因地制宜、因人制宜。

首先，危机产生的时间差决定了必须因时制宜。随着时间的推移，公共危机的形势往往在动态发展变化中，因此决策者不可能一次性作出完整的、一劳永逸的决策，必须适时调整、不断修正。在应对2020年新冠肺炎疫情的过程中，习近平总书记从大年初一开始相继主持召开了多次中共中央政治局常务委员会会议和中共中央政治局会议，会议的主题从疫情防控逐渐转为统筹疫情防控和经济社会发展，再到部署常态化疫情防控措施，就是基于疫情不同发展阶段的特征和任务而作出的策略调整。疫情初露端倪时，习近平总书记及时发出预警，要求及早研判疫情传播扩散风险。[①]当疫情蔓延、风险加剧时，习近平总书记迅即制定疫情防控总目标、阶段性任务、战略举措。在疫情防控最为吃劲时，习近平总书记反复告诫，要时刻保持清醒的头脑，慎终如始、善作善成，做

① 2020年1月25日，习近平在中共中央政治局常务委员会会议上的讲话。

到不麻痹、不厌战、不松劲。当境外疫情快速扩散蔓延时，习近平总书记强调，要落实外防输入的重点任务，完善应对输入性风险的防控策略和政策举措。疫情防控进入常态化阶段后，习近平总书记要求时刻绷紧疫情防控这根弦，毫不懈怠地抓好各项工作，巩固疫情防控成果。在疫情防控阻击战取得重大战略成果后，习近平总书记强调，要构建起强大的公共卫生体系，切实为维护人民健康提供有力保障。这些都充分体现了习近平总书记在应对风险挑战时因时制宜的高超水平。2006年6月，福建省建瓯市遭遇持续大暴雨，暴雨引起的洪水不仅让人民群众的财产遭受严重损失，更重要的是直接影响了6月7日将要举行的高考。6月6日晚上，当地政府根据水文气象部门“6日23时，洪峰将通过建瓯市，此后将以每小时20厘米的速度退去。到7日早上7时，所有考场将不再浸水”的预测，决定举全市之力，确保如期举行高考。然而，6月7日6时20分，水文站传来的消息称：“在过去的7个小时里，城区水位只退了0.9米，市区洪水最深处达6米，大部分地区水深达1.5米。”7日早上7时，距离全国统一高考开考只有2个小时了，但市区仍然浸泡在水中。为此，当地政府针对现场的实际情况，及时调整了决策部署，作出了延期举行高考的决策。

其次，危机发生的空间差决定了必须因地制宜。在不同地方发生的公共危机事件即便属于同一类型，采取同样的应对措施也会导致实施效果大相径庭，甚至在一个地方非常有效的措施，用到另一个地方效果可能就非常一般。比如，武汉市在应对新冠肺炎疫情初期，借鉴2003年非典期间北京的小汤山医院模式建设了火神山医院和雷神山医院，但新冠肺炎的传染性比非典的传染性强很多，当时武汉疑似病例已呈指数式增长，而这两所临时医院的设计床位有限，即便全部投入使用，也难以将疑似病例全部收治，这些无法入院的群众在社区和医院门诊之间辗转，社区交叉传染的概率大增，疫情防控很可能会呈现传播越来越广、病人越来越多的不利形势。后来，在专家建议下，武汉市创造性地利用体育馆、会展中心等现有场所设立方舱医院，有效解决了收治难的问题，使“应收尽收”“床位等人”成为现实，最终取得了隔离病人、遏制疫情蔓延的良好效果。再比如，同样是新冠肺炎疫情，不同地区受影响的程度不同，制定的防控策略也应不同。在我国新冠肺炎疫情蔓延势头得到初步遏制，新增确诊病例数和疑似病例数总体呈减少趋势，尤其是湖北以外省份新增病例数大幅减少时，国务院及时印发了《关于科学防治精准施策分区分级做好新冠肺炎疫情防控工作的指导意见》，对各地科学划分疫情风险等级、明确分级分类的防控策略、制定差异化的县域防控和恢复经济社会秩序措施提供指导。这也是因地制宜开展疫情防控工作的一个体现。

最后，公共危机涉及对象的不同决定了必须因人制宜。以前文提到的贵州省贵阳市领导处置省两会期间市民堵路上访事件为例，该领导采取引导上访队伍到附近地点进行对话的办法使交通很快恢复畅通，两会代表车队得以顺利通行，但这个办法也不能生搬硬套。贵阳市当时之所以能快速化解危机，一个重要的原因是上访群众的诉求相对简单，只是要求把自己商铺门口的无证小贩清离，不存在不可调和的矛盾。如果这些人是反党、反社会的异见人士或“民运”分子，想利用省两会这个特殊时期给党委、政府施压，制造一个大新闻，以满足其政治诉求，危机就不会这样快速有效地化解。因此，在公共危机治理中，一定要准确把握涉及对象、群体的结构特征、心理特征、行为特征，有针对性地制定对策和措施。

三、增强因时、因地、因人制宜的能力

在公共危机治理中，能否做到因时制宜、因地制宜、因人制宜，可以反映出一个国家、一个地区、一个组织的治理水平，更可以反映出领导干部的能力、素质。那么，应当如何增强这方面的能力，更加科学有效地应对公共危机呢？

一是善于应变。一方面，领导干部要在充分学习、借鉴前人治理类似事件经验的基础上，综合考虑眼下危机发生的时间、地点，危机的紧急程度、发展阶段等因素，结合本地实际进行处置。另一方面，领导干部应全面掌握对策、措施的落实情况，认真评估、分析其实施效果、存在问题，根据危机发展演变的最新形势和各方意见建议，对应对方案及时作出有针对性的调整，以确保决策的正确性和应对措施的有效性，做到反应敏锐、灵活机动。比如，为应对这次新冠肺炎疫情，一些小区的居民采用的购物不见面交易、无接触配送模式就是减少人员交叉传染的应变之举。再比如，2018年6月，泰国清莱一所学校的足球队的12名少年结束训练后，在教练带领下进入公园里的洞穴探险，不料他们进入洞穴后突降暴雨，暴雨引发的洪水把洞穴的每个入口都堵死了，他们与外界完全失去了联系。为了救援被困人员，当地先是采取排水的办法，发现洞内水位下降较慢后，又及时调整救援方案，最终采取由潜水员分批进入洞内将被困者带出洞外的方案，创下了18天后被困人员全员获救的奇迹。

二是注重精准。根据公共危机的类型、性质、所处阶段等，坚持问题导向，抓住主要矛盾和矛盾的主要方面，集中火力、各个击破。比如，地震发生后，工作重点肯定是抢救生命，防范次生、衍生灾害。过了72

小时黄金抢救时间后，被困人员生还的希望不大了，工作重心就要转移到生还者身上，这时的中心任务包括妥善安置受灾民众、恢复正常生产生活秩序、全面开展心理危机干预等。地震发生3个月后，就要转入善后期，重点工作包括进行地震灾害损失评估、制定并实施恢复重建计划、完善相关配套优惠政策以及长期心理危机干预等。比如，在群体性事件中，如果出现境内外敌对分子插手，利用人民内部矛盾煽风点火、策划操纵、制造混乱的现象，在处置时就要注意区分两类不同性质的矛盾，对不明真相、被蒙蔽参与的群众采取教育引导、对话沟通等方式化解矛盾，对境内外敌对势力则应果断采取相应的专政手段依法进行处置。

三是不断创新。创新意识、创新本领、创新能力是打开工作局面的重要因素。领导干部应坚持与时俱进、开拓思路，用好新技术、拿出新点子，解决好出现的新矛盾、新问题，避免路径依赖，避免盲目照搬照抄以前的经验。比如，如何有效防止公共场所发生踩踏事件？北京市运用大数据、图像识别等现代信息技术加强危机风险预警，在广场、车站等公共区域设置图像采集摄像头，对过街天桥、地铁站口、商场出入口等地的流动人群进行实时监控分析，预警系统中的图像智能识别装置会根据摄像头捕捉到的人流信息，计算出人群流量、密度和步行速度等参数，并通过软件模型分析出实时人流状态。同时，该系统可预测未来10分钟某一区域人群聚集的态势，一旦聚集的人员数量超过安全容量，就会根据不同预警等级提示管理人员及时赶赴现场，采取疏导、限流等恰当的应对措施。

第十八策　过犹不及

各级领导干部要牢记“欲速不达”“过犹不及”的辩证思想，克服经济建设中的幼稚思想、急躁情绪和短期行为，努力养成在任期内留下长劲和后劲的广阔胸怀，发扬“滴水穿石”精神。①

——习近平

2020年新冠肺炎疫情暴发初期，有的地方层层加码，擅自升级管控措施。比如，任性堵路、断路，不加区分一律劝返；一家三口在家打麻将，志愿者怒砸麻将桌并连扇主人三耳光；湖北籍货车司机在高速公路上漂泊十几天下不了高速，回不了家。进入常态化疫情防控阶段后，仍然有个别地方存在一刀切的做法。比如，2020年8月17日，在黑龙江哈尔滨，一位白发老人乘公交车时因没有手机，无法扫健康码，被司机拒载。因迟迟不下车，车上乘客愤怒谴责其“为老不尊”。老人不知所措，直到民警接警后，赶来将老人带离。民警告诉老人，现在没有健康码无法乘车，“这是

① 1990年1月，习近平在福建省宁德地委工作会议上的讲话。

政府规定”。这则新闻在网络上一发布，就引起了广泛的争议。一些网友认为，政府没有考虑到老人不会用智能手机或没有手机的情况，不够人性化。一些网友认为，公交车司机、部分乘客没有正确佩戴口罩，后面上车劝离老人的警察也没有佩戴口罩，都没有遵守规定，在这种情况下坚持不让没有健康码的老人坐车更是形式主义。这些在疫情防控中执行政策过了头或一刀切的做法，既影响了疫情防控效果，也破坏了正常的党群干群关系，反衬出地方治理能力的不足。2020年11月24日，国务院办公厅发布《关于切实解决老年人运用智能技术困难的实施方案》，要求各地不得将健康码作为人员通行的唯一凭证，对老年人等群体，可采取凭有效身份证登记、持纸质证明通行，受到群众欢迎。可见，在公共危机治理中应把握好执行的度，做到合法、合情、合理，避免过犹不及。

一、过犹不及强调的是适度

“过犹不及”一词，见于《论语·先进》：“子贡问：‘师与商也，孰贤？’子曰：‘师也过，商也不及。’曰：‘然则师愈与？’子曰：‘过犹不及。’”这个故事讲的是，子贡问老师孔子，子张（师）和子夏（商）两个人谁更贤明。孔子说，做事时，子张做得过头，子夏做得不足。子贡又问，子张是不是好一些。孔子回答说，过头和不足的效果是一样的。过犹不及是辩证哲学中的一句警句，说的是想事情、作决策都要把握好度，否则就会适得其反。如果“过”了，达不到理想的效果；如果“不及”，也解决不了问题。过犹不及蕴含的适度原则，强调把握事物要恰到好处，处理事情要恰如其分。有一句话叫“真理走过一步，就是谬误”，说的也是这个道理。

我们党的领袖对过犹不及有过精辟论述。毛泽东同志在致张闻天的信中针对陈伯达的《孔子的哲学思想》一书中关于中庸的解释，阐明了自己的观点：“‘过犹不及’是两条战线斗争的方法，是重要思想方法之一。”“‘过’的即是‘左’的东西，‘不及’的即是右的东西。”邓小平同志强调：“要批判‘左’的错误思想，也要批判右的错误思想。解放思想，也是既要反‘左’，又要反右。”在南方考察时，他更加明确地说道：“右可以葬送社会主义，‘左’也可以葬送社会主义。中国要警惕右，但主要是防止‘左’。”正是在这种思想的指引下，我国的改革开放才取得了巨大成就。习近平总书记在宁德工作时就强调：“各级领导干部要牢记‘欲速不达’‘过犹不及’的辩证思想，克服经济建设中的幼稚思想、急躁情绪和短期行为，努力养成在任期内留下长劲和后劲的广阔胸怀，发扬‘滴水穿石’精神。”在推进改革、发展、稳定等各方面工作时，习近平总书记反复强调要坚持稳中求进，行稳致远。可见，过犹不及不仅体现了重要的哲学思想，也有很强的指导意义。

二、过犹不及有害危机治理

唯物辩证法告诉我们，想问题、办事情“过”和“不及”都不可取。公共危机治理中，为什么人们都习惯“过”、容易“过”、趋向“过”、喜欢“过”、热衷“过”呢？在一些人看来，过激一点、过头一些，即便结果不理想，责任也不大，最起码初衷是美好的，动机是单纯的，行动是积极的，执行是得力的。如果出了什么问题，上级追究下来最多就是方式、方法欠妥，好心办坏事罢了，情有可原。如果“不及”，那就可能会给人留下做事没有到位的把柄，麻烦就大了。所以，深刻剖析起来，这种“过头”的习惯其实就是怕担责、不敢担当。还有的同志面对新情况、新问题，不深入思考，不开动脑筋，办法不多，只会按部就班地照着文件办事，不会创造性地开展工作，老想着通过一些简单粗暴的办法达到一劳永逸的目的。所以，过犹不及也是懒政的一种表现。

与“不及”比较起来，“过”的危害性是显而易见的。从现实看，“过”往往会给我们的事业带来危害、造成损失。比如，在应对这次新冠肺炎疫情的过程中，个别地方对中央精神学习领会不深不透、把握不准，认为疫情防控全国一盘棋就是全国一刀切，不分青红皂白地封城、封路，画地为牢，各扫门前雪，影响了全国防控大局。在统筹推进疫情防控和经济社会发展中，个别地方对疫情反弹过度担忧，怕出事宁可不干事，因噎废食，为防止复工可能引起的聚集性复发，下令所有企业一律不得复工、复产，或者设置重重条件，审批之烦琐，条件之苛刻，企业几乎无法做到。这些矫枉过正的做法，看似防控有力，实则脱离实际，副作用不容小觑。再比如，2020年2月底，十三届全国人大常委会第十六次会议表决通过《全国人民代表大会常务委员会关于全面禁止非法野生动物交易、革除滥食野生动物陋习、切实保障人民群众生命健康安全的决定》之后，多地都在研究制定具体的实施办法。其中，某市的禁野令拟将人工饲养的甲鱼列入禁食黑名单，这将对大量养殖户和水产业发展造成严重影响，一时间引发社会各界的争议，专家也呼吁各地要根据物种资源的情况、需求、文化等因素综合考量，不要一刀切。可见，公共危机治理既要防止不及、不够，也要防止过火、过头。

三、牢记过犹不及的辩证思想

在公共危机治理中如何防止过犹不及？

第一，把握好适度原则。认识和处理问题时要掌握好适度原则，否则就会进退失据、宽严皆误，不但处理不好眼前的危机，还可能造成新的危机。不论是危机初期采取应急措施还是后期出台恢复重建政策，都要把握好度，用力过猛或用力不足都不利于应对危机。1985年5月13日，美国东部费城的黑人教派姆邬教与警方发生对峙，双方相持不下。警方采取多种措施，仍未能把守在一栋加固房子里的教徒驱逐出来。后来，军方贸然用直升机朝房顶扔下一颗炸弹，引起大火。警察局长和消防局长认为火势可控，但是没想到熊熊烈火很快失控，席卷了三个街区，吞噬了61间房屋，造成12人死亡，250人无家可归。

第二，强化法治意识。应对公共危机，需要严格执行相关规定，但必须是依法行政、依法施策。这次新冠肺炎疫情防控期间，为了切实保护人民群众的生命安全和身体健康，防止疫情蔓延，各地严格执行防控相关规定的做法，值得肯定。但如果打着“为大家好”的旗号，挟疫情以令群众，野蛮操作、粗暴执法，任意侵害群众的权益，那就是知法犯法、执法违法。比如，根据《中华人民共和国传染病防治法》《中华人民共和国突发事件应对法》等法律法规，各地可以采取封锁措施，可以限制人员聚集以及对病人和疑似病人进行隔离，但并不包括“人员劝返”。个别地方实行的“一律劝返”政策是缺乏法律依据的。还有个别社区为防止人员进出，在密切接触者家门外安装铁栏，简单粗暴执法的背后是对法理、情理的不屑和践踏。2020年2月5日，习近平总书记在中央全面依法治国委员会第三次会议上强调：“疫情防控越是到最吃劲的时候，越要坚持依法防控，在法治轨道上统筹推进各项防控工作，保障疫情防控工作顺利开展。”各级领导干部应强化法治意识，学会在法治轨道上科学有序地处置危机。

第三，及时纠正偏差。对公共危机治理过程中出现的一些过头做法，要有正视问题的勇气，及时采取措施予以纠正。比如，在2020年新冠肺炎疫情防控已经取得阶段性成果时，一些地方开始推行健康码，其初衷是运用科技手段提高防控的科学性，但是在实施过程中出现了不少问题，对不使用手机的老人和儿童的正常出行、消费造成了很大影响。从操作上看，由本人填写的近期身体健康情况来决定健康码的具体颜色，填了有咳嗽、发热、流鼻涕等症状，健康码就会变成黄码，按健康码使用规则就要限制出行，这种自主填报、自证清白的方式很难保证其准确性、真实性。同时，在健康码推行初期，由于功能不完善，一些司机跨省运输物资时，其绿码会自动转成黄码，很多地方不让通行，导致瓜果、蔬菜等农产品的销售受阻。后来有关方面经过调查研究，优化升级健康码的功能，及时纠偏，取消了在公共场所一刀切地要求验证健康码、机械地搞“一码通行”等不当做法，确保疫情防控在更加科学的轨道上有序推进。比如，2020年国庆长假期间，一张无锡火车站的图片在网络上流传。图片上是无锡火车站竖立的一块牌子，牌子上写着“无健康码由此进入”“温馨提醒：老人机、手机没电、无微信、不会操作、无手机等问题”。这张图片立即得到了成千上万网友的转发、几十万的点赞，《人民日报》、央视的官方微博也先后转发。网友们评论：“数字生活下的老人不应该被遗忘。”“科技在发展，数字生活下的老人更需要关怀。”“一座城市的温度就体现在它如何对待那些被遗忘的人。”“这个无健康码服务通道，让人感受到管理者的细心和人性化。”一块牌子让无锡这座城市火了，有专家评论，当人类大步跨入智能化时代，依然会有一些走得比较“慢”的人，他们也应当获得平等出行、进入公共场所的机会，无锡火车站的无健康码通道表面上看是一种人性化管理，增加了一种服务，实则是给老年人和其他特殊人群的内心留下了一条温情通道。

用人篇

第十九策　首在用人

我们党历来高度重视选贤任能，始终把选人用人作为关系党和人民事业的关键性、根本性问题来抓。治国之要，首在用人。也就是古人说的："尚贤者，政之本也。""为政之要，莫先于用人。"①

——习近平

对于广大党员干部在抗击新冠肺炎疫情斗争中的表现，习近平总书记有一个中肯的评价，他指出："总体看，在抗疫斗争中我们的干部队伍是好的，是经受住考验的，但也有少数干部表现不佳甚至很差。有的不敢担当、不愿负责，畏首畏尾，什么都等上面部署，不推就不动；有的疲疲沓沓、拖拖拉拉，情况弄不清、工作没思路；有的敷衍应付、作风飘浮，工作抓而不细、抓而不实，仍然在搞形式主义、官僚主义；有的百般推脱、左躲右闪，甚至临阵脱逃。"②如何选人用人、

① 2013年6月28日，习近平在全国组织工作会议上的讲话。

② 2020年2月23日，习近平在统筹推进新冠肺炎疫情防控和经济社会发展工作部署会议上的讲话。

激发干部的能动性直接影响到公共危机治理的成效。毛泽东同志谆谆教导我们："政治路线确定之后，干部就是决定的因素。"邓小平同志指出："正确的政治路线要靠正确的组织路线来保证。"可见，公共危机治理首在用人。

一、用人关乎事业兴衰成败

古语中与"首在用人"一词相近的说法见于北宋司马光的《资治通鉴》"为治之要，莫先于用人"，意思是治理国家的关键，首先在于用人。与其类似的词句有："为政之要，惟在得人。""育材造士，为国之本。""致天下之治者，在人才。"

中国古代的思想家、政治家历来重视选贤任能，在选人用人方面留下了很多思想和做法，是中华优秀传统文化中最丰富、最精彩、最值得我们继承和弘扬的宝贵精神财富。比如，孔子认为"为政在人"，"其人存则其政举，其人亡则其政息"。墨子提出"尚贤者，政之本也"，并总结了"国有贤良之士众，则国家之治厚，贤良之士寡，则国家之治薄"的历史规律。汉高祖刘邦在总结为什么能打败项羽取得胜利时说："夫运筹帷幄之中，决胜千里之外，吾不如子房。镇国家，抚百姓，继饷馈，不绝粮道，吾不如萧何。连百万之众，战必胜，攻必取，吾不如韩信。三者皆人杰，吾能用之，此吾所以取天下者也。"刘邦的过人之处就在于他知人善任，用人不拘一格。相比之下，项羽虽然自身勇猛无比，但却没有容人之量、用人之智，比如，韩信曾先去投奔项羽，却一直未得到重用，后来反被刘邦重用。元代教育家许衡把用人问题同民生疾苦联系在一起，指出："生民休戚，系于用人之当否。用得其人，则民赖其利；

用失其人，则民被其害。”明太祖朱元璋提出：“治国之道当以用贤为先，致治在得人，不专恃法。”古人的真知灼见，在现代仍然具有借鉴意义。

我们党历来高度重视选贤任能，始终把选人用人作为关系党和人民事业的关键性、根本性问题来抓。新中国成立不久，毛泽东同志就指出“治国就是治吏”。改革开放初期，邓小平同志谈到南方之行的体会时，指出：“搞这个开放啊，关键是每一个地方的人，什么人领导，是一个明白人还是个糊涂人，有没有点劲头的人……要选明白人当家。这是很重要的一条。”当时，邓小平同志的这句话实际上表扬的是国务院副总理谷牧等特区建设者，谷牧就是邓小平同志所说的“明白人”“有点劲头的人”。党的十八大以来，习近平总书记就选人用人作出一系列重要论述，强调：“新时代，我们党要团结带领人民实现‘两个一百年’奋斗目标、实现中华民族伟大复兴的中国梦，必须贯彻新时代党的组织路线，努力造就一支忠诚、干净、担当的高素质干部队伍。”

从历史和实践来看，因用人或对或错而导致结果截然相反的例子比比皆是，既给我们留下了善于用人的千古佳话，也给我们留下了用人失当导致事业受损、功败垂成的例子。比如，齐桓公得管仲辅佐成为春秋时期的第一个霸主，秦孝公用商鞅实施变法使秦国走上强国之路，刘备三顾茅庐请出诸葛亮而成就蜀汉大业，形成三国鼎立之势。反面例子也很多。比如，为改变北宋积贫积弱的局面，王安石大刀阔斧地进行变法，但最后还是失败了，史学家公认的一个导致失败的重要原因就是王安石用人不当。王安石推行变法所用之人分布在核心机构，甚至官居宰相、副宰相之位，但后来这批人大部分与他反目成仇，反戈一击，阻挠他的复出，极力破坏改革。吕惠卿本来是王安石推行变法之初最得力的助手，王安石向宋神宗推荐此人时说“惠卿之贤，岂特今人，虽前世儒者未易比也。学先王之道而能用者，独惠卿而已”，评价不可谓不高。在推行变法的过程中，事无大小，王安石“必与惠卿谋之”，“凡所请章奏，皆惠卿笔也”，对其十分信任。但是此人野心勃勃，连反对王安石变法的司马光也向宋神宗提醒说，吕惠卿此人邪佞，不是良士。其所作所为让王安石招致朝野的诽谤。王安石用人不当，为后来变法失败埋下了重大隐患。我们党历史上也有用人失误的教训。比如顾顺章，他凭聪明机警的天赋，学到了一身本领，如化装术、魔术和修理机械，还擅长用双手开枪、爆破，中央委他以中共中央特科负责人的重任，而且他还在中共六大上当选为中共中央委员会委员，后来又在六届四中全会上当选为中共中央政治局候补委员。然而，随着地位上升，顾顺章日渐骄纵，生活腐化，吃喝嫖赌抽，五毒俱全，血与火并未将他淬炼成真正的钢铁。1931年4月，顾顺章因被叛徒认出而被捕，在没有遭受严刑拷打、威逼利诱的情况下，他立马选择叛变。他首先供出共产党在武汉的地下交通站等秘密机关，被押解到南京的第二天，又向特务机关指认了中共领导人之一恽代英，使其惨遭杀害。而当时恽代英正被关押在南京中央军人监狱，化名王作霖，身份尚未暴露，本可很快出狱。顾顺章还出卖了中共中央在上海的机关和主要领导人，使得党中央机构差点遭受灭顶之灾，之后又亲自带人到香港，抓获了党的早期领导人蔡和森，致使蔡和森和众多地下党员被捕牺牲。顾顺章是我们党历史上最危险的叛徒。这些事例都充分说明了用人与事业成败、国家兴亡之间的关系。

唯物辩证法告诉我们，世上的万事万物时时处处都处于矛盾之中，矛盾是普遍存在的，解决任何问题，抓住了主要矛盾和矛盾的主要方面，就抓住了决定事物发展方向的关键，就抓住了要害。在诸多矛盾中，人是最为重要的因素，首在用人就是抓住了要害，牵住了牛鼻子。解决好用人问题，很多矛盾就会迎刃而解。

二、领导干部在危机治理中地位独特、角色关键

科学分析、定位领导干部在危机治理中的地位和角色，有利于其切实履行职责、发挥作用。

首先，领导干部在公共危机治理中扮演着极其重要的角色。在公共危机治理中，领导干部所处的位置不同，职责不同，权力大小不一样，但都担负着同样的使命，因此，角色定位极为重要。一是上级危机治理决策的执行者。领导干部肩负着贯彻落实上级党委、政府危机治理决策的重要职责，是上级决策的具体执行者，是决策能否落实的关键性因素。现代管理学之父彼得·德鲁克在《未来的领导者》一书中指出："领导者缺乏执行力恰恰是导致失败的主要原因，现代的社会更需要的是执行型的领导者。"领导干部带头执行，各级组织和人员执行的积极性就会被充分调动起来；如果领导干部这个执行主体出现问题，造成有令不行、有禁不止或搞变通、打折扣，就会严重影响危机处理效能。二是地方危机治理的决策者。决策是领导干部的基本职能，毛泽东同志曾指出："领导的责任，归结起来，主要是出主意、用干部两件事。"毛泽东同志讲的"出主意"，就是作决策、制定政策和策略。危机治理中的领导体制、预案制定、危机处置、信息发布等诸多环节，都需要领导干部特别是主要领导及时作出决策部署。应避免出现在紧急状态下优柔寡断、当断不断、不敢拍板的情况，延误危机处理的时机。三是应对危机的指挥者。领导干部特别是主要领导是应对危机的关键力量，他们通过命令、指导、监督等方式，推动下级为实现既定目标而努力，是整个危机处置过程的指挥者。指挥是否得当，直接关系到各项应对措施能否达到预期效果。还需要特别注意的是，领导干部在组织中的角色定位是会发生变化的，在

面对上级时，更多的是执行者，在面对分管工作和下级时，就会变成决策者或指挥者。优秀的领导干部既要有角色意识，又要善于转换角色，避免出现只当主角不当配角，只能发号施令不能贯彻执行等情况。

其次，领导干部在公共危机治理中发挥着关键作用。一是整合力量。处理公共危机，单靠领导的个人力量往往无法解决问题，不仅需要各个职能部门紧密协作、各司其职，还需动员社会团体、群众组织等多方力量积极行动、共同应对。这就需要领导干部特别是主要领导坐镇指挥，而且要善于组织、协调、调动各方面力量，在最短时间内达到资源力量的最优整合，以利于快速、有力、有效地应对危机。二是树立信心。对群众而言，发生公共危机时，领导干部是他们最信任的人，群众希望领导干部能够带领他们走出危机。如果这时领导干部缺乏主见、行动迟缓，群众就没有主心骨，就会无所适从、惊慌失措，也就不利于危机的控制和解决。三是鼓舞士气。在处理公共危机的过程中，处置团队面对灾难现场以及各种复杂情况时，难免会出现心里恐慌、士气低落、身心疲惫的情况，这时领导干部要身先士卒，冲在前、干在前，这将有效鼓舞团队士气，极大地激励团队成员坚定战胜危机的信心和决心。

三、公共危机治理中的知人善任

“知人”就是要了解人，正确认识人的品德和才能；“善任”就是要将合适的人放在合适的位置，做到“用当其时、用其所长”。西汉时期有个叫黄霸的名臣，他主政地方时，政绩突出。他很关心老百姓的生活，凡事都亲力亲为，亲自制定安民条款、规劝黎民遵章守法，连百姓的家常琐事也考虑得周到得体，是一个善做具体工作的干部。在他的有力治理下，当地“路不拾遗，夜不闭户”。汉宣帝见黄霸将地方治理得如此之好，认为他只在地方任职实在是大材小用了，于是先征召黄霸担任太子太傅，后迁升为御史大夫，直到任丞相、封建成侯。那么，黄霸受提拔后政绩如何呢？他当上丞相后，依然像在地方任职一样，关注琐碎事物，比如男女不同路、子弟当尽孝等等。作为一个丞相，理当掌管国家大事，而非像地方官一样时时为小事操心，所以他在丞相任上政绩平平。《资治通鉴》评价他说：“霸材长于治民，及为丞相……功名损于治郡。”这就是不知人善任。清代有个学子叫惠士奇，才高八斗、学富五车，先后考取了举人，中了进士，被任命为广东学政。这个职位很容易产生腐败，但惠士奇“校士公明”，非常清廉。两广总督杨琳对他特别欣赏，上奏雍正皇帝说：“臣遍历各省，所遇学臣中，仅见者有此清操特出之员。”雍正深感清廉人才难得，试图让惠士奇担任更重要的行政官职。但他没有立即这么做，而是向杨琳进一步了解：“惠士奇观其人，吏治可以用得否？”杨琳如实回奏：“惠士奇未做过临民之官，臣与之共事三年，观其作用，惟有衡文乃其所长，恐非吏治之长材也。”雍正一听，就让他继续做广东学政，后来将其调回京师，继续用其所长，任命他为专管文史方面的翰林院侍讲学士，之后又任命他为侍读学士，惠士奇在这个岗位上兢兢业业，建树颇丰。这就是知人善任。汉宣帝重用黄霸犯了失察之误，相比之下，雍正在任用惠士奇的问题上就很清醒。这两个例子也告诉我们，人各有所长，岗位各有特点，必须讲究人才与岗位的匹配度，根据每个人的特点及长处加以任用。公共危机治理有其特殊性，此时用人既要遵循一般要求，又要考虑特殊时期的要求。

一是用德才兼备的干部。德才兼备指的是既有好的思想品质，又有才干和能力。习近平总书记多次强调，党员干部“既要政治过硬，也要本领高强”，“好干部的标准，大的方面说，就是德才兼备”。政治过硬不是抽象的，一定要落实到具体工作中，体现到工作上。面对公共危机，政治过硬就是要旗帜鲜明地坚持政治标准，把讲政治落实到解决突出问题当中，做到坚决服从指挥、忠诚担当，绝不能搞口头政治、做表面文章。在政治过硬的前提下，应多使用“能吏”，少使用“循吏”。“能吏”善于解决棘手的疑难问题，而“循吏”安分守己，习惯于按部就班地做事，其在处理日常工作时可能得心应手，但在面对危机时往往束手无策、无所作为，甚至还会举措失当，导致危机升级。比如，2012年7月28日发生的江苏启东事件。日本制纸企业王子制纸计划将排污口设在启东，引发了部分市民对此项目的强烈反对。28日上午，约10万市民走上街头抗议，拉出反对横幅，并聚集在启东市政府大楼前。启东市党政主官试图与群众对话，被群众围困，一位被扒光上衣，另一位被按在车顶并被强行套上一件印有“抵制污染，还我启东”字样的宣传衣。当时启东市领导并未下令让警方采取强制措施。直到中午，政府决定永远取消王子制纸排海工程项目，这起大规模群体事件才基本平息。在冲突过程中，两位主官不仅未能控制局面，自己还被围困。冲突发生之前，尽管市民、部分人大代表、老干部等多次反对该项目，但是两位主官都没有采取相关措施来回应诉求。显然，在这起事件中，两位主官是不合格的。在抗击新冠肺炎疫情的过程中，网民给个别治理能力欠缺的干部“画像”，进行了批评。比如，有不明不白的“官僚干部”、野蛮执法的“粗暴干部”、打小算盘的“本位干部”、敷衍行事的“冷漠干部”、形式主义的“机械干部”等。广大领导干部应引以为戒。

二是用实战经验丰富的干部。韩非子曾说：“宰相必起于州部，猛将必发于卒伍。”说的是宰相都是从基层州部锻炼上来的，猛将都是从基层卒伍中摔打出来的。比如，北宋宰相王安石当过浙江鄞县县令，明朝著名清官海瑞担任过浙江淳安和江西兴国知县。再比如，开国十大大将之首粟裕，既没有上过军校，也没有留过学，但是他的战场经验非常丰富，是从一个士兵一步步成长起来的将军，在枪林弹雨中，他的军事才能不断显现出来。解放战争时期，在苏中（江苏省中部地区）战役中，敌我兵力之比几乎达到4∶1，敌众我寡，武器敌优我劣，敌人占有绝对优势。但在每次战斗中，粟裕都灵活机动地调整兵力，集中优势兵力对敌人实行各个击破，实现了七战七捷的创举，对整个解放区的南方战线起到了扭转局面的重要作用。现在我们党十分重视让干部到基层历练，明确要求提拔处级以上干部至少要有两年以上基层工作经历。只有经过基层的锤炼，干部才能练就一身过硬本领。就绝大多数情况而言，突发公共事件的现场都在基层，从基层成长起来的干部大都有一定的处置经验，而且群众工作经验也较丰富。因此，面对公共危机时，使用干部应坚持以实绩实干为导向，多把工作经验丰富、敢于直面矛盾、善于做群众工作的干部放到危机处置一线和重要岗位。

三是用专业内行的干部。习近平总书记在统筹推进新冠肺炎疫情防控和经济社会发展工作部署会议上强调，“这次疫情防控工作中，一些领导干部的治理能力和专业能力明显跟不上，必须引起高度重视。我们要增强综合能力和驾驭能力，学习掌握自己分管领域的专业知识，使自己成为内行领导”，这对领导干部的本领和能力提出了新要求。公共危机治理涉及的内容大多具有专业性，专业干部因为具有专业素养和内行视角，更容易发现问题，作出正确决策。在公共危机治理，特别是应对涉及传染病、高危化学品爆炸、核泄漏等的专业性强的突发事件时，应多使用专业、内行的干部，方能找准突破口，攻下难题。需要指出的是，有的干部虽然拥有专业背景，但是如果没有领导能力的话，也不能提拔到重要岗位；有的干部可能没有突出的专业背景，但是驾驭复杂局面的能力强，自身又十分好学，可以通过学习快速成为内行，这样的干部也可以视情况提拔到专业领导岗位。这些需要具体情况具体分析。

四、必要时临阵换将有利于危机处置

临阵换将常被视为兵家大忌。但是，“兵熊熊一个，将熊熊一窝”，“一将无能，累死三军”。在处置危机时，领导干部不称职、不合格，若不果断换将，将会贻误战机，造成后患，必须因应时局作出决断。现实中，有的领导干部平时工作勤奋，自我要求严格，能胜任日常工作，但遇到大风大浪，就手足无措，适应不了战时状态。面对公共危机，任务超常紧迫、时间超常紧急，对领导干部的综合素质和综合能力要求更高，此时守不住阵地、尽不到责任的领导干部必须果断换掉，决不能含糊。应对公共危机往往是检验一个干部领导能力的试金石。比如，2003年非典时期，卫生部和北京市相关领导因防控非典不力被免职，海南省委书记王岐山临危受命，急赴北京抗击非典。在他到任后的第65天，世界卫生组织就宣布解除对北京的旅游警告，将北京从非典疫区名单中移除。在抗击新冠肺炎疫情期间，有的地方党政负责人以及卫健系统、红十字会系统负责人因工作不力被撤换。比如，湖北省委、武汉市委主要负责人被免职，急调上海市市长应勇、济南市委书记王忠林火线就任；湖北省卫健委党组书记、主任被免职，急调国家卫健委副主任王贺胜兼任。总之，带兵之将至关重要，必要时该临阵换将的必须果断换将。

第二十策　一心同功

疫情防控要坚持全国一盘棋。各级党委和政府必须坚决服从党中央统一指挥、统一协调、统一调度，做到令行禁止。各地区各部门必须增强大局意识和全局观念，坚决服从中央应对疫情工作领导小组及国务院联防联控机制的指挥。①

——习近平

面对突如其来的新冠肺炎疫情，党中央高度重视、迅速部署、总揽全局，提出坚定信心、同舟共济、科学防治、精准施策的总要求，通过成立中央应对疫情工作领导小组、向湖北派出中央指导组，发挥国务院联防联控机制作用，全面加强党对疫情工作的统一领导、统一指挥、统一调度，把党的集中统一领导贯彻落实到各环节中。全国各级党组织和党员、干部坚决贯彻落实党中央决策部署，同心协力、统一行动、积极作为，形成了抗击病魔的强大合力。反观美国，其联邦政府和州政府之间摩擦和分歧不

① 2020年2月3日，习近平在中共中央政治局常务委员会会议上的讲话。

断，更在采购呼吸机等抗疫物资时与州政府竞争抬价，闹出颇多令人感到迷惑的乌龙事件。特朗普多次表示重启经济该由总统做主，招致多名州长群起反击，甚至自组联盟，自行决定防疫措施何时松绑。纽约州州长科莫认为，何时重启美国经济应听取健康专家的意见，而非政治家的意见。特朗普怒斥科莫是要“闹独立”，科莫则讽刺特朗普“想称王”。在是否开放宗教场所这一个问题上，美国联邦政府和州政府又产生分歧。2020年5月22日，特朗普在白宫宣布，教堂及其他宗教场所属于必要设施，要求各州在周末重新开放。特朗普说：“州长们需要做正确的事，让这些非常重要的宗教场所立即开放。如果他们不这样做，我将推翻州长们的政令。”美国舆论认为，总统在法律上无权推翻州长的政令。罗得岛州州长吉娜·雷蒙多明确指出，在周末开放宗教场所是鲁莽的。新罕布什尔州州长苏努努表示，他将重新审查联邦政府的指导方针，但保留是否重开教堂的决定权。美国政令不一、党派斗争、各州各自为政的乱象，使其抗疫工作陷入泥潭。实践证明，面对突如其来的公共危机，唯有一心同功、同心携手、团结协作，拧成一股绳、聚成一条心，才能更好地战胜危机。一心同功是我们战胜新冠肺炎疫情的强有力的武器。

一、有一种力量叫一心同功

“一心同功”一词，见于西汉刘向的《战国策·中山策》：“当此之时，秦中士卒，以军中为家，将帅为父母，不约而亲，不谋而信，一心同功，死不旋踵。”讲的是战国时期，秦国之所以能打败楚国，是因为当时的秦国士兵以军队为家，把将帅当作自己的父母，虽然没有经过约定，但大家都很亲近，即使没有经过商量，大家也都很信任彼此，全军上下同心同德，抱着必死的决心打仗，至死也不回头。一心同功的意思是同心协力，共赴事功。近义词有团结一致、万众一心、众志成城，反义词有一盘散沙、四分五裂等。

关于一心同功、上下一致地为共同目标而努力的重要性，古人有过精辟的论述。孟子曰“天时不如地利，地利不如人和”，所谓“人和”，指的就是团结一心。《周易·系辞上》中说“二人同心，其利断金”，认为两个人一条心，就能拥有很大的力量。《孙子兵法》中说“上下同欲者胜”，即上下齐心协力，有共同目标、共同理想，就能胜利。南宋学者张预非常推崇《孙子兵法》中的这段话，对其注解道“百将一心，三军同力，人人欲战，则所向无前矣”，指出国君、将领与广大民众、士卒上下一心，同仇敌忾，就一定能战胜敌人。《魏书》记载了这样一个故事。吐谷浑国的国王阿豺临终前把二十个儿子叫到面前，叫他们分别取一支箭折断，又叫弟弟慕利延折一支箭，他们都很容易就折断了箭。然后阿豺又叫慕利延取十九支箭一起折，慕利延折不断。国王阿豺告诉他们：“单者易折，众则难摧。戮力一心，然后社稷可固。”中国共产党领导人民取得革命的胜利，也是一心同功、和衷共济、百折不挠、英勇奋战的结果。1935年1月召开的遵义会议，是在红军第五次反“围剿”失败和长征初期严重受挫的情况下，为了纠正博古、王明、李德等“左”倾领导在军事指挥上的错误而召开的。会议期间，与会者发生了激烈争论，甚至出现了拍桌子的情况，但与会者一心同功，为了党的事业最终达成了一致意见，取消李德的军事指挥权，初步确立了以毛泽东同志为代表的马克思主义正确路线在中共中央的领导地位，妥善地处理了党内存在的分歧和矛盾，避免了可能造成党内分裂的危险，维护了党的高度团结。这次会议在极端危急的历史关头，挽救了党，挽救了红军，挽救了中国革命，是一个生死攸关的转折点。

总之，一个国家、一个地方、一个政党、一个团队，只有一心同功、目标一致、齐心协力、全力以赴，才能激发强大战斗力，克服一切艰难险阻。

二、凝聚战胜公共危机的合力

“人心齐，泰山移”，“团结就是力量”，在公共危机治理中，一心同功具有特别重要的意义。

一方面，一心同功是快速化解公共危机的前提和基础。一般来说，公共危机治理需要跨区域、跨部门，只有上下一致、协调左右、通力协作、整合资源、共同应对，才能快速化解危机。如果没有统一的意志，各唱各的调，各吹各的号，一盘散沙，是不可能有效应对公共危机的。2008年1月，贵州省遭遇了一场历史罕见的持续时间长、影响面积广、危害程度深的特大凝冻灾害，贵阳市是重灾区之一。灾情发生后，贵阳市委立即成立市“抗凝冻、保民生”指挥部，把“抗凝冻、保民生”作为最紧迫的任务，省市之间、单位和部门之间、地区之间、军地之间同心协力、密切配合，各级党组织和党员干部充分发挥战斗堡垒和先锋模范作用，实现了不让一人因灾冻死、饿死的目标，最大程度上减少了损失。在灾情得到控制、天气逐渐转暖后，贵阳市紧接着把“抓重建、保民生”作为最紧迫的任务，将原来的“抗凝冻、保民生”指挥部调整为“抓重建、保民生”工作领导小组，全市各级党组织和党员、干部在市委领导下继续发挥主心骨作用，紧锣密鼓地转换工作重心，采取超常规的举措，确保大灾之年城乡群众收入不减少、生活水平不降低。在抗击凝冻灾害期间，贵阳市县级以上领导干部和部分单位科级干部几十年来第一次春节没有放假，但他们都毫无怨言、坚守岗位，真正做到了全市一盘棋、上下一条心，为快速化解这场危机奠定了基础。贵阳市领导在总结抗灾经验时认为，贵阳市能快速处置凝冻灾害，迅速开展灾后恢复重建，并取得良好成效，与市领导班子，全市各级党组织，广大党员、干部、群众一心同功是分不开的。

另一方面，一心同功是提升危机处理团队战斗力的内在要求。一个群体只有团结起来，互补所短，各施所长，形成合力，才能战胜困难。正如恩格斯所言，当原始人面对威胁生命的猛兽时，就“以群的联合力量和群体行动来弥补个体自卫能力的不足”。人心不齐历来是导致组织失败的原因，常言道“堡垒最容易从内部攻破”，对团队破坏力最大的是内讧、自立山头、相互攻击、内耗不断。公共危机发生时，往往会临时组建一个团队来集中应对，团队内部的部门、人员构成复杂，部门利益、成员思想等各不相同，领导干部必须寻求有效途径避免内部矛盾、冲突的发生，做好统筹协调工作，强化团队合作意识和协作精神，及时发现并排除不利于团结的消极因素，充分调动团队成员的积极性，形成心往一处想、劲往一处使、拧成一股绳的良好局面。特别是领导班子在危机处理团队中处于中心地位，班子团不团结，直接关系到危机处理的成败。只有每位班子成员都树立大局意识，自觉服从并处理好集体领导与个人分工负责的关系，切实做到一心同功，相互补台不拆台，积极发挥各自的主观能动性，才能在解决大事、难事和要事上发出一个声音，真正形成一个拳头，切实凝聚起领导班子的整体合力，为处理危机提供坚强组织保障。

三、一心同功重在“四个统一”

一心同功应对公共危机，应该做到指挥、思想、目标、行动四个方面的统一。

一是指挥统一。处置公共危机需要排兵布阵、调兵遣将，只有集中统一指挥、上下协同，才能赢得胜利。管理学先驱法约尔指出，无论什么工作，一个下级只能接受一个上级的指挥，如果两个或者两个以上领导人同时对一个下级或一件工作行使权力，就会出现混乱局面。后人对法约尔的提法加以发展，认为一个人只能接受同一的命令，有数名领导的话，需要协商后才能下达命令。公共危机具有突发性、紧急性和不可预测性，更需要强化应对处置工作时的统一领导和统一指挥，防止出现多头领导、政令不通、有令不行、有禁不止等情况。2020年抗击新冠肺炎疫情的战斗刚一打响，以习近平同志为核心的党中央迅速形成统一指挥、统一协调、统一调度的领导指挥体系，成立应对疫情工作领导小组，各地方、各方面各负其责、协调配合，上下协同、高效运转，为打赢疫情防控的总体战、阻击战提供了有力保证。

二是思想统一。只有思想达成共识，才能以思想上的高度统一达成行动上的高度一致。在应对公共危机时，领导干部应使全体人员对任务的性质、意义、目标有深刻理解，并取得共识，努力形成统一意志。如果思想不统一，力量就会分散，行动就会有偏差，最终的效果就会大打折扣。在应对2020年新冠肺炎疫情的过程中，习近平总书记1月20日就作出指示，要求各级党委和政府及有关部门把人民群众生命安全和身体健康放在第一位。无论是党员干部、医护人员还是普通群众，都高度认同这一点，始终坚持生命至上原则，不放弃任何一个生命，有一线希望就付出百分之百的努力。所以，即便是付出城市停摆、经济下滑、出行受限、收入下降等代价，我们也在所不惜、毫无怨言。

三是目标统一。在公共危机治理中，只有目标明确一致，各个部门和全体成员才有合作的基础、共同的行动方向。在处置过程中，应明确各阶段的分目标，将各职能部门、各工作小组的目标具体化，努力使各部门、成员的个体目标与集体目标相统一。同时，要注意及时根据危机形势变化调整目标。

四是行动统一。一心同功最终要落实到行动上。领导班子、团队成员不仅要合心、合力，更重要的是要做到行动合拍、合一。统一行动才能产生聚合效应，只有上下步调保持高度一致，才能势如破竹，快速实现预定目标。在危机处置过程中，各部门、成员要坚决按照上级指示行动，不能出现各行其是、各自为政的现象。上级或者团队领导也要时刻检查团队各成员的行动，及时进行纠偏。

第二十一策　不折不扣

一分部署，九分落实。各地区各部门各方面对国之大者要心中有数，强化责任担当，不折不扣抓好中共中央决策部署和政策措施落实。①

——习近平

在2020年新冠肺炎疫情防控工作中，全国上下、方方面面不折不扣的超强执行力，令世界惊叹。以习近平同志为核心的党中央一声令下，解放军医疗队在除夕夜风雨兼程火速驰援武汉，中央指导组大年初三即前往武汉进行全面督战；武汉宣布“封城”，其他高风险地区的住宅、小区、村都实行封闭管理，全国人民积极响应中央号召自觉居家隔离；无数社区工作者和基层干部舍小家顾大家，进村入户排查，坚守岗位卡点，在疫情防控第一线冲锋陷阵。正是这种执行力，确保了中央关于疫情防

① 2020年5月23日，习近平看望参加全国政协十三届三次会议的经济界委员时的讲话。

控的各项决策部署不折不扣地落地见效，使得疫情防控阻击战在较短时间内取得了重大战略成果。海外媒体和一些知名学者、评论员在报道、评论中纷纷赞赏中方的执行力，普遍认为这种执行力体现了中国共产党领导下的中国制度优势，令世界印象深刻。而有的欧美国家面对疫情，不仅政策朝令夕改，执行起来更是互相推诿扯皮，行动迟缓，甚至各行其是，防疫效果大打折扣。可见，在危机时刻强调不折不扣的执行力非常重要。

一、不折不扣是一种坚决执行的态度

“不折不扣”一词，见于清朝李宝嘉所著的《文明小史》：“八人吃了六样菜，三斤酒，十六碗饭，开上账来，足足四块钱，不折不扣。”这里的折、扣指的是出售商品时，按定价的成数减去的价格，不折不扣就是没有一点儿折扣，形容完全没有减少或走样。现在，不折不扣通常用来形容执行力。类似的词语还有令行禁止、号令如山、令不虚行等。

古往今来，领导者都非常重视执行力。春秋时期，孙武带着《孙子兵法》十三篇去见吴王阖闾，吴王看完后赞不绝口，却不知孙武是否能将这些理论运用于实战，便派出180名宫女，交由孙武操演。孙武把宫女分成两队，由吴王的两个妃子担任队长。开始时，宫女们不以为意，个个捧腹大笑。孙武说：“是我规定不明确，你们对军令、军法不熟悉，错在将帅。”于是他三令五申，击鼓发令。宫女们仍大笑不止。孙武说：“规定不明确，军令、军法不熟悉，是将帅之错。既然已反复地说明了，仍不执行命令，那就是下级士官的错了。”于是他下令将两位队长斩首，然后任命两队排头的宫女为队长，重新击鼓发令。宫女们的动作一下子就很整齐了，全都合乎规定和要求。孙武派人向吴王报告说："队伍已训练整齐，请吴王下来检阅！这样的队伍，无论君王怎样使用它，即便是赴汤蹈火，也是可以的。"

训练军队如此，做其他工作也是一样。《致加西亚的信》是一本关于执行力的经典之作，由美国作家阿尔伯特·哈伯德于1899年创作，曾风靡全球，被世界多个国家翻译成各种版本。这本书讲述的是19世纪美国与西班牙爆发战争后，美国必须与西班牙反抗军首领加西亚将军取得联系。然而，加西亚隐藏在古巴广阔的深山密林中，没有人知道他所在的确切地点。于是美国总统把中尉罗文找来，交给他一封写给加西亚的信。罗文没有问为什么，也没找任何借口推托，拿到信便出发。接下来的三个星期，他不畏艰难，克服丛林密布、山峦险峻、蚊虫叮咬的恶劣环境，在敌军穿梭的险境中，终于找到了加西亚。《致加西亚的信》这本书蕴含对提升执行力的启示，得到了领导干部的青睐。2008年11月20日，《南方周末》刊登了一篇关于领导干部以书施政的文章，报道了海南省和贵州省有关领导给当地各级领导干部推荐《致加西亚的信》的事迹。"一分部署，九分落实"，任何决策都需要执行，再高明的决策如果没有人去有效地执行，它就是一纸空文。对领导干部而言，执行力如何不仅反映其能力水平，而且直接影响组织决策和目标的实现。

二、危机时刻，执行要从服从开始

服从是执行力的第一要素，如果没有服从意识，执行效果就会大打折扣。1949年贵州解放前夕，冀鲁豫区党委宣传部部长、后任贵州省委副书记的申云浦，到南京去向邓小平同志报告进军贵州的有关情况，提到一些干部由于怕走山路、贵州经济不好等原因，不愿到贵州工作。邓小平同志讲："县以下干部组织上服从，思想上不通是可以原谅的；县以上干部不仅组织上要服从，思想上也得服从，不服从就得强制。原因很简单，你吃共产党的饭太多了。"公共危机治理也是如此，越是危机时刻，领导干部越是要坚决服从。那怎么才是坚决服从呢？

一是不找任何借口。美国著名的巴顿将军，在提拔人时常常把所有的候选人召集在一起，提一个想要他们解决的问题。有一次，他要求候选人到仓库后面挖一条8英尺长、3英尺宽、6英尺深的战壕。任务布置之后，有人争论，有人抱怨，但其中一人说："让我们把战壕挖好后离开这里吧，那个老家伙想用战壕干什么都没关系。"后来这个人得到了提拔。巴顿在回忆录中写道："我必须挑选不找任何借口完成任务的人，因为打仗需要的是不找任何借口就能把任务完成好的军官。"公共危机治理也一样，危机就是命令，必须坚决服从，不能找借口。这次新冠肺炎疫情防控是对各级领导干部执行力的一次重大考验。2020年1月27日，习近平总书记作出重要指示，要求各级党政领导干部特别是主要领导干部坚守岗位、靠前指挥，深入防控疫情第一线，及时发声指导，及时掌握疫情发展情况，及时采取行动。习近平总书记一声令下，各级领导干部坚决服从党中央统一指挥，不谈条件、不找理由，不顾个人安危，积极投身疫情防控第一线，向党和人民交出了一份合格的答卷。全国3900多万名党员、干部战斗在抗疫一线，近400名党员、干部为保卫人民生命安全献出了宝贵生命。但是，也有个别干部当了逃兵。比如，湖南省张家界市疾控中心慢性非传染性疾病防治科原科长李某，在获悉该市出现了一例确诊病例后，害怕自己及家人被感染，于1月30日携家人乘飞机到泰国躲避。其间，李某向单位谎称其母亲和武汉有关人员有过接触，自己在老家自行隔离。经多次劝返，李某才于2月9日下午从泰国回到张家界。四川省巴中市通江县陈河乡原党委委员、副书记蒋某，因害怕被病毒感染，在多次接到乡党政办要求参加疫情防控工作的通知后，以存在感冒症状为借口，累计4天既未请假也未到岗履职。这两人都是擅离职守、临阵脱逃的典型，都受到了党纪政务处分。公共危机治理肯定有一定风险，但风险再大、再高，领导干部关键时刻也要豁得出去，不能当逃兵。

二是不能层层递减。一项决策执行得好不好，关键看末端。公共危机治理决策必须在基层一线得到最坚决有力的执行，不能层层递减打折扣。在2008年贵阳市抗凝冻灾害工作中，涌现了一个突出典型——贵阳市开阳县永温乡纪委书记李彬同志。由于路面结冰，车辆不能开到村子里，只能靠人力抬物资送到每家每户，有人建议把物资送到村委会，让村干部去送就行了。李彬同志说，把物资送到农户家里是上级的要求，必须不折不扣执行。随后他带领乡村两级干部凭着双腿一趟趟进村入寨，给百姓送去急需物资。在坚守26天后，他因操劳过度诱发脑出血不幸逝世，年仅36岁。后来，贵州省委追授他为全省优秀共产党员，中组部追授他为抗御雨雪冰冻灾害优秀共产党员，中纪委追授他为全国纪检监察系统先进工作者。李彬同志身上体现的就是一种不打折扣、坚决服从的宝贵精神。反观有的干部在执行上级决策时，“脚踩西瓜皮，手抓两把泥”，能滑就滑、能溜就溜，打折扣、搞变通，这种干部应受到警告和惩戒。事实上，执行力层层递减是公共危机治理的一大顽疾。2018年2月16日和19日，四川省甘孜藏族自治州雅江县恶古乡马益西村境内因村民祭祀活动余火管理不善、八角楼乡更觉村电力短路，相继引发两起重大森林火灾，造成森林资源严重损失。短短几天内连续发生两起重大火灾，就是因为雅江县从县到村对护林防火工作的执行力层层递减。

三是不变形走样。公共危机治理有严格的标准和要求，必须按时、保质、保量完成，不能随意曲解，搞选择性执行。在新冠肺炎疫情防控中，暴露出个别地方和部门在执行中变形走样的情况。比如，有的考虑不周，导致好心办了坏事。2020年3月11日，武汉市青山区钢都管委会没有严格落实食品清洁运输的有关要求，使用环卫车辆为居民运送平价肉530份，造成不良影响。有的工作把关不严，导致政策执行出现偏差。陕西省安康市中心医院落实新冠肺炎疫情防控一线人员临时性工作补助政策时，未严格按照文件规定的发放范围、补助时限和补助标准执行，对专家组中的院领导简单按全勤计算，其他人员按出勤计算，造成院领导的抗疫补助高于援助湖北一线人员的抗疫补助。有的执行不坚定，导致标准不一、差别化对待。3月14日，上海一位英国籍女婿回沪后拒绝集中隔离，当地居委会与家属沟通无效后，未严格执行入境人员一律集中隔离14天的要求，协调由其妻子带着母亲和女儿住到亲属家，房子留给该外籍男子单独居住进行居家隔离，引发多方质疑。公共危机治理复杂敏感，社会关注度高，必须不折不扣把每项措施落实落细落到位，确保严格执行不走样，否则就会陷入被动局面，甚至造成严重损失。

三、提高执行力应把握的"三个关键"

提高执行力不是一味地蛮干硬干，应把握好以下三个关键。

一是明确责任。执行要到位，责任明确是前提。只有把目标任务量化分解到主管领导、责任单位和责任人，把谁去执行、执行什么、什么时候完成任务界定清楚，才能推动执行落实更加有力。如果责任不明确，工作完成得好，往往人人争功，不知道应该奖励谁；工作出现失误，往往人人推诿，不知道应该处分谁。因此，公共危机治理首先要明确工作责任。比如，2008年贵阳抗击凝冻灾害能够取得较好成效的一条重要经验就是建立了严密严格的责任制。灾害发生后，贵阳市及时成立“抗凝冻、保民生”指挥部，下设综合协调、电力保障、供水供气保障、燃气生产、市场供应、中心城区道路保畅、医疗救治保障、安全生产、救助慰问、维护稳定、新闻报道、干部作风考察等12个组，组长分别由市领导担任，明确各组责任，并采取县包乡、乡包村、村包组的办法，层层分解任务。由于责任明确，哪个环节出问题，就对相关责任单位和责任人进行督促问责，从而倒逼各相关单位高质量完成各项工作任务。

二是为执行松绑。在执行过程中，要千方百计地创造有利条件、宽松环境以推动执行，决不能一边强调要加强执行，一边又附加很多条件，干扰或影响执行。在这次新冠肺炎疫情防控中，有的基层干部反映：“明明是同一件事，却有六七个部门要求报六七个不同的表格。”“走访花了6小时，填表却要2小时。”“一天收到十来个文件，却解决不了一个口罩、一瓶酒精。”“有些工作要求存在一刀切现象，宣传形式必须有抖音、公众号和微博。”这些问题给身处疫情防控一线的党员干部带来了很大困扰，有的基层干部说：“没被疫情打倒，却被表格打倒了。”习近平总书记特别强调，要让基层干部把更多精力投入到疫情防控第一线，而不是以形式主义、官僚主义的方式来给基层增加负担，消耗基层干部的抗疫精力。在公共危机治理中，鼓励领导干部坐镇一线、靠前指挥，但深入一线不是去作秀，不是去添堵，而是设身处地为基层着想，与基层干部想在一起、干在一起，为他们排忧解难，共同把工作做好。俗话说，高手藏在民间。上级部门应善于创造宽松的执行环境，鼓励创新，相信基层干部、一线干部能够根据实际情况找到解决难题的好办法、新方法，有足够的智慧执行好上级的决策部署。

三是强化对执行的监督。人都是有惰性的，一项工作如果缺乏有力监督，执行的人难免松懈，往往就会完不成任务或者任务完成得不好，尤其是公共危机治理工作，哪个任务完成得不好，都有可能引发更严重的后果。那么，公共危机治理中应如何强化监督呢？一方面，强化体系内监督，也就是“官要督官”。应充分发挥纪检监察、专项工作督查组的作用，盯住不执行决策的人，盯住没有得到执行的事，切实加强督办督查。另一方面，强化体系外监督，也就是“民要督官”。体系外监督包括舆论监督、媒体监督、社会监督、群众监督等。比如，发挥媒体监督作用在公共危机治理中大有裨益。媒体进行正面报道，可以激发正能量；对危机应对过程中工作措施不合理等负面信息通过内参的方式向上级反映，也是一种监督，能够使决策者及时发现一些问题，促进问题的解决。因此，媒体监督不是挑刺，而是一种以帮助解决危机为出发点的积极健康的监督。群众监督也是如此。老百姓心中有杆秤，公共危机治理做得好不好、成效怎么样，他们最清楚、评判最客观。在这次新冠肺炎疫情防控中，也正是由于有媒体、群众的有力监督，个别地方红十字会物资调配不及时、分配不公等问题才得以迅速纠正，一些疫情防控履职不力、作风不实的干部也才能被及时调整。

第二十二策　借水行舟

要发挥我国应急管理体系的特色和优势，借鉴国外应急管理有益做法，积极推进我国应急管理体系和能力现代化。[1]

——习近平

随着新冠肺炎疫情在全世界持续蔓延，一些国家纷纷向中国请求援助，希望借助中国的力量抗击疫情。在自身疫情防控仍然面临巨大压力的情况下，中国迅速展开行动，力所能及地为国际社会提供援助。2020年5月18日，习近平总书记在第73届世界卫生大会视频会议上承诺，中国将在两年内提供20亿美元的国际援助，用于支持受疫情影响的国家，特别是发展中国家的抗疫斗争以及经济社会恢复发展。截至5月31日，中国共向27个国家派出29支医疗专家组，已经或正在向150个国家和4个国际组织提供抗疫援助；指导长期派驻在56个国家的援外医疗队协助驻在国开展疫情防控工作，举办线上线下技术咨询和健康教育培训400余

① 2019年11月29日，习近平在中共中央政治局第十九次集体学习时的讲话。

场；地方政府、企业和民间机构、个人通过各种渠道，向150多个国家、地区和国际组织捐赠抗疫物资。从3月15日至9月6日，中国总计出口口罩1515亿只、防护服14亿件、护目镜2.3亿个、呼吸机20.9万台、核酸检测试剂盒4.7亿份、红外测温仪8014万件，有力支持了全球疫情防控工作。中国以实际行动诠释和展现了高度负责的大国担当。2020年1月，尽管湖北省医疗资源较丰富、医疗设施较先进、科研力量也较强大，但在面对新冠肺炎疫情时，仅靠其自身力量显然难以招架。一方有难、八方支援，在党中央的号召下，一批批医护人员和检测检验技术人员驰援湖北，一车车急需的医疗用品和生活用品送达湖北，一笔笔社会各界爱心人士的慷慨捐赠汇聚湖北……如今，在全国人民的大力支持和帮助下，武汉保卫战、湖北保卫战取得了决定性成果。纵观全球抗疫的艰难历程，我们可以深刻认识到借助外力，也就是借水行舟的重要性。

一、借水行舟妙在资源整合

“借水行舟”一词，见于《三侠五义·第四十六回》：“我家老爷乃是一个清官，并无许多银两，又说小人借水行舟，希图这三百两银子，将我打了二十板子。”意思是假借水力行船，其要义在于借。借，有两层意思，一是遇到危机后放下身段主动开口寻求别人的帮助，二是对于别人好心的援助不拒绝。类似的词语有借风使船、借水推船等。

自古以来，人们都善于借助外力解决各类问题。在原始社会，我们的祖先就知道赤手空拳难以获得足够的食物，于是将石头磨制成武器、器具等辅助狩猎，后来随着生产力的发展逐步进入到青铜时代、铁器时代……人类一次又一次升级器物，再利用它们来帮助自身。到了文明时代，人们更加注重总结提炼，形成了一系列理论成果，《说苑·建本》描述："故鱼乘于水，鸟乘于风，草木乘于时。"《战国策·齐策》提出："是以圣人从事，必借于权而务兴于时。"《荀子·劝学》认为："假舆马者，非利足也，而致千里；假舟楫者，非能水也，而绝江河。君子生非异也，善假于物也。"这些论述都说明了借的重要性。

借水行舟是实现目标的重要方法。相传，大英图书馆旧馆因年久失修已经无法继续使用，只得重新选址兴建新馆。新馆建成后，图书馆馆长就遇到了一个大难题。按照搬家公司测算，把图书从旧馆搬到新馆，需要花费350万英镑。但是新馆刚建成，图书馆还背负着债务，根本没有那么多钱用来搬运图书。怎么办？有人提议向银行贷款，有人说找富商赞助，还有人说由政府出面请义工帮忙，但这些建议全部都被否定了。最后，一名图书管理员找到馆长说出了自己的建议，馆长听后连连叫好，并立即安排付诸行动。两个月后，图书馆以极低的费用把所有图书全部运到了新馆。原来，馆长按照图书管理员的建议，在媒体上发布了一则广告：即日起，市民在大英图书馆借阅图书一律免费，但必须在规定时间内把所借书籍送还到新馆。广告一经发布，众多市民争相借阅，并在规定时间内将书送还。就这样，旧馆内90%以上的图书被转移到了新馆，而剩下的图书则用车搬完。经核算，所有费用加在一起还不到10万英镑。在其他领域，像这样善借的例子也有很多。比如，军事家们借助他人的力量取得战争的胜利。成吉思汗统一草原的过程是不断借助外力的过程，他先是借助札木合的兵力一举歼灭蔑儿乞部，然后又借助王罕的力量打败札木合，从而奠定了草原霸主地位。比如，政治家们借助形势变化击败对手。奥巴马竞选美国总统时的竞争对手是久居政坛、老谋深算的麦凯恩，年轻的奥巴马在种族出身、资历阅历等方面无疑都处于劣势，但他巧妙地借助了当时民众对金融危机的恐慌，提出独到的刺激经济发展的方案，得到了不少民众的支持，又借助中美关系僵持之势，提出改善中美关系的建议，赢得了多数华人的好感，最终奥巴马赢得总统大选。比如，企业家借助社会资本做大做强企业。蔡崇信是阿里巴巴的创始人之一，在创业之初，他一直帮马云寻找各种投资，最终借助家族关系从台湾商界人士那里获得投资，解决了企业资金不足的难题，帮助阿里巴巴走上发展快车道。

二、“借”是解燃眉之急的有效途径

在重大公共危机面前，任何一个地方政府甚至国家都难以独立应对。在这种情况下，“借”是能够在最短时间内填补缺项漏项、缓解资源紧缺的有效方式。在这方面，我国是有深刻教训的。1976年唐山大地震发生后，在当时的特殊国情下，我国决定拒绝所有的外国援助，自力更生救灾和恢复重建，结果很多人因缺少药物和相关物资而失去生命。2008年汶川大地震发生后，我国主动向国际社会求助，除了接受物资、资金援助外，日本、韩国、俄罗斯等国的救援队还到汶川参与救援，对当时的抗震救灾起到了积极作用。可见，公共危机发生后，该“借”还是要“借”。

首先，专业人员紧缺，需要“借”。应急人力资源是政府进行公共危机治理的灵魂，其数量和结构直接关系到危机处理的成效。回顾历史可以发现，在大多数危机中，领导指挥、应急管理、参谋咨询、后勤辅助以及非政府组成人员都可以迅速到位，但应急专业人员常常紧缺。比如，在参与汶川地震救援的20万人中，专业救援人员占比不到5%，非专业人员数量太多给组织安排、后勤保障等带来新的压力，四川省不得不在10天后谢绝非专业救援人员进入。一个地区的专业队伍和相关领域专家的数量往往有限，而且其能力水平也不一定能完全满足应对危机的需要。“让专业的人做专业的事”，通过“借”，让兼具危机处置经验和能力的专业队伍、权威专家迅速到达现场，有利于及时制定并采取有针对性的措施，遏制公共危机蔓延扩散的势头。

其次，物资供应不足，需要“借”。应急物资是公共危机治理方案落到实处的物质基础和保障。在危机状态下，指挥协调各机构保障物资供应的任务本就艰巨繁重，再加上局部地区物资储备种类有限、数量有限，物资供需矛盾凸显。一方面，应急救援物资和应急处置装备不足。不同危机需要不同的应急设施设备，想要通过日常储备做到一应俱全不太可能，尤其是应对一些以前没有出现过的新的危机事件所需要的装备更是难以预备。比如，在唐家山堰塞湖应急处置中，大型直升机紧缺。另一方面，保障民众基本生活的物资不足。公共危机发生后，对民众的救助和安置大都依靠政府供给保障，但是由于部分生活物资的保存期限较短、存储难度较大，所以储备数量有限，难以满足急剧增加的需求。而民生物资不能及时供应保障到位，就会严重影响民众的基本生活，进而破坏社会正常秩序。比如，2018年10月，在印尼发生地震和海啸超过一个星期后，由于饮用水、食品、帐篷、毛毯等生活必需品仍然供应不足，灾民掠夺商店事件频发。

最后，财力保障不够，需要“借”。通常情况下，重大公共危机都会对当地经济发展造成一定冲击，救援和恢复重建也需投入大量资金，使得受灾地区财政运转困难，财力捉襟见肘。这些地区往往需要借助外部财力来保障抗灾救灾和恢复经济社会秩序。比如，2020年新冠肺炎疫情给我国经济社会发展带来了巨大影响，一季度国家财政收入下降14.3%，湖北省地方一般公共预算收入下降47.6%。面对后疫情时代严峻的经济社会发展形势，李克强总理在2020年政府工作报告中提出，“财政赤字规模比去年增加1万亿元，同时发行1万亿元抗疫特别国债”，实际上就是向未来“借”、向百姓“借”；金砖国家新开发银行、亚洲基础设施投资银行分别向我国提供70亿、24.85亿元人民币的紧急贷款，这是向国际社会“借”。

三、做好“借”的文章，“舟”才能行稳致远

在公共危机治理中，怎样通过“借”来弥补自身能力不足、突破各种局限，从而安然度过危机，考验领导干部的智慧以及政府的治理能力和水平。

第一，向谁借，要明确。对象的选择在很大程度上决定了“借”的成效，切忌像无头苍蝇一样到处乱碰，既耽误时间又没有效率。一是向上级部门借。上级部门可调配资源多，向上级借有利于克服本级在资源整合、属地协调、统筹调度、救助安置等方面的不足。比如，在这次抗击新冠肺炎疫情过程中，湖北省就是向国家工业和信息化部寻求帮助，并依靠工信部实现全国救援物资的供应保障和统筹调配。二是向其他地区借。由于时间紧、任务重，要通过日常了解和历史经验快速判断目标对象是否有借的实力和意愿，以及是否会给对方造成损失。比如，德法两国关系密切、互动频繁，所以当法国新冠肺炎疫情重灾区阿尔萨斯地区向德国求助时，德国尚有余力的巴符州、萨尔州和莱法州都愿意为其

提供呼吸机和床位。三是向社会组织借。在公共危机治理中，可以借助社会组织在专项公益募捐、采购紧缺物资以及提供志愿服务等方面的优势，引导更多具有公共意识和公益精神的民众参与危机治理。据不完全统计，截至2020年5月31日，全国参与新冠肺炎疫情防控的注册志愿者有881万人，志愿服务项目超过46万个，记录志愿服务时间超过2.9亿小时。四是向大型企业借。当某些物资出现普遍短缺而又借不到时，就要借助大型企业的生产研发能力临时转产。在应对这次新冠肺炎疫情时，就有多家企业成功跨界转产，比如：比亚迪改建生产线，只用了一个多月就实现了口罩量产；奢侈品巨头路威酩轩（LVMH）集团使用迪奥、纪梵希和娇兰3条香水生产线改产消毒洗手液。

第二，借什么，要有数。坚持问题导向，按照缺什么就借什么的原则，对所缺资源进行细致梳理，做到心中有数，有针对性地向外借。如果不加选择，有什么就借什么，不仅派不上用场、造成浪费，还要安排更多人力去管理，增加危机治理成本。比如，地震、泥石流等自然灾害会造成房屋倒塌、群众被掩埋，这就需要借专业应急救援力量和帐篷、食品等；非典疫情、新冠肺炎疫情等突发公共卫生事件威胁民众的身体健康和生命安全，这就需要借医护人员和医疗防护物资等。

第三，借来了，要用好。把紧缺的专业人员和物资借来只是第一步，更关键的是要切实发挥其作用，把好钢用在刀刃上。对于援助人员，一方面，应根据危机发展形势、各地区危机严重程度和救援任务变化，及时调整援助人员力量配置。另一方面，应加强生活服务和后勤保障，科学合理地安排他们的工作和休息。对于援助物资，应注重精细管理和合理分配相统一。一方面，由于援助物资来源杂、品类多、规格标准不统一，所以要认真做好接收、搬运、清库盘存工作，仔细梳理、登记捐赠物资和划拨物资，强化分类管理。另一方面，要通过构建程序简洁、反应灵活、运转高效的机制，将其他地方援助的物资迅速安置到危机应对的一线，并对受灾较重、救灾资源较少的地区和自救能力较弱的老人、妇女、儿童、残疾人等群体给予重点关注。

第四，借之后，加倍还。俗话说“有借有还，再借不难”，“滴水之恩，涌泉相报”，讲的是当我们陷入危机时，对于别人的帮助要怀感恩之心，当他们遇到危机时，我们也要及时施以援手，加倍奉还。在汶川地震发生后的第二天，巴基斯坦总统穆沙拉夫来到中国驻巴大使馆说：“中国需要什么东西，我们就提供什么东西。”然后巴基斯坦就搬空了自己的物资储备，向中国捐助了22260顶帐篷。2010年巴基斯坦发生洪灾后，中国先后向巴基斯坦提供了总金额高达1.2亿元的帐篷、净水器等援助物资。同样的情节在这次抗击新冠肺炎疫情的过程中也经常出现，其中中日、中俄两国的互捐互赠更是一段佳话。2020年新冠肺炎疫情刚一发生，日本政府和企业就主动向我国捐赠口罩、护目镜、防护服等防疫物资，并在一些包装箱上写着“山川异域，风月同天”“岂曰无衣，与子同裳”。后来，当日本疫情告急、物资紧缺时，我国政府和企业也纷纷向日本捐赠口罩、核酸检测试剂盒等医疗物资，并在一些包装箱上写着“投我以木桃，报之以琼瑶”。4月20日，俄罗斯总统普京就疫情问题与俄政府官员及有关方面专家召开视频会议时说：“当我们的中国朋友在2月份遇到困难时，我们送过去了200万只口罩。现在，我们已通过各种渠道收到了1.5亿只来自中国的口罩。”这些都是有借有还、加倍奉还的生动事例，传递着满满的正能量。

第二十三策　惩一儆百

对不服从统一指挥和调度、本位主义严重的，对不敢担当、作风漂浮、推诿扯皮的，除追究直接责任人的责任外，情节严重的还要对党政主要领导进行问责。对失职渎职的，要依纪依法惩处。[①]

——习近平

“疾风知劲草，板荡识诚臣。”（出自唐朝李世民的《赐萧瑀》）在应对新冠肺炎疫情的过程中，各级领导干部认真贯彻落实党中央、国务院的决策部署，坚持以上率下、靠前指挥，冲锋在第一线，战斗在最前沿，展现出了过硬的工作作风和较强的危机应对能力，为打赢疫情防控阻击战作出了重要贡献。但也有少数干部和单位在这次大考中表现不佳。比如，2月下旬，湖北疫情防控正处在最吃劲的关键阶段，当时离汉离鄂通道实行严格管控，不要说确诊病例不能出省，健康人想要出去都要经过层层审批。但在这种情况下，却发生了一名刑满释放的确诊女子离汉抵京的事

① 2020年2月3日，习近平在中共中央政治局常务委员会会议上的讲话。

件，给首都疫情防控带来极大隐患，造成恶劣影响。司法部牵头的联合调查组的调查结果指出，这是一起因湖北政法系统干部失职渎职，管控工作不力导致的严重事件。山东任城监狱领导班子由于思想麻痹、管理松懈，致使干警、职工带病入监，造成疫情在监狱迅速扩散，最终确诊病例达200多例。习近平总书记强调："重大考验面前，更能考察识别干部……对作风飘浮、敷衍塞责、推诿扯皮的，要严肃问责。"[①]自1月底以来，全国多个省市对在开展疫情防控工作过程中不称职、不合格的单位和公职人员进行了通报批评、追责问责、停职撤职等严厉处分，及时回应了社会质疑，起到了很好的警示作用，树立起了在重大考验中选人识人的鲜明导向，有力鞭策了各级领导干部。世界其他国家也对应对疫情不力、违反防控规定的官员进行了严肃处理。比如，日本东京高检检察长在疫情期间外出聚众打麻将，被媒体曝光后由司法部门介入调查。芬兰国家应急物资储备中心官员因防护物资采购未达标而引咎辞职。当然，也出现了因对官员问责不当，产生负面影响，反而不利于抗疫的案例。比如，2020年3月底，美国"罗斯福"号航母舰长克罗泽尔给军方高层写信，报告航母上疫情形势严峻，请求尽快采取行动，允许舰员下船隔离以防止疫情蔓延，并将求助信向媒体公开。美国海军4月初以其判断失误为由将其免职，本来是想借此惩一儆百，防止再度出现类似越级报告、向外界透露军事消息的现象。但由于该舰长深受官兵拥护，在其被撤职后大量水兵表示不满，甚至出现消极情绪，反而大大降低了航母战斗群的战斗力。一些军方高层也纷纷站出来为其叫屈，甚至有数十万民众联合上书要求军方让克罗泽尔官复原职，

① 2020年2月10日，习近平在北京市调研指导新型冠状病毒肺炎疫情防控工作时的讲话。

美国政府因此事骑虎难下。可见，在公共危机治理中，惩一儆百是需要高度重视、用好用到位的方法。

一、惩一儆百重在震慑

“惩一儆百”一词，见于《汉书·赵尹韩张两王传》：“以一警百，吏民皆服，恐惧改行自新。”意思是通过惩罚一个人，借以警诫很多人。类似的成语还有杀一儆百、以儆效尤、杀鸡儆猴等。

惩一儆百是我国古代政治家、思想家在实践中不断总结形成的领导科学和管理艺术。古代法家主张“重刑”“法之能”，认为人具有贪生怕死、追逐利益的天性，因此，保证社会秩序与效率的重要途径就是用严格的法令和制度让人畏惧，然后服从。其中，惩罚典型能够起到广泛的震慑警示作用。先秦时期的经典军事著作《六韬》记载“赏一以劝百，罚一以惩众”，说的是奖赏一个人是为了鼓舞一百个人，惩罚一个人是为了警诫众多的人。北宋《新唐书》中提到“罚一人而千万人劝者，罚之”，说的是罚一个人的时候，有成千上万的人引以为戒，那么必须对这个人进行惩罚。这些都是对惩一儆百的生动解释。

古代有很多运用惩一儆百整肃官场风气及军队作风的生动案例。《三国志·魏书》记载：“太祖初入尉廨，缮治四门。造五色棒，县门左右各十余枚，有犯禁，不避豪强，皆棒杀之。后数月，灵帝爱幸小黄门蹇硕叔父夜行，即杀之。京师敛迹，莫敢犯者。近习宠臣咸疾之，然不能伤，于是共称荐之，故迁为顿丘令。”讲的是曹操在当尉官的时候，用五色棒惩杀了违反禁行令的太监叔父，并以此事有效遏制不良社会风气的故事。明初时朱元璋整顿吏治，可他最宠爱的女儿安庆公主的驸马欧阳伦，却公然违背茶马法，动用官府车辆走私茶叶牟取暴利。朱元璋不顾皇后和女儿求情，将驸马赐死，并处分了一干人等。此举令全国上下震惊，有效地遏制了官场的腐化贪污之风。《清史稿》记载，乾隆皇帝派遣大臣讷亲到河南、江南等地调查军纪，在听到讷亲汇报当地军营队伍纪律涣散后，乾隆说："可见外省大吏无一不欺朕者，不可不惩一儆百。"而在五年后，讷亲本人由于在平定金川叛乱时应对不力、指挥无方，甚至隐瞒惨败战绩导致乾隆大怒。乾隆专门将讷亲祖父的遗刀授予侍卫，命令他将讷亲处决。原本纪律涣散的将士看到贵为皇亲国戚的重臣都被处死，大为悚惧，不敢再有苟且偷生的念头，在后续战事中奋勇杀敌。可见，惩一儆百在遏制不良风气方面具有重要作用。

二、惩一儆百是一剂苦口良药

作出惩罚的决定往往是艰难的，但在公共危机治理中，惩一儆百是必要的，能从不同方面收到良好的效果。

一是有利于激发担当负责的勇气。在危机状态下，社会公众往往会产生恐慌、紧张的情绪，领导干部也不例外。但负责治理危机的领导干部，如果不能有效克服这种趋利避害的本能反应，具备处变不惊的胆识，就难以做出冷静科学的决策，更会对本部门、本地区的干部士气，乃至社会公众心理产生群体示范效应等负面影响。严肃处理一些面对危机畏缩不前、行动迟缓甚至擅离职守、临阵脱逃的领导干部，一方面能倒逼其知耻而后勇，转变作风、改进工作；另一方面，能起到警示作用，推动领导干部切实打消等待观望、互相推诿的念头，激发起破釜沉舟、置之死地而后生的勇气，推动形成尽心尽责、担当实干的氛围。第二次世界大战中，苏联军队专门颁布了一条军令，即对在战场上临阵脱逃、意志不坚决的军官进行惩戒教育甚至逮捕枪决。严明的军纪确保了苏军强大的战斗力。

二是有利于强化执行力，确保令行禁止。公共危机治理是一项系统工程，尤其需要各级各部门做到令行禁止、分工有序、责任落实、配合有序。依法依纪对执行上级决策部署不力、不服从统一指挥和调度、失职渎职的干部进行严肃惩处，可以更好地统一各级领导干部的思想和行动，克服本位主义，强化大局意识，使各项政策措施得到有力的贯彻落实。比如，贵阳市在2008年抗击凝冻灾害中共处分了近30名失职、渎职和敷衍塞责的领导干部，并在报纸刊登的耻辱榜上公布他们的姓名，与抗冰雪英雄谱相对应，引起社会强烈反响，对推动各级领导干部改进作风、积极抗灾起到了明显作用。2011年再次开展抗凝冻工作时，贵阳市各级领导干部均呈现出良好的工作作风，充分发挥了主心骨作用。

三是有利于倒逼领导干部提升公共危机治理能力。习近平总书记在2月23日统筹推进新冠肺炎疫情防控和经济社会发展工作部署会议上的讲话中深刻指出，在新冠肺炎疫情防控工作中，一些领导干部的治理能力和专业能力明显跟不上，必须引起高度重视，并强调领导干部要提高工作本领。对一些在公共危机治理中工作没思路、没办法，能力弱的干部进行问责处理，有利于警醒鞭策各级领导干部提高对公共危机的重视程度和认知水平，自觉加强对公共危机治理方面知识的学习，克服本领恐慌，努力从前人的成功做法中获取经验，从失败案例中吸取教训，切实提升公共危机治理能力。

三、只有“惩好一”才能“儆好百”

习近平总书记在2020年2月23日统筹推进新冠肺炎疫情防控和经济

社会发展工作部署会议上强调："对不担当不作为、失职渎职的要严肃问责，对紧要关头当'逃兵'的要就地免职。"这启示我们，在危机来临的特殊时期，对应对不力的领导干部进行惩处，一定要坚持动真碰硬、从严从重，不能含含糊糊、流于形式。同时，也要认识到，惩罚是手段而不是目的，最终是为了达到教育鞭策干部、推动改进工作的效果。因此，在公共危机治理中，做好"惩一"的文章非常重要，既考验领导干部的管理艺术，也在很大程度上决定了"儆百"的效果。从实践看，应注重抓好以下三个方面。

一是选准典型。注重体现"一"的代表性，及时发现和严肃对待首例典型，做到对倾向性、苗头性问题反应敏锐，抓早抓小、冒头就打，争取将其解决在萌芽状态，有效遏制不良风气的蔓延扩散。善于从群众关注的热点中抓反面典型，及时回应群众关切，消除公众质疑，推动理顺情绪、化解矛盾、凝聚共识，提升政府公信力。当一个部门或地区出现群体性、系统性问题时，应抓住性质最恶劣、影响最坏的反面典型予以严厉惩处，大张旗鼓地把其错误摆到桌面上揭深揭透，让其他人望而止步。而对于其他错误情节较轻的人，可以酌情调整惩处力度，通过提醒约谈、批评教育等手段引导，促使其反躬自省、思过奋进，既避免对整体士气造成过大打击，也有利于从面上加强薄弱环节，提高整体工作水平。

二是注重时效。在公共危机中，群众对领导干部的作风、能力、工作成效有更高的期待，一旦出现不作为、乱作为、慢作为、假作为等负面事件，传播发酵的速度将非常快，社会影响面会迅速扩大，如果不及时问责、处理，很容易引发信任危机，进而增加危机治理的难度。因此，惩处要强化时间观念，对舆情汹涌、社会影响恶劣的反面典型事件，不仅要第一时间介入调查，第一时间处理相关责任人，还要第一时间公布结果，在最短时间内把不利影响降到最低。如果问题复杂，调查难度较大，可先对相关领导干部采取免职措施，待事态平息以后再根据调查结果，综合考虑其动机、态度和行为后果等因素，依法依规追加处罚措施，既避免出现在事实未调查清楚的情况下就仓促问责的情况，也有利于在关键时刻将工作重心和注意力聚焦到应对危机上。比如，2020年2月14日，在山东任城监狱发现新冠肺炎确诊病例后的第二天，山东省纪委监委就派出调查组，就任城监狱疫情防控问题进行调查。2月21日，山东省司法厅党委书记、厅长等9名领导干部被免职，回应了社会关切。之后中央政法委牵头组成的调查组对此事进行了全面调查，根据调查结果，11人因涉嫌严重违纪违法问题被立案审查调查。

三是戴“错”立功。干部队伍是党和国家发展的宝贵资源，特别是在公共危机治理的紧急关头，更是用人之际。因此，一方面，应通过惩一儆百，在领导干部中树立起在公共危机治理中“有责要担当，失责必追究”的鲜明导向；另一方面，对犯错的领导干部进行惩处并不意味着一棍子将其打死、处以革职永不叙用，而应给问题干部纠错的机会，鼓励其放下思想包袱，知耻后勇，重整旗鼓投入工作，争取尽快戴“错”立功。这也是我国自古就有的一种文化传统，像东汉的窦宪、唐初的李靖、明朝的俞大猷等名将，都曾有过戴罪立功、将功折罪的经历。海南省在推进脱贫攻坚工作中，通过创新“免职警示”的处分方法促进领导干部戴“错”立功，也取得了良好效果。该省对在脱贫攻坚战中工作不力、作风不实的领导干部，启动预免职处分程序，发出警示，如果该干部在后续工作中整改了问题、改进了工作，就终止免职程序，如果工作质量还是不过关就正式免职。这种方式既是对干部的严格要求，也体现了对干部的关心爱护，有力鞭策了干部。在应对新冠肺炎疫情的过程中，天津和平区商务局局长、湖北黄石市黄石港区政务服务和大数据管理局局长，都是在被问责后通过积极采取补救措施改进工作，有效扭转了被动局面，因成绩突出，后又受到当地的通报表扬。这些案例都充分证明了戴“错”立功所产生的良好效果。

第二十四策　论功行赏

各级党组织要在斗争一线考察识别干部，对表现突出的干部要大力褒奖、大胆使用……要及时宣传和表彰表现突出的党员、干部和先进集体。对在斗争一线表现突出的入党积极分子，可火线发展入党。对在斗争一线表现突出的先进集体和个人，党中央、国务院、中央军委，各级党委和政府，各地区各部门各方面，要根据情况分层分级予以表彰和嘉奖。[①]

——习近平

面对来势汹汹的新冠肺炎疫情，来自党政军民学各条战线的勇士们义无反顾、日夜奋战，用实际行动诠释了责任与奉献。“有功必赏……则为善者日进”，对这些战疫英雄，全国上下及时开展论功行赏。比如，国家卫健委等三部门联合表彰了新冠肺炎疫情防控工作中的先进集体和个

① 2020年2月23日，习近平在统筹推进新冠肺炎疫情防控和经济社会发展工作部署会议上的讲话。

人。各省区市纷纷针对一线医护人员出台了将援鄂编外医护人员纳入编制，优先评定职称、晋升岗位，增加带薪休假时间，以及子女就学优惠等奖励政策。一大批奋战在疫情防控艰苦危险岗位、表现特别优秀的党政干部被火线提拔、破格提拔，一大批表现突出的抗疫战士火线入党；顺丰快递小哥汪勇被国家邮政总局授予最美快递员特别奖，外卖骑手吴辉被邀请参加国新办记者见面会；第十三届全国人民代表大会常务委员会第二十一次会议决定，授予钟南山共和国勋章，授予张伯礼、张定宇、陈薇“人民英雄”国家荣誉称号。2020年9月8日，全国抗击新冠肺炎疫情表彰大会在北京人民大会堂隆重举行，中共中央总书记、国家主席、中央军委主席习近平向国家勋章和国家荣誉称号获得者颁授勋章奖章并发表重要讲话。会议还对全国抗击新冠肺炎疫情先进个人、全国抗击新冠肺炎疫情先进集体、全国优秀共产党员、全国先进基层党组织进行了表彰……这一系列表彰奖励有力地鼓舞了士气、坚定了信心，凝聚起上下齐心、共同抗疫的磅礴正能量。

一、论功行赏的实质是正向激励

“论功行赏”一词，见于《管子·地图》“论功劳，行赏罚，不敢蔽贤”，意思是按照功劳大小给予奖赏。明代张居正在《陈六事疏》中说：“有功于国家，即千金之赏、通侯之印，亦不宜吝；无功于国家，虽颦笑之微、敝绔之贱，亦勿轻予。”说的是对国家有功的人，即使给予千金的重赏和通侯金印，也不应当吝惜；对国家没有功劳的人，即使一点眉目表情、破衣烂裤，也不要轻易给予。类似的成语有照功行赏、计功行赏等。

回顾历史可以看出，在战争动乱时期，论功行赏是巩固政权、凝聚人心的重要方法。早在上古炎黄时期，一些部落首领就已经有意识地用土地、牲畜等奖赏英勇战斗的将士。西周把土地和人民赏赐给功臣，并赋予受封诸侯为周天子镇守疆土、随从作战、交纳贡赋等义务。历朝历代的皇帝在政权建立、登基继位后干的第一件大事，往往就是封赏功臣，比如唐太宗李世民将功臣画像挂入凌烟阁，让李家后代子孙铭记。和平年代，论功行赏主要是奖励对社会发展作出卓越贡献的集体和个人。中华人民共和国成立70周年之际，党中央、国务院隆重表彰了为新中国建设和发展作出杰出贡献的功勋模范人物，授予于敏等8人共和国勋章，授予劳尔·卡斯特罗·鲁斯等6人友谊勋章，授予叶培建等28人国家荣誉称号。

二、论功行赏的多重效益

一是作为一种事后奖励方式，论功行赏可以温暖人心。著名作家郁达夫曾经说过，一个没有英雄的民族是不幸的，一个有英雄却不知敬重爱惜的民族是不可救药的。在公共危机中勇敢“逆行”的英雄们并没有问过“这样做可以得到什么”，驱动他们的从来都不是名利与虚荣。但是，对他们进行论功行赏，是应有的尊重英雄的态度，也是不让英雄流血又流泪的务实举措。比如，2008年汶川地震救援工作结束后，中央组织部授予59名共产党员“抗震救灾优秀共产党员”称号，前文提到的“空降兵15勇士”第一人李振波大校就榜上有名。当时“空降兵15勇士”在无气象资料、无地面标识、无指挥引导的“三无”条件下，从4999米的高空盲跳至汶川地震震中地区。落地时，由于地形复杂，殷远落进樱桃林，伞挂在树上；李振波撞到树上，大腿被树枝刺穿；雷志胜右腿撞到石头，肿得老高，走路一瘸一拐……尽管如此，他们着陆后仍立即在汶川、茂县两县展开震情侦察，向上级报告重要灾情30多批次。时任中共中央总书记胡锦涛同志在获悉这一情况后，立即给军委领导同志打电话，询问这些勇士的情况，并对他们的英勇行为给予高度赞扬。中央军委也在“空降兵15勇士”安全着陆当天给予褒奖。后来，中央电视台专门制作了题为《〈铭记〉之空降兵15勇士·向死而生》的专题片，纪录这一英勇行为。

二是作为一种正向激励方式，论功行赏有利于激发干事创业动力。论功行赏，是一种奖励，更是一种激励。在公共危机治理中，有些人把本应承担的责任、本应履行的职责丢在一旁，只愿“岁月静好”，当不作为的“太平官”，但也有人扎根一线、勇挑重担，舍身忘我、甘于奉献。通过对这些先进典型论功行赏，可以释放出激励担当作为的强烈信号，树立“有为才有位”的鲜明导向，让干与不干不一样、干多干少不一样、干好干坏不一样、真干假干不一样，真正让上前线、上火线、上一线的实干家有荣誉、有平台、有盼头、有奔头。在防控新冠肺炎疫情的过程中，习近平总书记在多个场合强调要论功行赏。对于抗疫最前线的医护人员，习近平总书记强调，他们是最大的功臣，党和人民要给他们记头功，并要求针对参加一线战斗的医务人员，尽快出台关心关爱的政策举措，及时安排免费体检，增加带薪休假时间，并将抗疫表现列入职称评定指标之中。[①]对于奋战在抗疫一线的党员、干部，全国各地都及时予以表彰。比如，湖北省荆州市沙市区给负责转运收治发热人员和密切接触者的辅警李兴龙记个人三等功，这是湖北省首次给辅警记功；湖北省英山县疫情防控紧张有序、成效突出，就连“1斤茶叶、2箱方便面、2桶

① 2020年3月10日，习近平在湖北看望慰问一线医务工作者时的讲话。

84消毒液、30元现金”都被详细记录在捐赠明细中，被网友奉为“满分作业县”，其县长田洪光被提拔重用；海南省海口市卫健委党组书记、主任曾昭长，因为始终坚持奋战在疫情防控第一线，及时有力地调查处置了海口市的紧急疫情，防控工作表现突出，成为全国第一位从市级卫健委提拔到省级卫健委任重要职务的领导干部。

三是作为一种鲜明价值导向，论功行赏有利于在全社会营造良好风气。“烈火炼真金，患难见真情。”虽然灾难不是好事，但是有效地应对灾难则是对我们密切党群、干群关系的一次检验和提升，特别是通过论功行赏，可以让广大群众全面、深入、生动地了解党和政府的坚强有力领导、各条战线上同志们的辛苦付出，增进对应对危机政策的理解和支持。比如，汶川地震时，军人不惧危难、挺身进川，于是爱军拥军的观念进一步深入人心；应对新冠肺炎疫情，医护人员用生命与新冠病毒作斗争，所以对一线医务人员的各种优待政策得到了人民群众的广泛认可。可见，在危机中涌现出的英雄事迹、感人事迹越多，越有利于汇聚社会正能量，越有利于在增强群众的获得感、幸福感、安全感中增进群众对党的信任、信赖、感恩和紧密团结在党的周围的行动自觉。

三、激励时兼顾“快”和“准”

论功行赏要体现及时性和精准性，否则效果会大打折扣，甚至起反作用。

第一，注意“保鲜期”。兵法中云：“军赏不逾月。”管理学研究表明，论功行赏不及时会导致获奖者的兴奋感逐渐递减，削弱奖励的正向强化作用。公共危机治理中，论功行赏应突出一个“快”字。首先，发掘先进典型要快。相关部门和各级领导干部应沉下身子，深入一线，深入群众，及时挖掘先进，培树典型。其次，奖励措施落实要快。公共危机治理战时体制要求论功行赏也要保持战时状态。一方面，应简化评选、考察、表彰程序，综合运用火线提拔、火线入党等超常规奖励措施，优先褒奖记功、提拔重用或晋升职级。另一方面，应坚持“哪里是一线，哪里有典型，表彰奖励就跟进到哪里”，把表彰奖励的“颁奖礼”前置到前线阵地，第一时间送奖上门、到岗到人。比如，2020年7月，湖北黄冈遭遇持续降雨，长江黄冈段水位线全线超警戒线，防汛形势十分严峻。7月9日至11日，市水利和湖泊局党员干部程光锋在官桥泵站西坝巡堤查险工作中，先后发现背水坡3处管涌并立即调度处置。有关负责人称，如险情未被及时发现，会造成溃坝。7月12日，黄冈市防汛抗旱指挥部就发出通报，对程光锋在防汛工作中的突出表现予以表彰，并奖励1万元。最后，舆论宣传要快。应综合运用广播、电视等传统媒体和抖音、快手等新兴媒体，采取文字、图片、短视频、微电影等多种形式，迅速把论功行赏的激励效应扩展至社会大众。

第二，坚持精准导向。论功行赏是一件很严肃的事情，只有奖励到该奖励的人，才能起到以点带面的作用。反之，则会引发质疑和不满，使激励导向出现偏差。因此，论功行赏要注重精准发力，切实奖在“点”上，坚决防止“搭便车”“平均主义”。首先，注意对象精准，既不能雨露均沾，也不能顾此失彼。应坚持实绩导向，区分好重点地区与非重点地区、一线与二线、危机处理的“显绩”与事前预防的“潜绩”以及常规工作与特殊工作，合理确定奖励重心和覆盖面。比如，对危机“震中”地区的表彰奖励可以突破指标限制、加大力度，而对非重点地区则要合理控制数量；既要看危机发生后的处置，也要看平时防范危机的成效，避免出现成功防范化解危机却默默无闻得不到奖励、轰轰烈烈解决因自身工作不到位引发的危机却成为先进的错位现象。其次，注意措施精准，不能千篇一律。应统筹考虑不同需求、不同职业等方面的差异，让获奖者有一种“独家定制”的获得感。一方面，要坚持精神奖励与物质奖励相结合。综合运用报酬激励、关怀激励、表彰激励、信息激励、目标激励等多种方式的立体组合，满足各个群体的归属感、荣誉感、成就感和物质需求，使获奖者既有“面子”，也有“里子”。另一方面，要坚持因人、因类奖励。不同行业的从业者对奖励的期待、偏好是不一样的。比如，对于医护工作者来说，可能更看重解决编制、晋升职称或专业技术岗位等级方面的奖励。对于公共危机的“吹哨人”、内部举报人等，既要给予物质上的重奖，也要通过专门立法、规范处理流程等方式加大对人身安全的保护力度。对于公职人员来说，可能提拔的吸引力更大，但在提拔时，要坚持依事择人、人岗相适，多考虑“该用谁”，而不是“谁该用”。比如，像规划等对专业要求较高的部门，应安排拥有专业背景或者通过学习掌握了专业知识的干部。有些干部干事“出成绩”，管事“一团糟”，如果为了提拔而提拔，将其从一线岗位“强行”提拔重用到管理岗位上，反倒不利于干部的成长和事业的发展。

民意篇

第二十五策　取信于民

为民服务解难题，重点是教育引导广大党员干部坚守人民立场，树立以人民为中心的发展理念，增进同人民群众的感情，自觉同人民想在一起、干在一起，着力解决群众的操心事、烦心事，以为民谋利、为民尽责的实际成效取信于民。①

——习近平

在习近平总书记亲自号令下，全国上下团结一心，全民参与这场抗击新冠肺炎疫情的人民战争、总体战、阻击战，唱响了一首中华儿女挽起手臂共同抗击灾难的凯歌。实践证明，人民群众在公共危机治理中具有重要作用。在很多情况下，群众都是危机事件最早的目击者、见证者和预警的发出者，同时也是危机处理的直接参与者。比如，在地震、火灾、洪灾等危机事件发生后，在政府有关部门人员到达现场之前，群众的自救、互救往往能有效减少危机带来的损失。在危机治理过程中，群

① 2019年5月31日，习近平在“不忘初心、牢记使命”主题教育工作会议上的讲话。

众的配合支持、意见反馈对于政府各项政策措施的有效落实和不断优化也具有不可或缺的作用。可以说，能不能很好地重视民情民意、动员发动群众，在很大程度上直接决定着危机治理的效果和成败。

2020年3月以来，美国疫情失控，成为全球疫情最严重的国家。为什么美国的疫情会像脱缰的野马一样严重失控呢？其中很重要的一个原因就是美国总统特朗普的言论和政策越来越受到美国民众和科学界的质疑，越来越失去了公信力，难以取信于民。路透社4月份的调查结果显示，愿意遵循总统提出的有关新冠病毒疫情建议的美国人不到半数。《金融时报》5月份的调查结果显示，针对美国重启经济以及放松封锁措施，有71%的选民选择相信他们的州长，而非总统特朗普。与之形成鲜明对比的是，我国在以习近平同志为核心的党中央的坚强领导下，举国上下全民参与，全国团结一心，汇聚起坚不可摧的抗疫伟力。特别是在中国人最重视的春节期间，全国人民主动在家隔离，响应政府号召戴口罩、勤洗手，迅速遏制了疫情在全国蔓延的势头。可以说，中国之所以能在全球最早取得抗疫战争的重大战略性成果，与全国人民对党和政府的理解信任、支持配合密不可分。中国政府是一个完全取信于民的政府。

一、取信于民乃治国理政之根本

“取信于民”一词，见于《汉书·楚元王传》：“览往事之戒，以折中取信，居万安之实。”意思是，观察以往的教训，采取折中的办法调和矛盾，取得人民的信任，得以万世长安。在现代，这个词最早见于毛泽东同志的《中国革命战争的战略问题》一文。文中，毛泽东同志引用了《左传·庄公十年》中有关曹刿论战的内容，认为这是中国古代战争史中以弱胜强的著名战例。他分析道："当时的情况是弱国抵抗强国。文中指出了战前的政治准备——取信于民。"类似的成语有取信于人、言而有信、一诺千金等。

取信于民是我国古人对治国理政的一种经验性总结和规律性认识，强调执政者要具有讲信用、诚信的政治道德。各个时代的思想家、政治家从不同方面对其重要作用进行了阐释。首先，执政者能否做到取信于民直接关系到国家的治乱、社稷的安危，只有树立诚信形象、兑现诺言，才能赢得百姓的拥戴，确立统治权威。《左传》载："信，国之宝也，民之所庇也。"孔子曰："自古皆有死，民无信不立。"荀子曰："故用国者，义立而王，信立而霸。"韩非曰："小信成则大信立，故明主积于信。"其次，执政者只有自己做到取信于民，才能示范、教化、感召老百姓讲诚信，形成良好的社会风气。孔子曰："上好信，则民莫敢不用情。"《吕氏春秋》载："君臣不信，则百姓诽谤，社稷不宁。"在历史上，有很多因为做到了取信于民而使政令畅通、政权稳固、国家繁荣的例子。比如，《史记》中记载先秦时期商鞅变法的过程："孝公既用卫鞅，鞅欲变法，恐天下议己……令既具，未布，恐民之不信，已乃立三丈之木于国都市南门，募民有能徙置北门者予十金。民怪之，莫敢徙。复曰'能徙者予五十金'。有一人徙之，辄予五十金，以明不欺。卒下令。"商鞅借助"徙木立信"顺利推行新法，使秦国日益强盛，最终统一六国。北宋的王安石由此感叹："自古驱民在信诚，一言为重百金轻。今人未可非商鞅，商鞅能令政必行。"比如，唐朝原来规定18岁成年男子必须服兵役。一次为了巩固边境，唐太宗李世民决定更改规定，征召16至18岁、身材高大的男子从军。诏令由中书省发出后，时任门下省给事中的魏征坚决不同意签发，认为朝令夕改，这是失信于民的做法。唐太宗最终听从了他的建议，收回了诏令，同时奖赏了魏征一口金瓮。唐朝之所以能出现贞观盛世，与李世民坚持以信义治国的执政理念密不可分。

历史和现实反复证明，民众信任是一个政权赖以生存和发展的根基和动力。高度重视民心民意，是中国共产党的优良传统。当年，正是靠着与群众的血肉联系，靠着全心全意为人民服务的宗旨和优良作风，中国共产党才能赢得最广大人民群众的信赖支持，才能在国民党的白色恐怖中唤起千百万工农，在极为艰难的条件下、在极度残酷的斗争中建立起红色政权。而国民党却因为贪污腐化、脱离群众、失信于民，最终走向了失败。改革开放后，邓小平同志多次强调取信于民，他指出："组成具有改革开放形象的中央领导班子，使人民放心，这是取信于民的第一条。第二条是真正干出几个实绩，来取信于民。"在谈到反腐败的时候，他说："是一就是一，是二就是二，该怎么处理就怎么处理，一定要取信于民。"党的十八大以来，习近平总书记反复强调："民心是最大的政治。""中国共产党根基在人民，血脉在人民。"他率先垂范、以身作则，从中共中央政治局开始推动各级领导干部坚决贯彻落实八项规定，不折不扣地兑现了对人民群众"打铁还需自身硬"的庄严承诺。特别是在2020年GDP不设指标的情况下，明确要在年底完成脱贫攻坚战收官任务，强调这是我们党对人民、对历史的郑重承诺。这几年来，习近平总书记对如何兑现这个承诺始终高度重视，他曾经说过，打赢脱贫攻坚战是立下了军令状的，军中无戏言，完不成任务要军法从事，这是唯一一项用"三军一战"这种军事化的词语来强调的工作，其意在提醒全体党员干部必须坚决打赢脱贫攻坚战，决不能失信于民。在这一系列治国理政实践中，都显示着鲜明的民心指向，体现了始终坚持以人民为中心的发展思想，也极大增强了人民群众对党的信任和支持。

二、取信于民是公共危机治理的关键环节

公共危机事件具有突发性、破坏性、不确定性等特点，往往会对公

众利益和社会安全造成威胁。在这种混乱、动荡、非常态的危机状态下，社会大众的心理承受能力会降低，很容易产生恐慌和不安全感。政府作为公共危机治理的主体，必须在应对公共危机的过程中展示出自身的专业性、公正性和治理能力，使民众相信政府会正确、有效地行使紧急处置权，能应对迅速变化的威胁。简而言之，政府在危机处置中的所言所行都事关能否赢得民众的信任。

首先，取信于民有利于消除恐慌、安抚民心，避免造成更大的社会动荡。2004年4月22日，北京再现非典病例，患者确诊当天，卫生部就向媒体公布消息，召开全国卫生系统电视电话会议部署非典防治工作，并向世界卫生组织和香港、澳门方面通报了有关情况。各地的非典零报告制度也随即启动。政府“快速反应、信息通畅、果断控制”，有力遏制了疫情蔓延，也使全社会及时、全面了解有关情况，心态平稳地面对疫情。这与2003年非典初期个别地方瞒报封锁、流言四起、民众疯抢板蓝根的场景形成了鲜明的对比，差别的背后就在于危机处置过程中是否很好地遵循了取信于民的原则。2020年1月下旬，日本政府包机从武汉接回的日本人中有170多人被安置在胜浦市的酒店进行隔离观察。当地市民非常担心被感染，甚至为此驱车到邻近市购买食品以免碰到从酒店出来的隔离者。胜浦市为此专门举行了一场面向市民的说明会，请负责隔离者健康管理的医生为市民讲解新冠病毒的知识以及隔离酒店采取了哪些安全措施来确保不影响市民的日常生活，说明会视频随后还放在了市政府官网的主页上，以便让更多不能来到现场的人了解情况，这有效缓解了市民的不安情绪。不少市民改变了之前的抵触态度，还自发到酒店前的沙滩上点亮竹灯笼，为隔离者加油祈福。2020年7月12日，河北唐山市古冶区发生5.1级地震，社会公众对是否会发生余震十分关切。为回应公众关切，12日中午，北京市地震局对此次地震进行了专家解读，特别强调地震原震区再次发生5级以上地震的可能性不大。12日下午，中国地震台网中心举行唐山古冶5.1级地震情况通报会，确认此次地震为1976年唐山7.8级大地震序列的一次5级余震起伏活动，短期内再次发生5级以上地震的可能性不大。这些科学、权威的信息及时发布，很好地消除了群众的恐慌情绪。

其次，取信于民能提升政府公信力，使政策决策能够有效实施。美国政治学家弗朗西斯·福山对2020年新冠肺炎疫情防控进行分析后指出，决定各国抗疫表现的关键不在于国家的体制，而在于国家的能力，最重要的是民众对政府的信任。在这次新冠肺炎疫情防控过程中，我国在特定地区采取了交通管制、封闭人员聚集场所、限制人员流动、对高危人群集中隔离等种种超常规的措施，这不可避免地会给人们的生活带来一些不便，但绝大部分老百姓都积极配合支持政府的管控措施，不串门、不聚会、减少出行、自我隔离。这背后反映的就是中国老百姓对党和政府的高度信任。5月，新加坡有关机构对全球23个经济体进行的一项调查结果显示，中国、越南和新西兰的政治领导人在此次疫情应对中的表现受到本国民众的好评，其中中国得分最高，民众对政府的做法非常满意。当然，也有个别地方做得不妥。比如，2月24日，武汉市疫情防控指挥部发布第17号令称，因保障疫情防控、城市运行、生产生活、特殊疾病治疗等原因必须出城的人员，以及滞留在汉外地人员可以出城。然而，这则通告发出仅3个小时，就被新发出的第18号令宣布无效。新通告说，17号令是下属交通防控组“未经指挥部研究和主要领导同志同意”发布的。这在网络上引起大量讨论，新浪微博中“进出武汉市车辆和人员管理通告无效”等微话题的阅读量超过1亿次。网民批评政府决定草率，认为短命通告的产生固然有很多现实因素，但朝令夕改损害了疫情防控的严肃性和政府通告的公信力，干扰了防疫工作的开展和正常的社会秩序。光明网等媒体认为，“政令改来改去，不仅有损党和政府的公信力，丢掉了民心，还会给广大群众的利益带来不可挽回的损失”。

最后，取信于民能更好地动员民众积极参与危机治理。俄罗斯科学院远东研究所代理所长阿列克谢·马斯洛夫认为，中国之所以能够迅速走出这次疫情危机，是因为民众对政府的信任度极高。他评价说，改革开放40多年来，中国政府一直尽心履职，因此赢得了国民的巨大信任，这才是施政创新取得成功的关键。老百姓对党和政府抗疫政策措施的信任支持，从全国各地涌现出的“硬核”标语、流动广播、农村大喇叭、快板评书等多种方式齐上阵，全民参与开展防疫宣传中可见一斑。比如，一些非常接地气的宣传标语有：“现在吃的饭都是鸿门宴。”“戴口罩总比戴呼吸机好。”“躺在家里总比躺在ICU好。”“今天吃一口野味，明天阴曹地府相会。”“口罩还是呼吸机，您老看着二选一。”“出来聚会的都是无耻之辈，一起打麻将的都是亡命之徒。”……比如，因村民聚集，急得通过村里的大喇叭“怒吼”，告知村民疫情严重性的“硬核”村支书；通过无人机风趣喊话市民遵守防疫规定，走红网络的城管；等等。1998年亚洲金融危机暴发，韩国货币大幅贬值，外汇储备严重匮乏，国民经济面临破产威胁。危机时刻，韩国民众响应政府号召，发起了轰轰烈烈的“献金爱国”运动，自愿排着长队将金首饰、金质纪念品等保值的贵重金属兑换成韩元，300多万民众共捐赠了227吨黄金，有力地推动韩国经济在一年多时间内企稳回升，使韩国最终成为率先走出金融危机的亚洲国家。

三、开诚布公是取信于民的金钥匙

要实现取信于民，关键在于要坚持开诚布公，确保信息公开透明。

2007年11月1日施行的《中华人民共和国突发事件应对法》明确规定，各级政府部门必须及时、准确、全面、客观地发布有关突发事件的新闻信息，对于因瞒报、谎报、迟报、漏报而延误处置时机或造成重大影响的，要追究相关人员的法律责任。2008年5月1日实施的《中华人民共和国政府信息公开条例》明确规定，突发公共事件的应急预案、预警信息及应对情况应重点公开。《中华人民共和国政府信息公开条例》在制定和2019年进行修订时，都特别注重体现“公开为原则、不公开为例外”，就是除涉及国家秘密、商业秘密和个人隐私的不能公开以外，其余的都可以公开。

在应对公共危机事件的过程中，政府信息公开尤为重要，这是因为相较于其他社会组织和个人，政府对危机信息的掌握最为准确、全面，具有最高的权威性。及时公开公共危机事件发展新动态、政府对事件和形势的判断、应急处置工作进展等信息，并通过权威部门进行释疑解惑、知识普及，既有利于人们以更加冷静理智的态度来认识危机事件的程度和危害，做出科学正确的选择，也有利于塑造良好的政府形象，获得更广泛的公众支持与理解，降低危机治理的成本。特别是在高度信息化的现代社会，人们获取信息的渠道越发多样和丰富，如果此时政府因为各种主客观因素有意无意地封锁消息、隐瞒真相，造成信息发布滞后、权威信息失语，各种关于危机的流言和传闻就将乘虚而入，引发人们对危机的疑虑恐惧心理升级，进而对政府的信任感流失，给危机治理造成不利影响。政治学里有一个很著名的塔西佗陷阱，说的是，当政府的公信力一步步下降时，最后无论是说真话还是说假话，做好事还是做坏事，都会被人民认为是说假话、做坏事。美国著名危机管理专家奥古斯丁认为，对公共危机的处理，最好是说真话、立刻说。正因如此，习近平总书记深刻指出，让群众更多知道党和政府正在做什么、还要做什么，对坚定全社会信心、战胜疫情至为关键。比如，在新冠肺炎疫情防控前期，我国每天向外界通报确诊病例数和疑似病例数。随着对疫情认识的不断深入，发现无症状感染者具备传染性之后，国家卫健委又主动进行信息公开，每天在通报中专门报告无症状感染者的数量，并且对其密切关注，及时采取相应的隔离措施和严格的医学观察，这就有效消除了民众的疑虑恐慌，很好地稳定了人心，也增强了政府公信力。比如，在疫情暴发初期，武汉收治能力不足，医疗机构超负荷运转，客观上确实存在个别迟报、漏报、误报的情况，这导致社会上对官方公布的感染病例数和死亡人数产生质疑。后来，武汉疫情防控指挥部专门成立涉疫大数据与流行病学调查组，组织卫健、疾控、公安、民政、司法、统计等部门，对线上数据进行比对、去重、补全，线下按照全覆盖、无遗漏要求，对所有涉疫地点数据和所有病例个人信息进行全采集，于4月中旬订正了数据并向社会公开，其中确诊病例核增325例，死亡病例核增1290例。这充分体现了对历史负责、对人民负责、对逝者负责的精神，也给了社会一个交代。但如果武汉能在最初公布数据的时候就及时回应群众关切，坦诚地解释，目前处于紧急抗疫中，数据信息统计不一定全面、准确，下一步会把工作进一步做细做实，更好地摸清底数，及时进行统计更新，相信能更好地得到老百姓的理解和信任。这些都充分说明，只有以开诚布公、坦诚相见的态度面对公众，才能真正取信于民、赢得民心。

四、办好新闻发布会是促进危机化解的重要方式

2020年9月8日，习近平总书记在全国抗击新冠肺炎疫情表彰大会上指出：

"我们迅速建立全国疫情信息发布机制，实事求是、公开透明发布疫情信息。"当公共危机事件发生后，政府部门作为权威信息源及时召开新闻发布会，向社会公布权威信息，科学引导新闻关注点和舆论走向，提振各界信心，是信息公开透明、取信于民的必然要求，也是对政府治理能力、应急能力的检验。

2004年12月3日，贵州纳雍县鬃岭镇左家营村岩脚组发生一起特大山体垮塌事故，44人下落不明。这起事故的社会关注度很高，全国各地不少媒体记者都赶到现场采访报道。因为当地是煤矿产区，当时很多老百姓都怀疑这起事故是因为采煤把山体掏空造成的。有的媒体包括央视，都直接报道了老百姓的这种说法，使当地政府面临很被动的局面。当时，国土资源部专家鉴定后认为，这是一起由自然因素引起的地质灾害，并非挖矿造成的。为了及时引导媒体客观报道，回应老百姓的关切，省委宣传部连夜到现场组织新闻发布会，安排专家公布现场考察结论，并用科学知识进行答疑，很快消除了质疑声音，平息了舆论风波。此后，贵州的重大灾害事故都是在现场组织新闻发布会。新闻发布会开好了，能收到很好的效果，给政府形象加分，但如果做不好，也会产生不小的副作用，甚至弄巧成拙。比如，个别地方举办的新冠肺炎疫情信息新闻发布会上，出现了数据错误、统计口径"打架"，发布者不戴口罩、戴错口罩、全程读稿，专家口误以及发布会后集体鼓掌等细节，就引发了舆论的质疑和不满。虽然发布会上的失误可以在后期通过其他信息发布方式来修正，但其造成的舆论反噬不仅会冲淡发布会关键信息的影响力，也会消解公众的信任感。这也启示我们，办好新闻发布会，必须把握好以下四个方面。

第一，迅速及时，满足公众信息需求。重大公共危机事件涉及面广，往往会对人们的生命财产等切身利益造成威胁，人们出于确保自身安全的本能，会高度关注事件情况，迫切想要了解发生了什么、影响有多大、该怎么办等信息。因此，在公共危机事件暴发后，必须以争分夺秒的意识，快速及时地举行新闻发布会，向媒体通报事件动态信息和危机治理工作的进展情况，这既是满足公众信息需求、保障公民知情权的必然要求，也有利于阻遏谣言和不实传闻滋生，保持社会稳定。在准备新闻发布会时，首先应深入了解把握公众对事件信息的心理需求。比如，自然灾害、安全生产事故发生后，事件发生地与其他地方的公众共同的信息需求是了解伤亡人数、原因、救灾进展情况等，当地老百姓则更关注自己的生产生活会受到多大程度的影响。组织新闻发布会时，对这些绕不过去的问题要做好准备，即使一时还难以提供最终情况，也应提供阶段性、动态性的最新信息，以最大程度地满足公众的需求。同时，迅速及时应以准确为前提，认真细致地核对事实，一些尚未全面掌握情况、较为复杂的突发公共事件，可先发简短消息，后续再作深入详细的报道，避免事件出现新变化或反转时，工作陷入被动局面。

第二，真实客观，切忌虚伪隐瞒。1959年6月20日，毛泽东同志在写给中央书记处候补书记胡乔木和《人民日报》总编辑吴冷西的批示中说："广东大雨，要如实公开报道。全国灾情，照样公开报道，唤起人民全力抗争。一点也不要隐瞒。"这对于我们今天在公共危机治理中做好新闻发布工作同样具有深刻的启示意义。"一点也不要隐瞒"理应成为报道公共危机事件的重要原则。真实是新闻的生命，也是新闻发言制度的生命。在进行新闻发布时，应坚持实事求是，用事实说话，用数据说话，切忌以"善意的谎言""社会稳定"等为借口屏蔽、隐瞒事实真相，否则，既损害广大民众的知情权，也销蚀政府的公信力。比如，2004年9月1日，俄罗斯别斯兰市第一中学发生劫持人质事件，当时俄罗斯联邦政府向外界表示，校内只有354人。可是，9月2日被释放的26名人质中的一名女教师说，人质超过了1000

名。对于这个重大信息，俄罗斯政府没有进行发布。在9月3日的解救行动中，塔斯社根据政府消息称，至少7名人质死亡，大约310名人质受伤。然而，当时美联社已经报道在学校体育馆内发现上百具尸体。事实证明，美联社的报道是真实客观的。实际情况是，这次事件中，1000多名师生被恐怖分子扣押为人质，最后300多名人质死亡，700多名人质受伤。俄罗斯政府在这次事件中闪烁其词，政府信用严重受损。比如，2012年1月29日下午，三亚市政府新闻办官方微博连发三条信息，回应该市春节期间发生的游客吃一顿海鲜被宰4000元事件，但空话、套话连篇，缺乏实质性的自我检视，且自吹自擂三亚春节期间旅游零投诉，不合时宜地宣传虚假政绩。31日上午，又有官员表示，对恶意攻击三亚的人，将依法追究责任，态度傲慢生硬。一时间，媒体和网友批评当地政府不作为、个别官员乱作为、政府诚信缺失的声音铺天盖地，使一件原本普通的外地游客投诉、局限于消费领域的丑闻迅速升级、放大成损害三亚市政府和海南国际旅游岛形象的负面公共事件，直到市委书记公开道歉，涉事饭店受到查处，相关舆情才逐渐平息。

有时即使是善意的谎言，也会对政府的公信力造成损害。比如，2005年11月13日，中石油吉林石化公司双苯厂苯胺车间发生爆炸事故，约100吨苯类物质流入松花江，造成江水严重污染，沿岸数百万居民受到影响。当污染带通过哈尔滨时，市政府因为担心告诉公众事件真相会造成恐慌，便在11月21日向社会发布公告称因检修供水管网，全市停水4天。公告一出，谣言四起、人心惶惶，市民怀疑停水与地震有关，纷纷拥入超市疯狂抢购食品和饮用水，社会秩序一度失控。针对这一情况，黑龙江及时举行新闻发布会。时任省委副书记、省长张左己作为新闻发言人答记者问，代表政府作出4天内恢复供水的承诺，并向公众表态，恢复供水后，第一口水他先喝。通过纠正之前善意的谎言，向群众公布真相，逐渐消除了恐慌和怀疑情绪，最终得到了群众谅解。

第三，简洁明了，提升信息发布水平。在危机事件发生后，公众与媒体最想知道的是事件真相和危机处置的进展情况。信息发布属于新闻发布，应当使用新闻语言。新闻语言的特点就是具体、简练、通俗。在新闻发布时，应紧紧围绕新闻六要素的"五个W"和"一个H"，即何时（when）、何地（where）、何事（what）、何因（why）、何人（who）和怎么样了（how），用简洁明了的语言向媒体和公众传递关于危机事件的关键信息。特别是在事态紧急的情况下，一定要注意开门见山、直奔主题，化长为短、化繁为简，在语言上尽量生动直白，使公众一听就懂、一看就明，切忌穿靴戴帽、夸夸其谈，说一大堆与事件没有太大关联、公众不感兴趣的内容。传播学上有一个"369原则"，即"30个字、6年级水平、90秒"。"30个字"指新闻发布的内容尽量在30个字以内，这样媒体可以直接用作标题、导语，能够全面准确地传达发布内容，防止被别有用心的人断章取义；"6年级水平"指语言要通俗易懂，让小学6年级的学生都能听明白；"90秒"指因为互联网平台、电视和广播媒体需要配发同期声，但时长有限，应尽量在90秒的时间内把情况表达清楚，让媒体不用再剪辑。在这方面有一个典型的反面例子。2010年6月21日，江西26条河流的水位超过警戒线，抚河、信江等河流发生超历史纪录的特大洪水。18时30分左右，抚河干流右岸唱凯堤发生决口，严重威胁下游5个乡镇、14.5万人口、12万亩耕地以及京福高速公路、316国道的安全。21日晚，央视《24小时》报道抚河汛情，主持人邱启明连线江西防总办公室副主任平某，询问汛情。然而在长达近4分钟的连线中，平某一直没有对决口有多大、下游群众转移情况等媒体、公众最关注的问题进行正面回答，而是按部就班地介绍省、厅各级领导的指示内容。其间主持人两次打断、再三询问，平某依然照念事先准备好的稿件，直到最后几十秒才说到转移群众的情况，然而连线时长已到，主持人只能匆匆结束采访。这种事先准备好台词，不分场合、不分对象照本宣科的新闻发布方式引发了公众广泛质疑，平某也因此被网友炮轰“官腔浓厚”。

新闻六要素

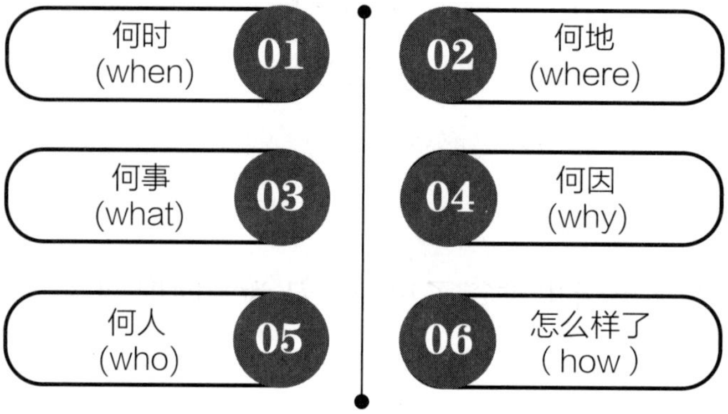

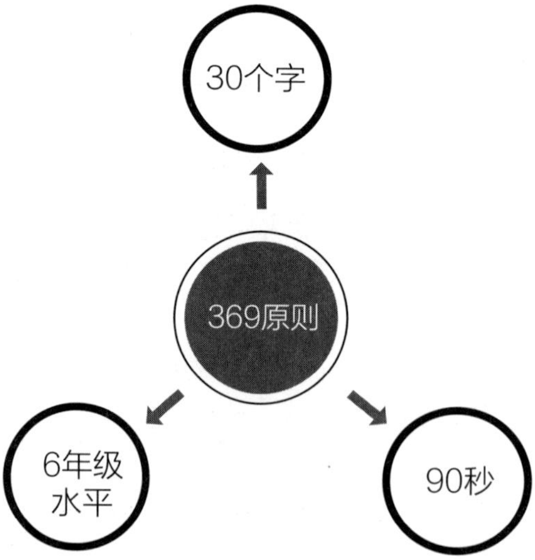

第四，合理选择发言人选，树立政府良好形象。首先，选好新闻发言人。新闻发言人应具备良好的表达能力和强大的心理素质，能够在面对舆论和多重压力的情况下保持冷静、掌控局面，及时、准确、全面地将信息传递给媒体和公众；应具有以人为本的精神，特别是对发生人员伤亡的危机事件，应真诚地表现出对群众生命财产安全关注、关心的态度，建立亲和的公众形象。2011年温州“7·23”动车事故发生后的第二天晚上，原铁道部新闻发言人王某在温州举行的新闻发布会上被问到，为何救援宣告结束后，还发现一名生还儿童时，他说：“这只能说是生命的奇迹。”之后，在被问到，为何要掩埋车头，是不是要毁灭证据时，他说：“主要是便于抢险，目前他们的解释理由是这样，至于你信不信，反正我是信了。”王某的回答立即遭到舆论的拷问，并迅速成为网络流行语，被讥讽为“高铁体”，最后他本人也被免职。作为我国第一批新闻发言人之一，王某事后也进行了反思，认为当时时间太过紧急，自己对事件的情况了解得不够充分，应对不够冷静。这也启示我们，新闻发言人在会前一定要准备充分，认真做好功课，尽可能掌握有关情况，做到成竹在胸、沉着应对。其次，选好网络发言人。网络发言人制度是传统新闻发言人制度在互联网空间的延伸和拓展，是政府信息公开的一种新渠道和新方式，其背后是一个完整的团队和制度，涉及网络信息的收集、整理、汇报、交办、回应等环节，主要是有关部门针对网友的质疑，以实名方式进行直接和及时的解释与沟通。在国内，最早探索这方面应用的是贵阳市。2009年8月31日，贵阳市花溪区一铁路涵洞在施工时发生垮塌，导致2名工人失踪，5人受伤。这一事件经媒体报道并在各大网站转载后，引发众多网友对工程质量及政府行为的质疑。9月1日，贵阳市政府即以网络新闻发言人的名义在政府网站发出第一条信息，随后数天又陆续发出十余条信息，针对网友在一些网站论坛、社区内发帖提出的质疑，公布现场救援进展情况、垮塌工程业主和建设单位名称等。随着信息不断更新，争议开始逐步平息。后来云南、四川、广东等地也开始推行网络发言人制度，取得了良好效果。再次，由主要负责人出面。在地方发生公共危机事件时，主要负责人具有信息发布的权威者身份，因此不能躲在台后，应及时回应社会关切，如此既能够稳定公众情绪，又能树立负责任的良好形象，其作用是一般的新闻发言人不可替代的。比如，2003年非典时，王岐山同志是北京市代市长，在5月8日举行的新闻发布会上，他用事实说话，没有空话、套话，态度相当坦诚，语言掌握分寸，给公众留下了深刻印象，增强了人民群众对北京抗击非典的信心。最后，安排事件当事人出面。在公共危机中，处于事件中心的当事人的情况是媒体和公众关注的焦点。由当事人出席新闻发布会解释有关情况，更具有公信力，能起到以身说法、以正视听、消除杂音的效果。

第二十六策　止息讹言

我们改进和加强对外宣传，运用多种形式在国际舆论场及时发声，讲好中国抗疫故事，及时揭露一些别有用心的人污蔑抹黑、造谣生事的言行，为疫情防控营造了良好舆论氛围。[①]

——习近平

新冠肺炎疫情在全球范围暴发后，随之而来的还有“谣言疫情”。比如，2020年3月，社交网络上疯传有关“5G网络可能传播新冠病毒”的流言，导致英国伯明翰、利物浦、考文垂等地出现多起5G信号基站被人纵火烧毁，电信技术人员遭到民众辱骂威胁的事件。英国内阁大臣迈克尔·戈夫强烈谴责相关阴谋论非常危险。英国国家医疗服务体系（NHS）英格兰医疗总监斯蒂芬·鲍维斯也指出，这种说法没有任何科学依据，反而会破坏抗击疫情的努力。比如，因为在2015年的演讲中预见性地谈

① 2020年2月23日，习近平在统筹推进新冠肺炎疫情防控和经济社会发展工作部署会议上的讲话。

到了冠状病毒的暴发，比尔·盖茨成了美国国内新冠病毒阴谋论者的攻击目标，他们编造出了比尔·盖茨“用疫苗当幌子进行人体试验，从而净化人类”等荒诞不经的谣言，甚至在游行示威中高呼要求逮捕比尔·盖茨。在国内抗击疫情期间，也有一些类似“往鼻孔里抹香油可以预防新冠肺炎”“钟南山院士被感染”“10万人感染肺炎”等捕风捉影甚至无中生有的谣言。形形色色的谣言滋生、蔓延，不仅对全球抗疫产生干扰，还容易引起社会恐慌。正如世界卫生组织总干事谭德塞所说，假新闻比病毒传播得更快，谣言和虚假信息阻碍了国际社会对疫情作出反应。对此，世界卫生组织和各国通过组建谣言管理小组、在媒体上开设辟谣专栏、要求网络公司过滤虚假信息等方式对谣言进行打击控制。我国各级政府部门坚持综合施策，既加强宣传引导、精准辟谣，又重拳出击依法惩处、震慑造谣传谣行为，有力确保了社会秩序稳定和打赢抗疫阻击战。这也深刻地启示我们，谣言是与公共危机相伴相生的一大社会公害，必须高度重视，加强治理。

一、治国安邦不容忽视止息讹言

“止息讹言”一词，见于《汉书·王商传》一书中记载的王商止讹的故事。“建始三年秋，京师民无故相惊，言大水至，百姓奔走相蹂躏，老弱号呼，长安中大乱。天子亲御前殿，召公卿议。大将军凤以为太后与上及后宫可御船，令吏民上长安城以避水。群臣皆从凤议。左将军商独曰：‘自古无道之国，水犹不冒城郭。今政治和平，世无兵革，上下相安，何因当有大水一日暴至？此必讹言也，不宜令上城，重惊百姓。’上乃止。有顷，长安中稍定，问之，果讹言。”讲的是，汉成帝时期，民间出现洪水将淹没京城长安的谣言，老百姓恐慌奔走，互相踩踏。汉成帝与大臣们商量对策时，大将军王凤轻信谣言，提出让皇室转移到船上，让官民登上城楼来躲避洪水，得到群臣支持。但左将军王商却力排众议，认为根据地理知识和历史经验判断不会出现洪水淹城的情况，采取这样的应对措施只会使老百姓更加惊恐不安。最终汉成帝采纳了王商的建议，使谣言不攻自破，民心得到了安定，社会秩序也恢复了正常。“止息讹言”的意思是平息谣言。“讹言”即谣言，指没有事实根据的消息。其近义词有谣诼、流言、谰言等。所谓造谣，指为达到某种目的捏造消息、蛊惑群众。

谣言几乎伴随着人类的发展史。我国古代很早就注意到了谣言这一现象，并深刻认识到其危害性。《诗经》中说：“民之讹言，宁莫之惩。”就是说，对于民间的谣言，不可不进行惩治。《楚辞·离骚》中说：“众女嫉余之蛾眉兮，谣诼谓余以善淫。”屈原借美女自比，描述了小人因妒忌其贤能而造谣诬蔑他的遭遇。《战国策》中记载：“臣闻明主绝疑去谗，屏流言之迹，塞朋党之门。”《吕氏春秋·察传》中指出：“夫得言不可以不察，数传而白为黑，黑为白。故狗似玃，玃似母猴，母猴似人。人之与狗则远矣，此愚者之所以大过也。”意思是，对传闻不能不进行核实，否则经过辗转相传，白的成了黑的。因为长得类似，一只狗被传成了玃，后来玃又被传成了猴，猴又被传成了人，但人和狗的差别已经很远了，轻信谣言会导致愚蠢的人犯下大错误。古代还有很多描述谣言危害性的成语，比如飞短流长、众口铄金、以讹传讹、三人成虎等。古代思想家对如何对待讹言有着清醒而深刻的认识。荀子曰：“流丸止于瓯臾，流言止于知者……是非疑，则度之以远事，验之以近物，参之以平心，流言止焉，恶言死焉。”他认为谣言传到有见识的人那里就停止传播了。当有疑问时，用过去的事衡量，用眼前的事检验，用公正的心考察，那么流言蜚语就会止息了。孔子曰：“久不相见，闻流言不信。”说的是要理性看待流言蜚语，不能轻易相信。

从古代谣言的产生及造成的后果来看，当社会处于战乱、动荡、自然灾害等危机状态时，谣言容易盛行，其广泛传播后往往会造成百姓恐慌不安和社会秩序混乱，甚至造成政权的颠覆更迭。《旧唐书》中记载：“时百姓讹言硕真尝升天，犯其兵马者无不灭门，众皆凶惧。”意思是，唐代陈硕真举兵谋反时，其部下向百姓散布陈硕真有神灵庇佑的谣言，使老百姓甚至朝廷兵卒都非常畏惧。唐代出现“官取小儿埋明堂下，以为厌胜”的谣言后，“村野儿童藏于山谷，都城骚然”。宋代出现“传张角之术，善以妖幻惑人”的谣言后，“老幼东向，奔走道路，三日乃止”。历代的农民起义往往都是以谣言打头的。陈胜吴广起义就是巧妙地利用了谣言。他们派人在鱼肚子里塞进写有“大楚兴，陈胜王”的字条，使之在军队中传播，以此引导舆论、树立威信，拉开了中国历史上首次农民起义的大幕，推翻了曾经不可一世的秦王朝。元朝末年著名的红巾军起义，也是先编造了“石人一只眼，挑动黄河天下反”的谣言并四处传播，然后在河道内安排刻有类似字样的独眼石人让民工挖出，使民众议论纷纷、人心浮动，最终起义爆发。

由于谣言具有巨大的破坏性和影响力，因此古代的执政者和官员们历来都非常重视对其进行治理。唐太宗李世民对于京城出现的“官遣枨枨杀人”的谣言，采取“令通夜开诸坊门，宣旨慰谕”的措施以昭示官府的清白、安抚民心，最终使谣言“月余乃止”。唐敬宗李湛时期的浙西观察使李德裕面对因“圣水”谣言导致整个江南地区的老百姓纷纷前往亳州取水的混乱局面，采取了“速令填塞”水源的办法，从而有效地平息了地方骚乱。唐文宗李昂时期的宰相李石、大将军陈君尚面对民间兵变传闻造成的混乱局面，采取“坚坐镇之”“徐观其变”这种以静制动的措施，最终使社会恢复了安定。《宋史》中记载，宋代四川地区出现“白头翁午后食人儿女”的谣言后，成都知府张咏抓住“造讹者戮之，民遂帖息”，他因此总结出“止讹之术，在乎识断，不在乎厌胜也”的经验。这些古人止息讹言的智慧和实践经验对于今天我们进行公共危机治理依然具有深远的启示意义。

二、造谣传谣使公共危机治理面临困境

公共危机事件影响面广、持续时间长，具有不可预见性，且往往会对个体生命财产安全等造成损害或不利影响，因而极易引起公众高度重视。在面对突如其来的危机时，公众普遍缺乏足够的心理准备，容易产生不安全感和焦虑、恐慌情绪，对各种相关信息的敏感度高、需求量大，这些都给谣言的滋生、传播创造了条件。从现实来看，谣言和危机往往是一对相伴相随的孪生兄弟。

造谣、传谣，一方面会严重扰乱公众生活和社会正常秩序。公共危机事件往往涉及医疗卫生、气候地理、生物安全等诸多领域的专业知识，普通公众难以全面了解掌握，这使得其容易产生不知所措、盲目从众的心理。比如，非典期间，因谣言传说板蓝根能预防和治疗非典，在各地引发公众抢购热潮。2011 年日本大地震引发核泄漏后，社会传言补碘可以防止核辐射，导致美国、欧洲公众抢购碘制剂等。类似这样大规模集中抢购食品、药物等生活用品的行为会造成商品脱销，严重

影响消费市场，造成社会和市场经济秩序混乱。另一方面，会造成公众不满，降低政府公信力，可能导致发生更大的危机事件。在谣言出现以后，如果政府不及时采取相关措施制止谣言传播，或者通过有效渠道澄清谣言，就会使其无休止地蔓延、放大，公众将在谣言的影响下持续受到恐慌、沮丧、愤怒等负面情绪影响。当公众负面情绪积累到一定程度时，容易引发群体性事件，甚至使最初的谣言危机演变为公众与政府发生冲突的恶性事件。比如，贵州瓮安“6·28”事件的起因，就是女中学生李树芬的死亡。本来这是一起普通的溺水身亡事故，但因当地社会矛盾较多，老百姓对政府存在不满情绪，就产生了李树芬是被公安局局长儿子强奸后杀害的谣言，其发酵、传播，最终引发重大群体性事件。

三、坚决有效整治谣言

美国社会学家奥尔波特等在对第二次世界大战时期的谣言进行研究后，提出了一个著名的谣言公式：谣言的效应=（事件的）重要性 ×（信息的）模糊性。美国传播学者克罗斯将这一公式发展为谣言的效应=（事件的）重要性 ×（信息的）模糊性 ÷ 公众批判能力，认为谣言的能量有多大，既取决于真实信息的透明度，也取决于受众的判断水平。传播学理论还认为，信息管道如果不用官方和正规的信息填充满，空隙之处就会滋生谣言。英国危机公关专家里杰斯特提出了危机处理的3T原则：一是以我为主提供信息来源（tell your own tale），强调政府牢牢掌握信息发布的主动权；二是快速作出反应（tell it fast），强调危机处理时政府应该尽快发布信息；三是提供事件的全部信息（tell it all），强调信息发布应全面、真实。这些为我们在公共危机治理中阻止谣言滋生、传播提供了理论依据和方法路径。

危机处理的3T原则

一是建立预警监测机制。建立健全网络舆情监测技术平台，重点监测各类网络媒体关注度高、转发量大的社会热点事件，通过智能化的关键词过滤算法、追踪模型等信息技术，及时掌握社情民意和舆论动向，灵敏响应、分析研判可疑信息的性质及危害程度，提出有针对性的预警信息和处理对策，尽量将谣言扼杀在萌芽状态，避免其催生转化为公共危机事件。

二是抢占先机、权威辟谣。心理学上的首因效应理论提出，人们在接受信息的时候，会有先入为主的心理倾向，更容易接受最先得到的信息。就像在听歌时，人们往往会觉得原唱版本是最好的，翻唱不如原唱，而实际未必如此。这是因为人们先听到的是原唱，在心理上已经接受了这个版本。常言道，当真理还在穿鞋的时候，谣言已经跑到千里之外了。所以，在公共危机事件发生后，政府应尽快弄清事实真相，运用召开新闻发布会等方式，积极、主动、公开地回应谣言，说明事件真相，表明立场态度，并努力寻求相关领域影响力大、公信力高的机构和专家学者等第三方话语同盟的支持，用专业知识释疑解惑，有理有据地进行辟谣，以增强说服力，引导主流舆论，取得公众信任，从源头压缩谣言产生的空间与传播持续的时间，让真相走在谣言前面，把正确的信息传递给公众。网信办、网监等职能部门应积极运用官方微博、微信公众号、网络巡查执法账号、辟谣平台等发出权威声音，既帮助网民提升对谣言的核实能力，同时也有力地警示制作、发布谣言的网民。在瓮安“6·28”事件中，政府开始的时候没有及时澄清事件真相，打消公众疑虑，导致谣言传播愈演愈烈，最终引发了大规模群体性事件。后来，针对各种谣言，贵州省组织了一个由省内权威法医组成的专家组对李树芬进行了第三次解剖检验，再次确认是溺水身亡。由省专家组进行的鉴定具有客观中立、更具公信力的优势，符合第三方原则，对于澄清事实真相、化解公共危机起到了积极作用。

三是坚持以法治思维惩治谣言。习近平总书记2020年2月3日在中共中央政治局常务委员会会议上研究应对新型冠状病毒肺炎疫情时强调，要加强网络媒体管控，推动落实主体责任、主管责任、监管责任，对借机造谣滋事的，要依法打击处理。在应对这次新冠肺炎疫情的过程中，各级公安机关坚持以法律为武器，及时出手，快速查处了多起在网上散布疫情谣言案，追究了造谣传谣者的法律责任，净化了网络舆情环境，有力维护了公共秩序。在公共危机治理中，应加快细化完善相应的法律法规，对谣言的界定、编造及传播谣言行为的性质、责任认定、影响评估、损失赔偿等作出明确规定，使治理谣言做到有法可依、有章可循，增强执法的透明度和规范性。执法机关应认真履职尽责，以法律为准绳严格执法，对谣言的制造者、散布者，依法追究其相应的法律责任。同时，也应加强甄别分析，尊重客观事实，充分考虑信息发布者、传播者的动机，传播方式、后果等因素，科学准确评判其行为造成的社会危害，把握好时机、力度和方式、方法，不能不加分析地一棍子打死，确保惩罚不被滥用、错用。比如，贵阳市曾发生一起“市第一人民医院搬迁”谣言事件。2011年6月，一个叫“大隐隐于市”的网民在网上大肆发帖，声称“市一医将整体搬迁龙洞堡”“市一医医疗用地被违法变更为商业用地，卖给房地产开发商”等，完全扭曲事实真相。但是不少医院职工轻信谣言，上百名医护人员在医院门口聚集抗议，要“誓死保卫市一医”。事件发生后，该网民继续在网上煽动“市一医职工要坚持住，讲究战略战术，让党委、政府低头”，造成恶劣的社会影响。后经公安机关查明，此人是某公司工程师，在单位不得志，夫妻关系也不好，于是就在网络上发表言论，蛊惑煽动、造谣传谣，以此寻找一种“民意领袖”“网络领袖”的感觉。当时贵阳市果断采取法治手段，公安部门将其行政拘留10天。这是贵阳市第一例因网上造谣而被拘留的案例，起到了极大的警示作用，有效净化了当地网络空间。

四是善于运用现代大众传媒。在当代信息社会，电视、广播、互联网等各类大众传媒，特别是以微博、微信朋友圈、短视频网站等为代表的网络社交媒体，已成为公众获取和发布各种信息的主要渠道和重要平台，在反映和引导社会舆论、提高公共意识和强化公众认知等方面发挥着不可或缺的作用。在公共危机治理中，应善于运用这些渠道、平台及时、准确地进行信息的披露、解读，以此减少信息传递的中间环节，避免信息失真和谣言的产生及传播，防止某些别有用心的人为了博眼球、赚流量而故意歪曲事实，发布未经证实、耸人听闻的虚假信息，导致危机扩大，确保将社会舆论引导到有利于危机解决的轨道上来。

五是提升公众对谣言的“免疫力”。自媒体时代，“人人都有麦克风”，信息发布“零门槛”，转发快速便捷，这往往使普通民众无意间为谣言的扩散和蔓延推波助澜。因此，推动社会大众树立起“有责任的自由”观念十分必要。应大力开展科学普及、法律、心理学等方面的教育培训，提升公民的科学文化素质和信息筛选甄别能力，使其在面对公共危机事件时避免盲目恐慌，保持清醒头脑，科学防护应对，加强网上自律，不随意散布、转发未经权威机构和部门确认的信息，自觉抵制、及时举报谣言，做到不信谣、不传谣、不造谣。

第二十七策　活血化瘀

要高度重视化解可能出现的“疫后综合征”，继续做好治愈患者康复和心理疏导工作以及病亡者家属抚慰工作，妥善解决因疫利益受损群众的合理诉求。[①]

——习近平

2020年5月，正值美国面临新冠肺炎确诊病例激增的严峻形势之时，其国内发生了一起重大公共危机事件。5月25日，明尼苏达州一名非洲裔黑人男子乔治·弗洛伊德遭白人警察过度执法致死，引发全美多地爆发大规模抗议示威活动，一些地方甚至演变为打砸抢烧的暴力冲突和骚乱。据美国《纽约时报》报道，截至5月31日，全美超过70个城市爆发抗议活动，至少40个城市实施宵禁令，身处风暴中心的明尼苏达州州长蒂姆·沃尔兹下令全面动员国民警卫队以平息动乱，这在该州国民警卫

① 2020年5月24日，习近平在参加十三届全国人大三次会议湖北代表团审议时的讲话。

队164年历史上是从未有过的。究竟是什么点燃了美国民怨的火药桶？专家对此也进行了分析，认为这里面既有种族歧视、暴力执法、贫富差距及社会不公等因素，也与新冠肺炎疫情防控不力造成失业率高、民众情绪压抑有密切关系。弗洛伊德之死犹如导火索，点燃了缺乏社会保障的底层人群及失业者压抑已久的不满和愤怒，而美国总统特朗普处置危机的方式不是活血化瘀、调和矛盾、促进和解，而是用类似动用军队这样的强制措施，导致矛盾迅速升级、激化。反观我国，自新冠肺炎疫情发生以来，习近平总书记多次强调要全面加强对群众、一线医务人员等的心理疏导工作。2020年3月2日，习近平总书记在北京考察新冠肺炎防控科研攻关工作时指出，病人心理康复需要一个过程，很多隔离在家的群众时间长了会产生一些心理问题，病亡者家属也需要心理疏导，这个问题解决不好会带来社会稳定隐患。3月10日，习近平总书记在专赴湖北省武汉市考察疫情防控工作期间指出，“湖北和武汉等疫情严重地方的群众自我隔离了这么长时间，有些情绪宣泄，要理解、宽容、包容”，特别强调“要加强心理疏导和心理干预，尤其是要加强对患者及其家属、病亡者家属等的心理疏导工作”。5月24日，习近平总书记在参加十三届全国人大三次会议湖北代表团审议时再次强调，要高度重视化解可能出现的“疫后综合征”，继续做好治愈患者康复和心理疏导工作以及病亡者家属抚慰工作，妥善解决因疫利益受损群众的合理诉求。习近平总书记的亲切关怀如春风化雨、细致入微，回应了群众关切，化解了情绪堵点，强信心、暖人心、聚民心，为全党、全军、全国各族人民战胜疫情注入了强大的信心与力量。可见，在公共危机治理中关注群众心理健康、疏解情绪堵点十分重要。

一、活血化瘀是调节情绪和解决心理问题的千金妙方

“活血化瘀”是一个中医药方面的词语。中医理论强调，活血化瘀具有综合调理作用，可调理脏腑功能，疏通血脉，消除疼痛，使病变部位恢复正常。瘀的形成不是偶然的，而是有其致病机理的。瘀即阻、积、不通，不通的根本原因是血不活，所以要化瘀，要让血活起来。在现实生活中，活血化瘀也指理顺情绪、调节心理。

中国古代政治家重视通过化瘀来理顺情绪。汉高祖刘邦建立汉朝后，一口气封赏了二十多个功臣，剩下的没有受封的文臣武将们日夜争功，让他很是头疼。有一天，他在宫殿中远远看见一群武将坐在地上交头接耳，好像在议论什么，就问张良那些人在说什么。张良告诉刘邦，他们是在商量谋反。刘邦不信，张良就说，皇上登基后封亲信、杀仇人，现在武将们计算功劳，认为即使把天下的土地都划作封国也不够封赏，他们怀疑不能得到封赏，更担心因以前的过失被猜疑，甚至遭到诛杀，所以在那儿商量谋反。刘邦听后，为了化解武将们心头的疑虑和不满，大设宴席，将多次背叛过自己的雍齿封为什邡侯。宴席结束后，大臣们个个欢天喜地，觉得刘邦连昔日的仇人雍齿都能原谅，肯定不会怠慢自己，不再有谋反之心。刘邦通过化解大臣们的心头之瘀成功消除了一场执政危机。

中国共产党的一大政治优势和优良传统是善于通过做群众思想工作活血化瘀。1941年6月3日，陕甘宁边区政府在延安杨家岭小礼堂召开边区各县县长联席会议，讨论征粮工作和农民负担问题。当天下午正在开会的时候，突然风雨大作，一个炸雷击断了礼堂的一根木柱，坐在附近的延川县代县长李彩云不幸被雷电击中身亡。同一天，一个农民饲养

的一头驴也被雷电击中，死了。噩耗传开以后，人们议论纷纷。这个失去驴的农民逢人就说："老天爷不开眼，响雷把县长劈死了，为什么不劈死毛泽东？"保卫部门闻讯，要把这件事当作反革命事件来追查，逮捕这个"竟敢如此咒骂毛主席"的农民，并要公开处理，以惩一儆百。毛泽东同志从警卫员口中知道这件事以后，立即阻止了保卫部门的行动。他说："群众发牢骚，有意见，说明我们的政策和工作有毛病。不要一听到群众有议论，尤其是尖锐一点的议论，就去追查，就要立案，进行打击压制。这种做法实际上是软弱的表现，是神经衰弱的表现。我们共产党人无论如何不要造成同群众对立的局面。"这样语重心长的告诫至今仍振聋发聩，对于做好群众思想工作、化解人民内部矛盾具有重要指导意义。

二、公共危机状态下群众易产生各种心理瘀点

公共危机往往会造成巨大的人员伤亡和财产损失，给社会、生产、生活秩序带来较大的冲击和破坏，群众难免会产生焦虑、恐惧、愤怒、暴躁、抑郁、沮丧等负面情绪。世界卫生组织的调查显示，大型灾难发生后一年内，灾区超过20%的人可能出现严重的心理疾病，需要长期进行心理干预。在应对这次新冠肺炎疫情的过程中，英国慈善机构"再思考"心理疾病慈善会研究发现，在患有边缘型人格障碍和精神病等严重精神疾病的人群中，有80%的人认为，他们的心理健康状况受新冠肺炎疫情影响而恶化，28%的人自称症状严重恶化。具体而言，在公共危机状态下，人们在心理上容易产生以下瘀点。

一是质疑、不满。公共危机处置不到位，民众就会对政府的应对能力

提出质疑，对政府的信任度也会降低。比如，2011年3月11日，日本东北地区发生里氏9.0级特大地震并引发海啸，日本政府几乎将所有精力放在处置地震造成的福岛核泄漏危机上，忽略了赈灾的基本工作。日本《每日新闻》3月30日和31日对岩手、宫城、福岛三县29个避难所共7941名避难者进行问卷调查的结果显示，灾难发生20天后，仍然有55%的避难所“暖气不足”，“能供三顿热饭”的仅有34%。对此，一些日本民众对政府的应急处置能力提出质疑，认为政府与自卫队之间没有很好地协调合作，导致救灾物资输送不及时，并表达了强烈的不满。比如，2020年3月5日，中央指导组在武汉某小区考察新冠肺炎疫情防控工作时，有居民从家里的窗户向指导组喊“假的，假的”，以此反映社区物业假装让志愿者送菜、送肉给业主但实际工作不到位的情况。中央指导组当即要求省市领导深入了解情况，并指出群众有情绪很正常，这提醒我们社区群众基本生活保障工作还存在短板，要打通生活物资供应和社区服务的“最后一公里”，做好社区群众的心理疏导工作。

二是抑郁、焦虑。面对重大公共危机，民众通常会产生一种无力、无助感，情绪低落、没有食欲。有的人觉得灾难临头，活着没有意义，整天唉声叹气，甚至以泪洗面；有的人持续紧张不安、提心吊胆，感到焦虑、烦躁、无所适从。一项调查研究的结果显示，苏联切尔诺贝利核泄漏事故发生25年后，抑郁、焦虑、创伤后应激障碍等心理疾病仍困扰着诸多事故幸存者。据统计，2008年汶川地震发生6个月以后，青少年创伤后应激障碍发生率高达9.7%左右。许多救援官兵由于零距离目睹了灾难的惨烈场面，接触各种血肉模糊的伤员与尸体，身心均处于高度应激状态，出现了不同程度的睡眠障碍、抑郁、焦虑等。2020年6月，武汉市多位心理相关专业医生表示，近期的门诊患者大部分是因为受新冠肺炎疫情影响而产生了心理问题，患者主要有三类，分别是新冠肺炎康复患者及其家属、有过睡眠心理疾病史但未患新冠肺炎的患者和抗疫一线工作人员。许多新冠肺炎患者在治疗期间精神压力较大，或因被隔离留下了心理阴影，或出院后遭遇一些社会歧视、朋友疏远的现象，康复回家后仍然感到身体不适，会来到门诊反复倾诉心慌、胸闷、失眠等症状。

三是害怕、恐惧。出于对自身健康和安全的担心，在公共危机状态下，公众往往会产生不同程度的害怕、恐惧心理。在这次抗击新冠肺炎疫情过程中也有不少这样的例子。比如，有的人对自己任何不舒服的症状都极其敏感、恐惧，怀疑自己得病了。有的新冠肺炎患者治愈出院后，一直怀疑自己复阳，先后做核酸检测多次，即使每次都是阴性，仍无法走出内心的困扰，后经过药物治疗与心理疏导，才逐渐康复。比如，有的一线医护人员，每天要面对已确诊的新冠肺炎患者，一方面害怕自己、家人和同事被传染，另一方面也害怕看到病人离世。比如，有的其他疾病患者，由于过度恐惧而不敢前往医院，错过了最佳治疗时机，甚至付出了生命的代价。据媒体报道，英国一名19岁的女孩就因为疫情隔离在家，对未知的未来感到恐惧而选择自杀。意大利一名护士确诊后也因害怕传染给他人而自杀。

四是悲痛、愤怒。在公共危机事件中，一些民众很可能在毫无准备的情况下耳闻目睹亲人、朋友生命受到威胁甚至不幸离世的负面事件，这将会给他们带来巨大的心理创伤。在这次抗击新冠肺炎疫情的过程中，一些重症患者病情恶化较快，其家属可能因缺乏对疫情的认识而感到震惊和难以接受。而出于疫情防控需要，他们甚至不能举行仪式与逝去的亲人好好告别，失去亲人的哀伤无处安放。据媒体报道，2020年清明节前，某地殡仪馆外排起了长长的队伍，亲属们怀着无比悲痛的心情排队领取亲人的骨灰。队伍中没有哀声，也没有哭泣声，心理创伤之重，可想而知。心理学研究认为，悲痛的情绪如果得不到及时释放，就会逐渐转化为愤怒。在这种状态下，人的情绪容易变得悲愤和激动，甚至出现自残或者伤人这样的极端行为。

三、千方百计保障群众基本生活所需是首要任务

2005年，美国卡特里娜飓风发生一周后，受灾最严重的路易斯安那州新奥尔良地区仍有10万名被洪水围困的灾民在焦急等待救援人员的到来。他们忍受着酷热，处于无水、无粮、无药品和卫生设施的悲惨境地。一些不法之徒乘机作恶，哄抢、枪击和强奸案件像洪水一样在新奥尔良地区泛滥成灾，城市治安一片混乱。前文提到的日本大地震发生后，避难所内生活环境恶劣，寒冷、食品不足以及卫生条件恶化等令许多原来身体状况不佳的避难者死亡，教训惨痛。这些都启示我们，公共危机袭来之后，首先应想方设法保障群众的基本生活所需，只有民生稳，才能实现人心稳、社会稳，才能有效避免危机后次生灾害的发生。

首先，应安排好吃住。地震、火灾、海啸、泥石流、台风等重大公共危机事件往往会导致受灾群众家园被毁、生活无着落。因此，在危机事件发生后，安排好吃住是安抚民心的首要任务。应加强食物、饮用水等基本生活物资保障，通过提供帐篷、衣服、被褥以及入住临时安置点、投亲靠友等方式保障群众基本的住宿和防寒保暖需求，确保其不挨饿、不受冻。特别是对孤寡老人、困难儿童、特困人员、残疾人等特殊群体，应组织基层干部、志愿者、爱心人士实施对口帮扶，坚决防止因吃住等基本保障缺失而使受灾群众出现伤亡的情况发生。其次，打通“堵点”，保障物资调

运畅通。促进采购主体与产区有效精准对接，强化物资组织调运，保障米面粮油、肉禽蛋奶、蔬菜水果等生活必需品正常供应，确保不缺货、不断档。最后，运用现代科技手段。鼓励农产品线上销售，建立农产品“保供、稳价、安心”网络平台，采用送货机器人、无人车、超级云仓等智慧物流设备和“线上下单+社区团购+配送到小区”等新的方式方法。

四、理解情绪宣泄，构筑社会安全阀

安全阀理论认为社会应该保持开放、灵活和包容的状态，通过可控、合法的制度化机制，使各种社会紧张情绪得以释放，民众诉求得以回应，冲突矛盾得以消解。好比锅炉上的安全阀一样，通过它可以使超过压力的蒸汽不断排出去，从而不破坏整个锅炉的结构。

在这次新冠肺炎疫情防控工作中，党中央对李文亮医生去世引发重大舆情风波的英明处置就充分体现了宽容民众宣泄情绪的科学理念，是运用安全阀理论应对危机的一次成功实践。李文亮医生是最早对新冠肺炎疫情发出预警的“吹哨人”之一，他因此被公安机关训诫，还作了检讨。后来又不幸染上了新冠肺炎，住进了医院。2月6日晚上，他病情恶化，2月7日逝世。这个消息传出后，很多老百姓的心情非常悲痛，在网络上迅速引爆了舆论，网络上讨论此事的流量达到几十亿之多。对网络上铺天盖地的帖子，包括一些言语过激的文章，有关部门没有进行删帖处理，就是让老百姓发声宣泄情绪。并且，仅仅几个小时后，中央权威媒体就发布了“经中央批准，国家监察委员会决定派出调查组赴湖北省武汉市，就群众反映的涉及李文亮医生的有关问题作全面调查”的消息，国家监察委员会调查组随即赶赴武汉开展全面调查。3月19日晚，国家监察委员会调查组公布《关于群众反映的涉及李文亮医生有关情况调查的通报》，武汉警方同步决定撤销对李文亮医生的训诫书，并向其家属致歉，对李文亮医生被训诫一案的相关责任人作出处理。党中央果断有力的举措，顺应了民情民意，引导公众释放了负面情绪，成功地化解了一次重大公共危机，可以说是教科书式的处置方式。

2008年8月25日，贵阳市白云区麦架镇马堰村数百名村民集体到市委上访，要求解决该村采矿纠纷。一些村民在市委大楼门口和保安发生争吵、互相推搡，甚至拿出木棒、扁担准备冲击市委大楼，冲突一触即发，形势非常紧急。面对这起突发的群体性事件，市委负责同志马上出面亲自接待群众，引导大家到会议室坐下来，并安排工作人员立即给村民送上矿泉水。这一个细微的举动让在酷暑下走了三四个小时的路，心里满腔怒气的村民一下子气消了大半。随后，在和村民代表座谈的过程中，这位领导同志了解到，村民之所以反对开矿，是因为担心开矿影响到该村的水源、农田、生态等，但向基层政府反映多次都没有回音，开矿工程仍在照常进行，这导致村民们的疑虑、不满情绪日益高涨，最终决定集体上访。这位领导同志当即指示立即停止开矿工程，并表示以后马堰村能不能开矿，要以村民的意愿和利益为最高准则。耐心倾听群众诉求，及时回应关切，出实招化解矛盾……这些使村民们积压已久的负面情绪得到了有效释放，避免了危机发酵升级。这些生动的案例启示我们，在面对公共危机时，应加强心理疏导，及时有效地活血，化解瘀点，切实构筑起社会安全阀。

一是畅通情绪表达渠道。应使各类社会主体能够及时、顺畅地表达其意见和声音，并通过民主协商等方式及时化解矛盾纠纷，使群众的怨气、不满和愤怒的情绪得到合理宣泄。特别是应注重倾听弱势群体的利益诉求，让处于社会底层的人们能够有效发出自己的呼声，舒缓情绪压力，把矛盾控制在一定范围内并及时化解。

二是精准识别不同群体的心理状况。在公共危机事件中，处于“暴风眼”的直接受害者和幸存者、医护人员、官兵、志愿者、新闻媒体工作者和其他的社会公众等不同群体会表现出不同的心理反应，受创的严重程度也各不相同。因此，应充分认识公共危机引发的差异化心理问题，分类进行精准的心理疏导和干预，做到“一把钥匙开一把锁”。比如，对公共卫生事件中的患者及家属，应提供心理抚慰、精神慰藉、社会融入等服务，引导社区居民正确对待，避免歧视；对公共危机事件中的受难者家属，应引导其借助哀悼仪式等宣泄哀伤情绪，尽快恢复正常生活；对参加一线救援的医护人员、官兵等应开展心理健康评估，提供个体心理咨询，组织创伤后应激障碍的团体治疗等。

三是广泛普及危机防控相关知识。公共危机发生后，一些人出现不同程度的担心、焦虑和不安，这些都是正常的应激反应。但也有一些人缺乏常识，听信传言、谣言，产生过度恐慌情绪。因此，应加快探索在社区基层建立以预防、预测为主的心理健康工作机制，利用报纸、广播、电视、微博、微信等平台主动发布危机防控工作动态，或者邀请相关专业人员进行宣讲、释疑解惑，多措并举普及科学防护知识，引导人们正确理性看待危机，增强自我防范意识和防护能力，凝聚群防群控的社会共识，坚定战胜危机的信心和决心。

四是加快建立专业的心理危机干预队伍。公共危机应对中的心理疏导和干预并非一般的心理辅导，需要掌握心理学的专业知识，具有丰富的临床经验，否则不但不能对人们进行有效的心理干预，反而容易造成二次伤害。因此，建立一支专业的心理危机干预队伍十分必要。应加强心理知识普及、心理咨询、心理治疗等专业人员甚至精神病医生的储备，确保危机发生后有足够的人手开展不同内容的心理援助工作。比如，在危机发生前开展预防性心理干预，加强对社会公众的心理健康教育；在危机发生后，心理干预队伍应及时和救援人员一起到达现场，对有需求的人开展心理救助服务，帮助人们走出情绪、行为、认知困境，学会自我减压，增强自愈能力。

五是培育积极健康的心态。良好的社会心理和社会心态是战胜公共危机的“稳压器”。面对危机，积极乐观的情绪、健康向上的心态、理性平和的心理也是一种强大的“免疫力”。从个人层面来说，应保持理性，对危机有科学认知，积极做好个人防护，不偏听偏信、不盲从跟风、不信谣传谣；从社会层面来说，应培养积极健康的社会心态，倡导科学文明的生活方式，形成强信心、暖人心、聚民心的社会氛围；从国家层面来说，应开展专业有效的心理干预和人文关怀，帮助人民群众提高文明素质和自我保护能力。

第二十八策　扶危济困

守望相助、扶危济困是中华民族的传统美德。要研究借鉴其他国家成功做法，创新我国慈善事业制度，动员全社会力量广泛参与扶贫事业，鼓励支持各类企业、社会组织、个人参与脱贫攻坚。[①]

——习近平

2020年新冠肺炎疫情发生早期，媒体上出现了一些消息，如“脑瘫患儿因父亲被隔离独自在家死亡”“5岁孩子独自与爷爷的尸体共处数日”“武汉外地人因‘封城’被困，露宿街头靠捡食剩饭为生”……这些消息让人看了心情很沉重。党中央、国务院高度重视对弱势群体的关心关爱，民政部专门安排部署因疫情影响造成监护缺失的儿童救护救助工作，各地对在家隔离的孤寡老人、一时无法返院的老人、留守老人、留守儿童、社会散居孤儿、困境儿童等特殊群体进行摸底，认真组织走访探视，提供必要帮助，坚决避免类似事件再次发生。这些温暖之举使人

① 2015年11月27日，习近平在中央扶贫开发工作会议上的讲话。

们深切地感受到，在公共危机治理中做好精神抚慰、帮扶救济的重要性。

一、扶危济困是中华民族的传统美德

“扶危济困”一词，见于施耐庵《水浒全传》第五十五回“素知将军仗义行仁，扶危济困，不想果然如此义气”，意思是对处境危急、困难的人给以救济帮助。近义词有仗义疏财、扶弱抑强等。

对中国传统文化进行梳理可以发现，扶危济困有其深厚的思想文化渊源，在很多典籍中都有相关论述。《周礼·地官》中记载，周王设立地官司徒一职，主要职责是关爱儿童、关爱老人、救济穷困、抚恤贫苦、优待残疾等。中国古代儒、道、墨诸家均有相关论述或主张。孔子说“仁者爱人”，老子讲“天之道，损有余而补不足”，墨子主张“有力者疾以助人，有财者勉以分人，有道者劝以教人”，《孟子·梁惠王上》中讲“老吾老，以及人之老；幼吾幼，以及人之幼”。而且，中华民族的血液里面流淌着一种侠义精神、一种侠客情结。这种侠义精神最突出的表现就是见义勇为、扶危济困、扶弱抑强、急人之所急、救人于危难，“路见不平一声吼，该出手时就出手”。侠义精神，通常指的是英雄个体救助困难群体。其实，一个国家、一个民族也需要侠义精神。放大了的侠义精神，就是民间力量对国家和社会的一种责任和态度，正所谓“为国为民，侠之大者”。

在古代，扶危济困的典型故事随处可见，千古传诵。早在春秋战国时期，商汤、周文王就采取慈善救济措施关心爱护鳏、寡、孤、独等人群。《左传·哀公元年》记载，春秋五霸之一的吴王阖闾，每次发生天灾瘟疫后都会亲临灾区，看望民众，安抚孤寡，资助贫困。北宋范仲淹在其晚年，用自己的余财在家乡买了一千多亩良田，成立了范氏义庄，由范氏族人共有共管，用来养育救济本家族的人，使他们衣食无忧，遇有嫁女、娶妻、生病、丧葬等困难，都予以资助。在民间层面，自春秋战国时期起，就有老百姓直接在路边给需要救助者提供饭食的“施粥”善举。北魏太和七年，冀州和定州闹饥荒，地方贤良人士“为粥于路以食之”，此举救活了数十万人。南北朝时期的民间慈善活动更为活跃，当时最著名的慈善家之一、南朝齐竟陵王萧子良经常开仓赈灾，《南史·齐文惠皇太子传》记载，他还与文惠皇太子萧长懋一起，创办了六疾馆，专门救治帮扶看不起病的贫困百姓。可以说，对中华民族来讲，扶危济困早已成为民族优秀精神基因的重要组成部分。

二、不可对扶危济困掉以轻心

通常来说，危机发生后，有两类人的处境会变得艰难。一类是本来生活正常的群体，平时不愁吃、不愁穿、不愁住，但是灾难突然来临，身陷危境、生活窘迫。另一类是本来生活就比较困难、需要救助的弱势群体，一旦灾难来临，就会危上加危、雪上加霜。这两类群体叠加之后，使得危机中的困难群体数量极大地增加，扶危济困因而具有更为迫切的现实需要。实践证明，老、弱、病、残、穷等弱势人群往往是遭受危机冲击和伤害最大的群体。比如，1995年芝加哥高温天气造成5天时间内死亡人数达到700多人。据事后统计，这些遇难者中，大部分是穷人、病人和老年人，73%的遇难者年龄超过65岁；65岁至74岁的老年人中，每10万人中就有75人死于高温天气，而85岁以上的老年人中，这个数字上升到300人。在2020年新冠肺炎疫情危机中，纽约确诊病例最多的并不是人口密集的曼哈顿地区，而是布鲁克林东南部、皇后区等社会经济条件较差、贫困人口较多的地区，这些地方医疗卫生条件差，而且人们因为生活所迫，不得不出门工作，加大了感染疾病的概率。

扶危济困是现代国家履行义务的基本要求。《世界人权宣言》规定：每个人都享有维护相当生活水准的权利，即人人有权享受为维持本人和家属的健康和福利所需的生活水准，包括食物、衣着、住房、医疗和必要的社会服务；在遭到失业、疾病、残废、守寡、衰老或在其他不能控制的情况下丧失谋生能力时，有权享受保障。对于现代国家而言，政府在保障公民生存权方面有不可推卸的义务。在我国，这一权利主要指失业救济权、医疗保险、伤残保险和最低生活保障权，这些是公民生存权的底线和核心。与这一权利相对应的是国家的义务，即任何公民在通过自己的能力不能维持相当的生活水准，或者通过自己的能力无法改变现有不利的生存环境和条件时，国家有给予其特殊照顾或帮助的义务。每一次公共危机来临，社会弱势群体面临着比其他群体更大的威胁，国家应采取有力措施履行义务，优先保障老、弱、病、残、穷等社会弱势群体的基本生活需求。

扶危济困是社会文明程度的重要体现。一个社会的文明程度，取决于它对待弱势群体的态度。汶川地震发生后，大批志愿者从全国各地奔赴灾区，第一时间对被困人员进行施救，组建心理疏导站、避难所，腾出个人房屋安置灾民。2020年新冠肺炎疫情暴发后，各地民政部门和救助机构及时开辟临时救助安置场所，放宽救助条件，延长救助期限，为困难群众提供临时食宿等救助服务。浙江杭州、广西南宁、安徽蚌埠等地的救助管理机构还为受助人员介绍工作，甚至在救助站里办起了小型就业招聘会。全国各地的志愿者、爱心人士为贫困户等困难群体捐款捐物，定期为孤寡老人、空巢老人、失独家庭等弱势群体配送生活物资……这些暖心行动、凡人善举既有力弘扬了中华民族的传统美德，也体现出我国社会文明程度不断提升。

扶危济困是危机得到有效处置的一个标志。一般来说，公共危机会以其突发性和巨大的冲击力使社会组织赖以运转的结构和机制遭受严重破坏，社会秩序趋于瘫痪和混乱，社会成员的生命财产安全遭到巨大威胁和惨重损失。在这种情况下，政府必须迅速作出决策，采取有力措施，争取在最短时间内控制住局势，把危机造成的破坏和损失降至最低，紧接着千方百计开展灾后恢复重建工作。然而，无论是哪一个环节，都需要花大量的时间去组织实施。危机处置不是短期行为，对弱势群体的帮扶和救济更是一个长期的过程。处于危困中的弱势群体得到了帮助和救济是危机得到有效处置的重要标志。比如，地震发生后，应立即设法提供帐篷，征用体育馆等公共场所让受灾群众有栖身之地，不用四处流浪；应调配食品、衣物等日常生活物资，确保受灾群众不会受冻挨饿。把受灾群众妥善安置好以后，就应开始着手重建家园，帮助他们恢复正常的生产生活秩序。

三、政府、社会组织、个体三方齐发力

公共危机治理是政府组织和社会力量共同应对的全面系统过程，特别是扶危济困需要政府、社会组织、民众共同发力、相互协作，方能共克时艰、共渡难关。

一是强化政府的主导作用。体制机制层面，应明确弱势群体救助的主体责任，强化指挥统筹和资源调配，制定相关应急预案，确保危机来

临时各项救助工作有力、有序开展；及时通过报纸、电视、网络等媒介发布信息，让弱势群体了解救助方式、救助地点、如何得到有效救助等信息；通过社会政策的制定与实施，使救济、解困、再就业等工作常态化、制度化。具体救济过程中，应严格监督救助资金和物资发放，避免受益主体资源空缺，并根据各群体的受灾程度、需求差异等实际情况有差别地分类救助，使其身体、心理及生产能力迅速得到恢复；设立弱势群体救助中心，为弱势群体提供寻求帮助的地点，尤其要对那些无单位、无固定居所的社会底层民众提供援助。

二是发挥社会组织的补充作用。社会组织特有的公益性、专业性、民间性、灵活性使其能够协助政府及时进行广泛的社会动员和救助，在一定程度上填补了政府力量不足留下的“真空地带”。近年来，社会组织作为新型社会力量，已经越来越广泛地参与到公共危机的治理当中。比如，2002年6月，我国发生严重水灾，社会各界纷纷捐款捐物予以救助。应充分发挥社会组织的公益性。积极为社会组织履行帮扶社会弱势群体的职责使命创造有利条件，推动社会组织聚焦主业，从物质和精神两个层面支持、帮助和救济身处危机中的孤寡老人、儿童、残疾人等困难群体，帮助群众解决实际困难。应充分发挥社会组织的专业性。大多数社会组织在成立之初就将自己的目标定得非常具体，长期关注某类社会问题或救助某些弱势群体，其成员也大多是根据自己的目标设定标准，有针对性地吸纳，专业特色鲜明。要善于借助其拥有的专业知识、专业技能以及专业行动为弱势群体提供专业、理性的政策建议和专业服务。应充分发挥社会组织的民间性。利用社会组织群众基础广泛、管理维度较为宽广等优势，将社会中的闲置力量通过各种形式加以整合，努力形成有效应对危机的强大合力。同时，鼓励各种民间团体设立基金会，发展专门为弱势群体提供支持、保护和服务的慈善机构等。应充分发挥社会组织的灵活性。鼓励支持社会组织根据各种既定的条件来确定自己的救助方案、策略和计划，灵活调整工作内容和工作方式，以便及时、快速地对公共危机作出反应。

三是弘扬个体的侠义精神。较之于各种机制性救助力量，个体救助方式更加灵活，更加快速高效，针对性更强，能及时弥补机制性救助的缺漏和不足。一方面，应通过多种途径激发公众的恻隐之心，激励公众发扬乐善好施的传统美德，推动社会个体出钱出力，积极投身到救助的队伍中来，壮大个体救助的力量。另一方面，应大力弘扬新时代的侠义精神。据报道，金庸在深圳演讲谈及“当代人最需要继承和提高的是什么”时说：“现在最缺乏的就是‘侠义’二字。中央电视台做‘感动中国’的专题节目，要我推荐‘感动中国’的年度人选，我选择的人物都是有侠义精神的人。现在中国最缺乏的就是侠义精神。”曾经有过一段时间，“扶不扶”“救不救”等问题成为了困扰社会公众的两难选择。2020年，十三届全国人大三次会议表决通过的《中华人民共和国民法典》解决了这个问题。《中华人民共和国民法典》规定，因自愿实施紧急救助行为造成受助人损害的，救助人不承担民事责任。这从法律上明确了侵权人和受益人各自的责任，同时也明确了见义勇为者依法不承担民事责任，有助于杜绝“英雄流血又流泪”现象的发生。应通过多种方式，培育和倡导侠义精神，营造良好氛围，使侠肝义胆、扶危济困、乐善好施在全社会蔚然成风。

第二十九策　引咎自责

“君子之过也，如日月之食焉：过也，人皆见之；更也，人皆仰之。”敢于直面问题、勇于修正错误，是我们党的显著特点和优势。列宁说过：“公开承认错误，揭露犯错误的原因，分析产生错误的环境，仔细讨论改正错误的方法——这才是一个郑重的党的标志。”强大的政党是在自我革命中锻造出来的。回顾党的历史，我们党总是在推动社会革命的同时，勇于推动自我革命，始终坚持真理、修正错误，敢于正视问题、克服缺点，勇于刮骨疗毒、去腐生肌。正因为我们党始终坚持这样做，才能够在危难之际绝处逢生、失误之后拨乱反正，成为永远打不倒、压不垮的马克思主义政党。[①]

——习近平

新冠肺炎是一种新发的传染性疾病，人类对它的认识还很有限。面对突如其来的疫情，其应对的复杂性、高风险性都远远超过以往的公共

① 2020年1月8日，习近平在“不忘初心、牢记使命”主题教育总结大会上的讲话。

卫生事件，政府特别是基层政府部门、领导干部在千头万绪、繁重复杂的防控工作中，也不可避免地出现了一些失误甚至错误。疫情暴发初期，有的地方政府反应迟缓、武汉市武昌区转运重症病人组织混乱、黄冈市卫健委主任对疫情防控情况一问三不知等事件都成为引发公众质疑、舆论热议的焦点。对此，有关领导干部直面问题，没有逃避、遮掩，而是真诚地向公众道歉，表达了内疚自责的心情，并迅速用改进工作、转变作风等实际行动弥补过失，努力争取群众谅解，有效扭转了被动局面，形成了凝心聚力共同战疫的良好氛围。这些都启示我们，应对公共危机，犯错并不可怕，重要的是勇于承认错误，做到及时补救。

一、引咎自责在古代治国理政中发挥了重要作用

“引咎自责”一词，见于《晋书·庾亮传》“亮甚惧，及见侃，引咎自责，风止可观”，意思是主动承担错误的责任并作自我批评。“引”和“自”表明这一行为是当事人主动、自发进行的，体现了中国传统文化中的责己思想。儒家文化推崇克己复礼，要求人随时自察过失而严格约束自我。孔子在《论语》中强调“躬自厚而薄责于人”，主张多责备自己少责备别人。孟子主张“反求诸己”。宋代理学家朱熹在《朱子语类》中写道：“罪己责躬不可无。”宋代诗人林逋的《省心录》中说：“以责人之心责己则寡过，以恕己之心恕人则全交。”清代文学评论家王永彬在《围炉夜话》中写道：“但责己，不责人，此远怨之道也。”这些论述都强调，君子要严于律己，经常检讨自己的过错。类似的成语有引咎责躬、负罪引慝、反求诸己、负荆请罪、登门谢罪等。

在我国历朝历代治国理政的实践中，逐渐形成了具有特色的“罪

己”政治文化，这是古代官员官德的重要体现。廉颇负荆请罪、曹操马踏麦田割发代首、诸葛亮失街亭挥泪斩马谡并自贬三级等主动自责的典故广为流传。古代官员引咎自责往往与自然灾害等公共危机密切相关。我国古人相信“天人感应”之说，认为自然灾害的发生与执政者的过失有关，是上天的警告与惩罚。西汉董仲舒在《天人三策》中提出：“国家将有失道之败，而天乃先出灾害以谴告之。”《尚书·洪范》中记载：“大臣不肃，则雨不时若。”因此，当天灾降临时，政府官员首先要进行自我检讨、自我谴责。《资治通鉴》中记载：“（汉元帝永光元年）九月，陨霜杀稼，天下大饥。丞相于定国，大司马、车骑将军史高，御史大夫薛广德，俱以灾异乞骸骨。赐安车、驷马、黄金六十斤，罢。”说的是汉元帝时期，因为未到降霜时节而严霜普降，致使成片的庄稼枯死，全国各地发生饥荒，身负辅佐重任的丞相、大司马、御史大夫悉数引咎辞职。《旧唐书》中记载：“（永徽）三年春正月癸亥，以去秋至于是月不雨，上避正殿，降天下死罪及流罪递减一等，徒以下咸宥之……丙寅，太尉、赵国公无忌以旱请逊位，不许。”说的是唐高宗时期，由于发生旱灾，太尉长孙无忌提出引咎辞职，“避位以禳灾”。宋孝宗年间，衡州、泸州、泉州、严州、鄂州、合州、温州与临安府等地先后发生火灾，结果“逐州守臣自劾，并放罢”。这几个地方的知州（知府）都在火灾之后上书自我检讨，引咎辞职，随后他们的职务也被罢免。宋仁宗时期，出现“冬雷、地震”等自然灾害，流民大量涌现。宰相王随、陈尧佐，参知政事韩亿、石立中四人上书谢罪，并援引汉代旧例（即一旦出现重大灾异罢免司徒、司空、司马“三公”的职务）请求辞职，宋仁宗最终同意。总体上看，古代各级官员引咎自责的事例体现了他们自律自责、勇于担当、发奋图治的精神，这对平复民怨、凝聚人心、化解危机起到了积极作用。

二、引咎自责是化解危机的有效策略

在公共危机治理中，政府组织及官员应责无旁贷地承担主体责任。一方面，从公共危机的产生看，一些政府官员的失职渎职甚至贪污腐败等行为往往就是引发公共危机的直接原因。另一方面，当危机发生后，政府官员往往需要在短时间内依靠有限的信息作出重大判断，有时面对的事件前所未有，没有历史经验可遵循，认清其性质需要一定的过程，在这样的高难度、高压力状态下，出现一些决策偏差和失误在所难免。在这种情况下，他们引咎自责，向外界展现勇于负责、敢于担当、主动纠错、改进工作的积极态度，有利于疏解公众的失望、不满、怀疑等情绪，缓和社会矛盾，挽回政府受损的形象和公信力，为处理危机赢得机会和时间，甚至可以直接化解危机。

在公共危机发生后，通过道歉、主动辞职等方式引咎自责，已成为中西方公共危机治理中广泛采用的一种处理策略。2009年5月，为了拍摄总统专机飞过纽约曼哈顿自由女神像的照片以更新图库，白宫军事办公室批准出动总统专机和一架F-16战斗机执行拍摄任务。两架飞机在半小时内环绕自由女神像、世贸大楼遗址和曼哈顿多座建筑超低空飞行。由于没有事先告知公众和纽约政府官员，大批民众误以为“9·11”恐怖袭击即将重演而恐慌不已。得知真相后，纽约民众非常愤怒。白宫在第一时间发表致歉声明，白宫军事办公室主任路易斯·卡尔德拉因存在明显疏忽而引咎辞职。2014年，韩国载有476人的“岁月”号客轮在海上意外进水并最终沉没，仅有174人获救，引发社会各界对政府救援行动迟缓、救援措施不力的普遍质疑。韩国总理郑烘原在事件发生11天后召开紧急发布会，承认政府在事先预防和事后救援方面存在疏漏，表示对此事件负责，并宣布引咎辞职。我国也有因重大公共危机事件而引咎辞职的典型案例。2003年4月，孟学农任北京市市长仅3个月，因防控非典不力引咎辞职；5年后，他在山西担任省长一职时，又因为襄汾县发生尾矿库溃坝事故再次引咎辞职。

及时诚恳地引咎自责在公共危机治理中能发挥有效作用。比如，2001年11月25日，陕西省白水县西固镇收税干部与器休村一户农民因交税纠纷发生冲突。当晚，镇派出所警察强行将4个农民抓走。数百名群众闻讯后赶到镇政府，冲击派出所，酿成影响恶劣的“11·25”事件。此后，西固镇曾先后两次派干部前往器休村试图处理此事，但群众对立情绪很重，干部“无功而返”。在这种情况下，县委常委、组织部长马银录带领工作组通过驻村走访，查明了近年来该地一些基层干部存在作风粗暴、打骂群众、吃拿卡要等严重问题。马银录在村民大会上引咎自责，坦言这些问题县、镇、村党员干部都有责任，表示谁有责任谁承担、谁有问题谁检查，要登门向群众道歉，对不承认问题、不登门道歉的，要严肃处理。之后，西固镇党委书记、镇长、副镇长以及农税所7名干部逐户向近年来在征税过程中受到伤害的群众真诚赔礼道歉，得到了群众谅解，圆满解决了这场危机。比如，在2017年海南省万宁市新中农场因垃圾焚烧发电厂选址引发的群体性事件中，警车被烧，群众和警察均有受伤。其引爆点就是派出所所长打了散发传单的女孩两耳光。省委领导在处置这起事件时，要求省公安厅的领导带着派出所所长登门道歉，最终取得了当事人的谅解，促进了危机的化解。

相反，如果引咎自责迟缓，则很可能使公共危机进一步发酵，引发更为严重的后果。2000年7月，台湾嘉义县山洪突发，正在当地八掌溪加固河道的工人被洪水围困。赶往现场救援的消防人员因水势凶猛无法靠近，打电话向上级主管部门及军、警方求援，一直没有得到回应。最后，现场的受困者家属、群众和媒体记者眼睁睁看着4名受困者被山洪卷走。这一惨剧经电视直播迅速传遍台湾，但当局负责人和众多主管人员第二天才表态表示“震惊”，各部门对没有及时出动救援互相推诿，社会各界纷纷痛批当局无能。迫于压力，当局负责人公开道歉，多名官员提出辞职，但仍未有效平息事件带来的巨大冲击。

三、引咎自责体现担当、赢得民心

趋利避害是人的本能，官员这个群体也不例外。从实践来看，公共危机治理的内容多为急难险重任务，面对的风险性和不确定性大，在处置时犯错的概率要大大高于其他工作领域。如果单纯以民意压力、危机造成的损失等为依据对官员进行事后问责追责，很可能会导致部分官员为规避对自身利益造成的影响，在公共危机发生前，以“不出事”为原则在公共危机酝酿积聚时采取权宜式的处理策略，试图通过拖延时间来化解危机，结果造成“小事拖大、大事拖炸”，在公共危机暴发后，试图通过捂着盖着、欺上瞒下等办法掩盖事件真相，或是产生鸵鸟心态，畏首畏尾、瞻前顾后，不敢果断决策，导致错失处置时机，这些无疑都不利于及时有效地治理公共危机。如何鼓励、引导官员更好地引咎自责，在公共危机治理中积极作为，打造负责任的政府形象？借鉴国内外经验，可以尝试从以下三个方面入手。

一是真诚道歉。官员道歉行为本质上是一种政府道歉行为，相对于一般道歉来讲，涉及的主体、事由、对象、目的等都有所不同。应深刻认识、准确把握其内涵和特点，在学习研究国内外政府道歉正、反面案例的基础上，认真总结经验规律，综合考量危机形势、公众反应、舆论强度、事件性质、受害群体特征等因素，合理确定道歉的责任主体、时机和方式、方法等。在态度上，应做到实事求是、以诚动人，展现敢于接受批评的胸怀和严于律己的作风；在行动上，应反应快速，全面掌握舆情民意，找准矛盾和争议焦点，及时进行有针对性的沟通回应，努力疏怨气、解心结；在程序上，应包括示悔意、担责任、表决心、做补救等步骤，不能只知错认错却不改错纠错；在方法上，应与时俱进，充分利用政府官网、微博、微信公众号等网络媒体和公共社交平台，提升道歉行为的传播时效和覆盖率，在道歉实施后，发挥网络媒体和公共社交平台互动性强的优势，持续跟踪、评估公众反应和道歉效果，以便有的放矢地进行下一步危机应对。

二是主动辞职。引咎辞职是官员自责的最严厉形式。当在公共危机治理中出现不称职或严重违背民意的行为，通过道歉也难以得到公众谅解时，相关负责人就应该主动提出辞职。我国对公务员引咎辞职有明确规定。《党政领导干部辞职暂行规定》详细列举了九种应该引咎辞职的情形，其中包括因失职引发群体性事件，在处理群体性事件、抗灾救灾、防治疫情等方面存在严重失职造成重大损失或恶劣影响等情形。《中华人民共和国公务员法》规定，领导成员因工作严重失误、失职造成重大损失或者恶劣社会影响的，或者对重大事故负有领导责任的，应当引咎辞去领导职务。应当引咎辞职但本人不提出辞职的，应当责令其辞去领导职务。2016年，山东济南非法经营疫苗系列案件发生后，国务院专门修改了《疫苗流通和预防接种管理条例》，里面特别增加了地方政府及监管部门主要负责人应当引咎辞职的规定，并完善了与刑事责任的衔接。但从现实来看，这些年来，领导干部因公共危机事件主动选择引咎辞职的案例不多。之所以引咎辞职如此“稀奇”，很重要的一个原因是长期以来受到官本位思想影响。在很多人看来，主动辞职、放弃官员身份会让人脸上无光，十分丢脸，加上对辞职造成的后果难以把握，所以除非被动“受罚”，否则不轻易放弃官位。其实，主动辞职体现的是一种勇于直面错误的坦荡胸怀和敢于担责、主动改过的积极态度。在公共危机治理中，为了让引咎辞职制度真正起到既教育本人，又警示他人的实际作用，还需要不断完善各项规章制度，特别是明晰不同部门、不同层级的公务人员在公共危机治理中的具体职责和职权范围，建立科学、规范的责任认定标准，进一步细化规范官员引咎辞职的具体标准、批准主体、程序流程、追踪考核等制度。要跟进追责程序，综合评估其在危机治理中承担责任的轻重、大众舆论影响、个人综合素质、工作实绩优劣等因素，以防有的人“假辞职、真脱身”，将引咎辞职演变为“自罚三杯”的障眼法。

三是完善容错机制。一方面，要弘扬法治精神，坚持以法纪为准绳，明晰容错的边界范围，对触碰法律和党纪党规的错误行为决不能容。另一方面，要以习近平总书记提出的“三个区分开来”（把干部在推进改革中因缺乏经验、先行先试出现的失误和错误，同明知故犯的违纪违法行为区分开来；把上级尚无明确限制的探索性试验中的失误和错误，同上级明令禁止后依然我行我素的违纪违法行为区分开来；把为推动发展的无意过失，同为谋取私利的违纪违法行为区分开来）为遵循，对在公共危机治理中，出于维护国家、集体和人民利益考虑，因事态紧急临机处置出现一定失误或因不可抗力造成一定损失的党员干部，综合其动机、态度，以及危机治理事项的风险等级、复杂程度、纠错成效、后果影响等要素进行评估分析，视不同情况予以从轻、减轻或者免于处罚等，对不是由于个人责任，而是为了缓解当时事态而主动引咎辞职的干部，事后要进行妥善安排和合理任用，体现组织对党员干部负责任的态度。应坚持具体问题具体分析，根据不同公共危机的性质、特点，以及各地区、各部门工作实际，分类制定容错免责的具体清单、实施细则、操作规程、评估办法等，提升制度民主化、科学化、规范化水平，让犯错的党员干部对受到的处罚心服口服。应替敢为者“兜底”“撑腰”，营造“允许试错、宽容失败”的良好干事氛围，推动引咎自责成为公共危机治理中领导干部的一种自觉行为。比如，明确经组织决定免除错误责任的官员在今后的选拔任用、评优评先、职称评级等中不受影响。让想干事的党员干部对犯错的后果及影响有理性客观的认识，消除思想顾虑和畏惧心理，更好地轻装上阵、担当作为，有效破除洗碗效应（即洗碗越多的人，失手打破碗的概率就越高，受到批评责备的可能性就越大）。

第三十策　群策群力

我们国家这么大、人口这么多，又处于并将长期处于社会主义初级阶段，要把经济社会发展搞上去，就要各方面齐心协力来干，众人拾柴火焰高。①

——习近平

2020年新冠肺炎疫情发生以来，国际社会高度关注。2月16日至24日，中国—世界卫生组织新型冠状病毒肺炎联合专家考察组对北京、广东、四川、湖北等地开展现场考察。每到一地，他们都深切地感受到，每个中国人心里都有一种坚定的信念，那就是“中国必胜”。在随后召开的新闻发布会上，联合专家考察组外方组长、世界卫生组织先遣组总干事高级顾问布鲁斯·艾尔沃德表示：“中国人好像每个人都很清楚自己该干什么，而且确实也做到了。”“中国有巨大的集体意愿，不管是社区层面的工作者，还是上至省长、市长这样的官员，这真的是一种全政府、全社会，你甚至想象

① 2016年3月4日，习近平在全国两会期间参加政协民建、工商联界联组会时的讲话。

不到的一种乌托邦式的集体意愿。”“1500万武汉人民几个星期静静地待在家里。而当我们与武汉的同事沟通时，他们说这是他们的责任，是他们身上肩负的一份天然的责任，要保护全世界。”布鲁斯·艾尔沃德所看到的，就是我国在防控新冠肺炎疫情过程中坚持依靠群众、发动群众，群防群控、联防联控的真实场景。实践证明，群策群力是公共危机治理的有效方式。

一、群策群力是中国古代治理经验的深刻总结

“群策群力”一词，见于西汉文学家扬雄的《法言·重黎》：“汉屈群策，群策屈群力。”说的是，刘邦之所以能够打败项羽，就在于善于采纳众人的建议，众人的建议凝聚了群体的力量。群策群力的意思是遇到问题时，大家团结一致，共同出力想办法。与其意思相近的词语或谚语有集思广益、齐心协力、同心协力、众人拾柴火焰高等。

中国古代思想家历来强调治国理政要集中众人之智，凝聚众人之力。《墨子》中指出“聿求元圣，与之戮力同心，以治天下。”，“江河之水，非一源之水也”，意思是：上天让贤士伊尹来辅佐我（成汤），要我同他齐心合力，治理天下；长江、黄河的水，不是来自一个源头。法家学者慎到在《慎子》中强调：“治乱安危，存亡荣辱之施，非一人之力也。”汉代的刘安在《淮南子》中指出：“故积力之所举，则无不胜也。众智之所为，则无不成也。”这些古人的箴言都告诉我们，充分发挥和利用众人的智慧和力量，就会所向无敌。比如，在古代有限的人力、物力条件下，如果不能群策群力，是不可能编纂出鸿篇巨制的。明成祖朱棣命姚广孝和解缙编纂大型类书《永乐大典》。据学者推断，当时参与编纂的超过3000人，成员包括官员、学者和当时各行各业的精英，甚至民间术士、僧侣也参与其

中。共有22877卷，由于体量巨大而难以雕版印刷，因此所有内容全部为人工手抄。清朝乾隆皇帝任命大学士纪晓岚为总纂官，与大臣陆锡熊、孙士毅一道，负责编纂《四库全书》，参与编纂工作的有高官、学者、文人500多人。全国各地的官员和藏书家、书商等纷纷向朝廷呈献自己收藏的各类藏书，共收集图书3460多种，抄写者3826人，耗时10年。比如，古代很多大型工程之所以能成功修建，也与注重发动、运用群众力量密不可分。秦朝时，蜀郡太守李冰父子组织百姓修建著名的都江堰水利工程，邀集了当地许多有治水经验的农民，对地形和水情进行实地勘察，在广泛听取意见的基础上，最终作出了凿穿玉垒山引水的决定，根治了水患。比如，在内政外交的具体实践中，也经常能看到集聚群众力量成就一番伟业的案例。明代郑和下西洋前，选调了大量民间的航海舟师，广泛征集海图和各种航海资料，并进行预先试航积累经验，这些民间技师也成为郑和船队的重要专业人员。明人巩珍在《西洋番国志》中记载："始则预行福建、广、浙，选取驾船民梢中有经惯下海者称为火长，用作船师。"

二、中国共产党从胜利走向胜利得益于群策群力

中国共产党即将迎来建党100周年，在一百年历史进程中，党始终坚持马克思主义的群众基本观点。马克思、恩格斯反复强调，人民群众是历史的创造者，人民群众不仅是物质财富和精神财富的创造者，而且是社会变革的决定性力量。1921年发表的《中国共产党宣言》中明确提出，要让"劳动群众"的势力"发展和团聚"起来，创造一个新的社会。毛泽东同志在井冈山时期，就强调要按"群众路线"办事，一切经过群众。他在《抗战十五个月的总结》中深刻指出："依靠民众则一切困难能够克

服，任何强敌能够战胜，离开民众则将一事无成。”在革命建设实践中，我们党逐步形成了“一切为了群众，一切依靠群众，从群众中来，到群众中去”的群众路线，并将其写入党章，成为党的根本工作路线和取得革命、建设、改革胜利的重要法宝。

回顾历史，我们可以看到，在革命战争中，我们党特别善于群策群力。毛泽东同志曾指出：“战争的伟力之最深厚的根源，存在于民众之中。”淮海战役历时60多天，消灭国民党军队55万余人，战果累累、惊天动地。解放军之所以能够以约60万人的军队战胜国民党约80万人的军队，取得以少胜多的辉煌胜利，与广大人民群众的支持是分不开的。在淮海战役中，不断涌现出的人民群众支前的场面，组成了一幅幅波澜壮阔的雄伟画卷。据统计，为支援淮海战役，全国动员起来的民工累计达543万人，向前线运送了1460多万吨弹药、9.6亿斤粮食等军需物资。正因如此，淮海战役胜利后，华东野战军司令员陈毅同志深情地说：“淮海战役的胜利，是人民群众用小车推出来的。”海南岛的解放也是群策群力的生动体现。当时我军负责渡海作战的两支劲旅——第四十军、第四十三军的官兵多数是来自北方的“旱鸭子”。要想进行渡海作战，不仅要学会适应大海，而且要掌握水文气象方面的知识，比如风向、潮汐、海水流向、登陆地段情况等。为此，解放军专门雇请了4100名船工和舵手担任教员，对干部、战士进行战前紧急训练，为两个军各培训出近2500名水兵。正是因为发挥了群众的力量，才为海南岛的解放奠定了坚实基础。

在推进社会主义建设的过程中，我们党同样依靠群策群力。20世纪五六十年代，为研制试验核武器，全国先后有26个部（院），20个省区市，900多家工厂、科研机构、大专院校参加攻关会战。原子弹研制中的“九次计算”“草原大会战”，氢弹原理突破中的“群众大讨论”“上海百日攻坚战”，小型化研究中的“五朵金花”“多种外源”方案等，充分显示了群策群力集体攻关的巨大威力。20世纪60年代，中国面临着美、苏两个超级大国的军事威胁。为在偏远的西部迅速建成相对完整的工业体系，形成战略大后方，从1964年开始，党中央在中西部的13个省、自治区进行了一场以战备为指导思想的大规模国防、科技、工业和交通基础设施建设。在1964年至1980年的16年中，国家在属于三线地区的13个省和自治区投入资金2052亿元，高峰时投入人力400多万人，安排了1100个建设项目，对以后的国民经济结构和布局，产生了深远的影响。

中国的改革开放之所以取得了举世瞩目的成就，同样依靠最大程度地集中群众的智慧和力量。1978年夏收时，受凤阳灾情影响，小岗村的每个劳动力只分到3.5公斤麦子，各家各户都面临着断炊的危机。当年年底，小岗村18户村民集体开会商量解决办法，为了能吃饱饭，不再伸手向国家要钱要粮，大家一致同意在分田到户的协定上签名，并按下了鲜红的手印，由此拉开了我国农村改革的序幕，这18枚红手印催生的家庭联产承包责任制，最终发展成为我国农村基本经营制度。深圳特区的发展更是群策群力的鲜明见证。在短短40年间，深圳从一个小渔村成长为拥有1300多万常住人口的国际化城市。深圳之所以能创造跨越式发展的奇迹，一条很重要的经验就是以开放包容的姿态吸引五湖四海的人才纷至沓来，这一现象被喻为“孔雀东南飞”。一直到现在，深圳依然是国内外各界人才争相踏上的热土。统计资料显示，深圳99%的人口都是外来人口。正是靠着群策群力，深圳才能实现日新月异、欣欣向荣的发展。

新时代中国特色社会主义事业的推进，同样依靠群策群力。2020年6月1日，《海南自由贸易港建设总体方案》（以下称《总体方案》）的正式发布，引起了国内外的高度关注和热议。从某种意义上来说，体现全面深化改革开放精神的《总体方案》的出台，就是群策群力的结果。从时间的维度来看，经历了几代国家领导人的关怀和干部、群众的不懈奋斗。改革开放之初，习仲勋同志主政广东期间，就先后三次到当时的海南行政区调研，首次将海南岛与台湾岛进行对比，提出要利用海南优越的自然条件，发挥优势，加速发展，为国家多作贡献，同时建议国家把海南的开发作为重点。1980年，习仲勋主持研究并向中央提交了《关于加快海南经济建设几个问题的提议（草案）》。同年6月，国务院在京召开海南岛问题座谈会，明确海南岛的“对外经济活动可参照深圳、珠海市的办法，给予较大的权限”，赋予了海南准特区地位。1984年，邓小平同志开始擘画海南的开发开放，两次公开表示“要开发海南岛”。1987年6月，邓小平同志在会见南斯拉夫客人时向世人宣告：“我们正在搞一个更大的特区，这就是海南岛经济特区。海南岛和台湾的面积差不多。”“海南岛好好发展起来，是很了不起的。”1988年4月13日，七届全国人大一次会议正式批准设立海南省，划定海南岛为经济特区。江泽民同志多次对海南工作作出重要指示，强调海南要增创新优势，更上一层楼。进入21世纪后，胡锦涛同志要求海南突出经济特区的“特”字，努力构建具有海南特色的经济结构和更具活力的体制机制。2009年底，海南建设国际旅游岛获中央批准，上升为国家战略。党的十九大以来，习近平总书记亲自谋划、亲自部署、亲自推动海南自由贸易港建设，并在2018年4月13日庆祝海南建省办经济特区30周年大会上郑重宣布，党中央决定支持海南全岛建设自由贸易试验区，支持海南逐步探索、稳步推进中国特色自由贸易港建设。习近平总书记先后又在首届中国国际进口博览会、“一带一路”高峰论坛、大阪G20峰会等重要场合强调或批示指示要加快推进海南自由贸易港建设。在2020年全国两会的政府工作报告、全国人大常委会工作报告、“两高”报告以及计划报告和预算报告等六大报告中，均明确提出支持加快海南自由贸易港建设。可以说，对标当今世界最高水平开放形态的海南自由贸易港的诞生，是几代领导人接力式谋划思考、研究部署、群策群力的智慧成果。

从参与的维度来看，习近平总书记“4·13”重要讲话和中央12号文件发布以来，中央层面成立了以中共中央政治局常委、国务院副总理韩正同志担任组长的推进海南全面深化改革开放领导小组，协调推动了一系列重要政策、重大改革、重点工作任务落地实施。从国家部委的支持来看，30多个部委先后多次来海南开展深入细致、务实高效的调查研究，在诸多方面提出了高水平意见建议，出台了多个支持海南自贸港建设的政策文件，并派出大批干部到海南挂职，直接参与海南自贸港建设。从海南省内来看，为推动海南全面深化改革开放，谋划自贸区、自贸港建设，海南省2017年就开展了“深入学习贯彻习近平总书记视察海南时的重要讲话精神，建设美好新海南”大研讨大行动，省委常委及其他省领导带头以全面深化改革开放为主题，深度调研、深入思考，形成了42篇质量较高的专题调研报告，先后组织国内、省内的各大研究机构、智囊团队开展了一系列课题调研，相关领域的专家、学者也纷纷献计献策。特别是海南省本土智库中国（海南）改革发展研究院、南海研究院等深情扎根海南，立足国家战略，数十年如一日为海南的改革开放出谋划策。《总体方案》的制定出台，可以说是上下结合，汇各方之力、集各界之智，是群策群力的生动实践。

三、群众是危机治理中不可或缺的重要角色

在公共危机治理过程中，群众作为政府之外的重要力量，能够有效弥补政府力量的不足和缺位，发挥积极作用。

一是公共危机前的预警和防范。公共危机在暴发前往往有一个潜伏

期，群众来自社会各阶层、各行业，其广泛性为防范公共危机提供了有利条件。一些热心群众往往能够快速、敏捷、有效地发现公共危机的苗头，将信息及时反馈给政府，以便于政府果断出击、迅速行动，将危机事件扼杀在萌芽期。比如，全国各地公安机关都开辟了公民举报暴力恐怖违法犯罪活动线索的渠道，很多市民提供的有效线索在帮助警方预防和及时侦破暴恐事件方面发挥了积极作用。比如，2018年北京市房山区大安山乡突发山体塌方，但由于群测群防人员和公路养护人员提前发现塌方征兆，第一时间发出预警信息，果断采取封路等措施，此次塌方灾害未造成人员伤亡和车辆损失。

二是公共危机中的参与和协助。在公共危机事件发生后，公众的广泛参与、有力协助不仅有助于构建协调高效的应急反应体系，也有利于巩固政府与民众间的互信关系。比如，在2020年抗击新冠肺炎疫情的过程中，全国400多万名社区工作者坚守一线，在65万个城乡社区承担起疫情监测、出入管理、宣传教育、环境整治、困难帮扶等繁重的工作，与志愿者、爱心人士、广大居民群众等一道共同筑起了疫情防控的坚强堡垒。从城市到乡村，从内陆到边疆，14亿人民心往一处想、劲往一处使，建立健全区县、街镇、城乡社区等防护网络，全面落实联防联控措施，严防死守、不留死角。世界卫生组织认为，中国采取的是一种“全政府、全社会策略”，其经验值得其他国家学习和借鉴。比如，2020年7月，受长江流域持续强降雨影响，江西省九江市多个乡镇遭遇洪涝灾害。由于青壮劳动力在外打工者众多，41.36公里的堤坝防汛人手不足，九江市柴桑区江洲镇人民政府7月10日发布公开信，召唤在外乡亲回家抗洪。公开信发出短短3天时间，就有3000多名乡亲返乡支援，积极参与观察水位、险情排查和填堵等工作。比如，1995年1月日本阪神大地震发生后，沿途店铺免费向灾民提供面包、饭团、点心、面条和水；坚固安全的中小学校成为灾民的避难所，校长和教职工自发地为灾民送水和食品；各地民间团体、爱心人士、志愿者纷纷将应急物资送往灾区；灾民也自发组织起来相互支援，加强夜间巡逻；等等。这些都在很大程度上减少了灾难造成的损失。

三是公共危机后的重建和安抚。危机发生后，不仅要重建家园，还要调整社会秩序，抚慰人民心里的创伤，这些都会消耗大量的人力和物力，单靠政府难以完成，需要社会力量参与进来。比如，“9·11”事件发生后，美国红十字会开展了一系列的救援活动，在纽约、新泽西州、阿灵顿等地建立了29个庇护所，建立了家庭援助中心，开通咨询电话，帮助公众寻找家属的下落，在纽约和华盛顿两个城市建立了急救小组和运尸小组，还提供了大量的救灾物资，有效降低了危机带来的不利影响。2010年8月5日，智利北部的阿塔卡马沙漠中一处名为圣何塞的铜矿发生塌方事故，导致在井下作业的32名智利籍矿工和1名玻利维亚矿工陷于700米深的地下，生死未卜。在经过长达69天的救援后，33名被困矿工全部获救。创造矿难营救奇迹的众多因素中，有一个细节感人至深：井上井下，亲人之间每天通过直径10厘米的物资输送管道互通信件，这无疑是被困矿工能得到的最大精神支持。

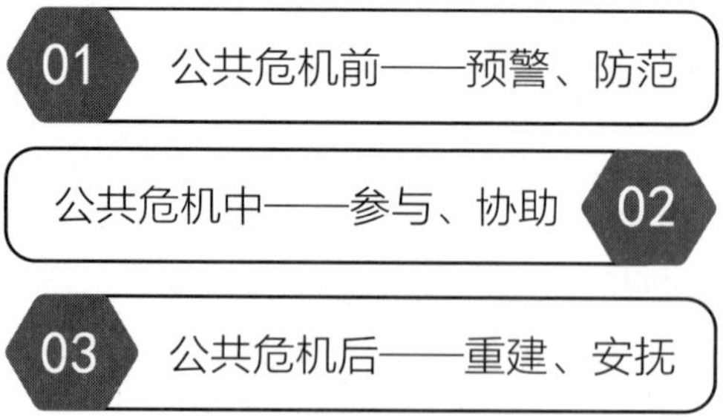

四、有效运用群策群力

“用众人之力，则无不胜也。”（《淮南子·主术训》）在公共危机治理中，只有打通群众参与的“任督二脉”，才能最大程度地激发广大民众的潜力，走好公共危机治理的群众路线。

一是广泛社会动员。在公共危机治理中，社会动员能在短时间内有效弥补政府资源的不足，提高危机治理效率。政府应加快建立健全社会动员机制，出台相关法律法规，明确动员的主体、客体、方式、内容，以及各级组织机构、工作人员的职责范围，充分调动非政府组织、社区组织、志愿者和公民个体等力量，综合运用宣传倡议、典型示范、筹款募捐、利益激励等方式进行协作动员，推动社会动员科学、高效、规范进行。充分发挥电视、广播、报刊、农村大喇叭等传统媒体以及微博、微信等互联网新媒体和社交平台的作用，传播应急常识、灾害预警信息、民众求助信息等，发动各方力量积极参与危机治理。

二是进行有序组织。在公共危机治理中，政府应把社会力量纳入统一指挥，加强组织协调，合理分配救援任务，确保各类社会力量有序参与。探索建立公民参与网格化管理模式，把人、组织、技术、物资等危机管理资源纳入其中，利用互联网的便捷性和信息公开性，建立起可以及时发现问题、协调有序、处置有力的公民参与管理模式，实现精细化、信息化、动态化管理，从而保证既不造成浪费，也不耽搁救援时机。

三是完善资源保障。在财力资源扶持方面，可给予政府认可的、重要领域的非政府组织机构一定的经费，以保障其开展日常活动。在公益性募捐减免税收方面，可在现行税收政策框架下提升公益性募捐税收减免比例。在人力资源扶持方面，可在高校设立公益性科目或专业，为政府组织培养管理人才，或委托高校继续教育机构对非政府组织的志愿者进行知识与技能培训，保证志愿者在参与公共危机治理时具有丰富的救援常识和熟练的救援技能等。

四是引导群众自助。加强对群众的教育引导，强化群众应对危机的主体意识和自我救助意识，从思想上破除对政府或社会组织的依赖，激发其主观能动性，使其积极主动地应对危机。强化公共危机应急知识技能培训，提升群众自救互救能力。大力弘扬“一方有难、八方支援”“人人为我、我为人人”等中华民族传统美德，积极发挥村民和社区居民自治组织的自治功能，推动建立群众生产生活共同体，营造自助自强、守望相助应对公共危机的良好社会环境。

警醒篇

第三十一策　复盘自省

重视吸取历史经验是我们党的一个好传统。历史记述了前人的成功和失败，重视、研究、借鉴历史，了解历史上治乱兴衰规律，可以给我们带来很多了解昨天、把握今天、开创明天的启示。我们进行伟大斗争、建设伟大工程、推进伟大事业、实现伟大梦想，更需要重视、研究、借鉴历史。这对我们丰富头脑、开阔眼界、提高修养、增强本领具有重要意义。①

——习近平

新冠肺炎疫情是全人类面临的重大挑战，是百年来全球发生的最严重的传染病大流行。现在，全世界都在复盘、总结、反思。第73届世界卫生大会决议明确提出，要回顾总结在世界卫生组织协调下的国际卫生领域应对疫情的经验教训。世界卫生组织总干事谭德塞说："总结和吸取教训是世卫组织的DNA。"就我国来讲，早在2020年2月3日，在抗

① 2018年11月26日，习近平在十九届中共中央政治局第十次集体学习时的讲话。

疫形势最为吃劲的关键时刻，习近平总书记就指出：“这次疫情是对我国治理体系和能力的一次大考，我们一定要总结经验、吸取教训。”[①]2月23日，习近平总书记在统筹推进新冠肺炎疫情防控和经济社会发展工作部署会议上强调：“在这次应对疫情中，暴露出我国在重大疫情防控体制机制、公共卫生应急管理体系等方面存在的明显短板，要总结经验、吸取教训。”3月10日，习近平总书记在湖北考察新冠肺炎疫情防控工作时再次语重心长地指出：“我们要放眼长远，总结经验教训。”5月18日，习近平主席在第73届世界卫生大会上表示：“中国支持在全球疫情得到控制之后，全面评估全球应对疫情工作，总结经验，弥补不足。”当前，医疗界、学术界、企业界、科技界等各行各业人员都在复盘、总结、反思，一些网友还列出疫情发生以来的完整时间线，不放过任何一个细节。“吃一堑，长一智。”在公共危机结束后，对危机发生和处置的全过程进行完整复盘，深入地开展总结和反思，以使自己变得更加聪明，是我们对待危机应有的态度。

一、复盘自省是进步的阶梯

“复盘自省”一词，把复盘和自省组合在一起，是一个新创的词语。“复盘”，原是围棋术语，本意是对弈者下完一盘棋之后，重新在棋盘上把对弈过程排演一遍，看看哪些地方下得好，哪些地方下得不好，哪些地方可以有不同的甚至是更好的下法，等。简单地说，复盘是把对弈过程还原并且进行研讨、分析的过程。通过复盘，棋手们可以看到全局以

① 2020年2月3日，习近平在中共中央政治局常务委员会会议上的讲话。

及整个对弈过程，了解棋局的演变，总结出适合自己和不同对手的套路，找到更好的下法，从而实现自己棋力的提升。如今，复盘已经被广泛运用于商业、股市、军事、教育、体育等领域。“自省”，最早见于《论语·里仁第四》“见贤思齐焉，见不贤而内自省也”，是孔子提出的一种提升自我道德修养的方法，意思是自我评价、自我反省、自我批评、自我教育和自我提高。孔子的学生曾子力行“自省”这一主张，经常做到“吾日三省吾身”。自省文化是中国传统文化的一大特色，古人留下了很多关于自省的箴言，如反躬自省、“日省吾身，有则改之，无则加勉”、“君子检身，常若有过”等。

复盘的精髓是通过深度研读过去的经历，反思和探究过去的思维和行为，从而实现能力的有效提升，其实就是更加自觉、更加彻底、更加全面的自省。将复盘和自省联系、组合起来，就使复盘有了明确的方向和价值追求。复盘不是简单地把事情发生的过程再还原一遍，而是指向自省，是通过复盘进行更好的自省。复盘自省是进步的阶梯，无论是对个人、民族还是一个政党来说，都是如此。

对个人来讲，越是优秀的人越懂得复盘自省。心理学研究表明，自省不仅是一种优良的品德，更是人与生俱来的一种能力。世界著名教育心理学家霍华德·加德纳经过多年研究，于1983年提出了多元智能理论，认为我们每个人都拥有八种主要智能：语言智能、数理智能、空间智能、动觉智能、音乐智能、人际交往智能、自然探索智能和自省智能。哈佛大学心理学家帕金斯于1996年提出了真智力理论，认为智力主要由神经智力、经验智力、反省智力三个维度组成，真正的聪明＝（神经智力＋经验智力）×反省智力。相对于神经智力和经验智力，反省智力前是一个乘号，是放大器。也就是说，智商相同的人，谁越懂得自省，谁就越聪明。历史也证明，善于复盘自省的人更能成就一番事业。曾国藩就是一个善于复盘自省的人，他有一个习惯，就是做完一件大事之后，点一炷香，把整个过程细细地想一遍。他还通过写自省日记，复盘自己一天中的言行，总结得失。他这一写就是三十多年，他的一生就是自省的一生，最终，他的人生修养和事业都达到了很高的高度。毛泽东同志称赞他："予于近人，独服曾文正，观其收拾洪杨一役，完满无缺。"蒋介石十分佩服曾国藩，说他"立德立言立功三不朽，为师为将为相一完人"，评价他是个完人，并像他一样每天都写日记。

对民族来讲，复盘自省从来都是一个民族最宝贵的精神境界。一个民族只有不断自省，才能兴旺发达、长盛不衰。鲁迅先生有句名言："多有不自满的人的种族，永远前进，永远有希望。多有只知责人不知反省的人的种族，祸哉祸哉！"中华民族在5000年历史长河中，经历了多少朝代更替、战火肆虐、外族入侵、大灾大难，但依然屹立于世界民族之林，一个重要原因就是中华民族是一个善于自省的民族，特别善于从历史中总结经验教训。从公元前841年开始，中国人的历史记载就没有中断过。观今而思古，鉴古而知今。一部部史书就是对一段段历史的复盘。在这些史书中，中国人找到并总结了许多涉及国家、社会、民族及个人的成与败、兴与衰、安与危、正与邪、荣与辱、义与利、廉与贪等方面的经验与教训，使中华民族虽历经磨难而不衰。德意志民族也是一个能够自省的民族。自从第二次世界大战结束的那一刻起，整个德意志民族都在反思自己曾经犯下的罪行，上至国家政要，下到普通民众都致力于消除纳粹主义污点，一直在明确无误和真心实意地向当年的受害者——犹太人、波兰人和其他国家人民表示歉意和悔恨，并且积极用实际行动对在第二次世界大战中犯下的罪行进行最大程度的弥补。1970年12月7日，德国总理维利·勃兰特在对东欧各国进行国事访问的时候，冒着严寒在华沙的死难者纪念碑前献上花圈，随后他肃穆垂首，突然双腿下跪，并发出祈祷："上帝饶恕我们吧，愿苦难的灵魂得到安宁。"这一跪，震惊了世界，人们称之为"惊世一跪""华沙之跪"。这一跪，淡化了饱受德国蹂躏的波兰人民沉积在心底里的愤怒。当晚，勃兰特与波兰领导人共同签署了关于两国关系正常化的纲领性文件。这一跪，也获得了全世界爱好和平的人民的原谅，完成了德国人的自我救赎，勃兰特也因此获得了诺贝尔和平奖。

对政党来讲，只有善于复盘自省，才能永葆活力。"金无足赤，人无完人。"政党也一样，不可能不犯错，关键是要有敢于直面错误的勇气，善于从错误中吸取教训并加以改正。勇于自我革命，是我们党最鲜明的品格，也是我们党最大的优势。作为一个百年大党，我们党也犯过错误，但我们党从不讳疾忌医，始终保持自我革命精神，保持承认并及时改正错误的勇气，敢于刀刃向内，敢于刮骨疗毒，一次次在复盘自省中吸取教训。1935年1月召开的遵义会议是我们党在生死存亡的危急时刻召开的一次复盘自省、自我革命的大会。这次会议对第五次反"围剿"进行了复盘。首先，由博古作关于第五次反"围剿"的总结报告，他在报告中极力为"左"倾冒险主义错误辩护。接着，周恩来同志作副报告，主要分析了第五次反"围剿"和长征中战略战术及军事指挥上的错误，并作了自我批评，主动承担了责任。毛泽东同志在会上作了重要发言，着重批判了第五次反"围剿"和长征以来博古、李德在军事指挥上的错误，以及博古在总结报告中为第五次反"围剿"失败辩护的错误观点。张闻天、王稼祥、朱德、刘少奇等多数同志在会上发言，支持毛泽东同志的正确意见。会议经过激烈的争论，在统一思想的基础上，通过了《中共中央关于反对敌人五次“围剿”的总结决议》。遵义会议在事实上确定了毛泽东同志的领导地位，挽救了党，挽救了红军，挽救了中国革命。延安整风运动也是我们党历史上一次十分重要的自我反省，其宗旨是“惩前毖后，治病救人”。1945年4月召开的中国共产党第六届中央委员会扩大的第七次全体会议通过了《关于若干历史问题的决议》，对大革命失败后党内重大历史问题进行了系统总结，统一了全党的认识，加强了全党的团结。1978年12月召开的党的十一届三中全会，是新中国成立后我们党召开的具有里程碑意义的一次自我反省大会，是我们党历史上具有深远意义的伟大转折。这次会议批评了“两个凡是”方针，高度评价关于真理标准问题的讨论，重新确立了马克思主义的思想路线、政治路线和组织路线，作出了把党和国家的工作重点转移到社会主义现代化建设上来和实行改革开放的战略决策，开启了党和国家历史的新篇章。我们党在思想、政治、组织等领域的全面拨乱反正，也始于这次会议。1981年6月召开的党的十一届六中全会，通过了《关于建国以来党的若干历史问题的决议》，这个决议对新中国成立以来党的重大历史问题，特别是“文化大革命”、毛泽东的功过是非、毛泽东思想的基本内容与指导意义，作了总结和评价，肯定了十一届三中全会以来逐步确立的适合中国国情的建设社会主义现代化强国的正确道路，进一步指明了中国社会主义事业和党的工作继续前进的方向。这几次会议都对我们党某一阶段的思想和行动进行了复盘自省，会议通过的决议都是很好的复盘自省报告，产生了重大而深远的影响。

二、及时开展危机处置的复盘自省

复盘自省作为一种理念、一种方法，是更加全面、结构化的总结。

毛泽东同志曾指出："我是靠总结经验吃饭的。以前我们人民解放军打仗，在每个战役后，总来一次总结经验，发扬优点，克服缺点，然后轻装上阵，乘胜前进，从胜利走向胜利，终于建立了中华人民共和国。"总结经验的要义就是复盘自省。复盘自省对于提高公共危机治理能力具有十分重要的作用。第一，可以对处置公共危机事件的过程进行全景回放，以时间为轴仔细观察事件发展变化的形势及规律，重新回顾事件处置过程中每一项决策的生成过程、每一个指令的执行过程、每一个结果的出现过程，发现影响处置效率和效果的根本原因，发现处置流程中的限制或阻碍因素，修复体制机制等方面的瑕疵，从而促进应对能力的提升。第二，可以传承经验，确保在未来类似情景下可以识别或避免同样的错误，并可以快速提出多种应对方法。第三，可以固化成熟的应急机制和指挥流程，提高处置效率。第四，可以锻炼各危机处置主体在突发事件应对中的目标搜索能力，认清各自的任务和角色，进一步明晰责任。

对公共危机事件的复盘自省，应当遵循公共危机治理中的六个月法则，即危机过后的六个月内，是推进基于总结危机治理经验教训的改革的黄金时期，如果错失这个机遇期，推动改革的难度就会加大。因此，在公共危机事件发生后，要及时开展复盘自省。即使在处理过程中，对某一项具体工作也要及时开展复盘自省，总结这项工作的得失，以改进后续的工作。2008年2月29日至3月2日，贵阳市在全市抗凝冻灾害工作结束不久，就用3天时间举办了贵阳建设生态文明城市领导干部专题研讨班，目的就是让全市的干部及时做一个复盘自省，系统总结反思抗凝冻灾害的经验教训和建设生态文明城市的重大意义。2020年6月2日，习近平总书记主持召开专家学者座谈会，邀请中国工程院院士、广州医科大学呼吸内科教授钟南山，首都医科大学附属北京朝阳医院副院长、主任医师童朝晖，中国工程院院士、天津中医药大学校长张伯礼等专家学者参加座谈。这次会议就是对新冠肺炎疫情防控工作的一次复盘自省。

三、复盘自省“三要三不要”

复盘才能翻盘，自省才能进步。领导干部应在高质量的复盘自省中不断提高公共危机治理能力。

第一，态度要端正不要敷衍。一般来讲，公共危机事件处置有预警期、暴发期、缓解期、善后期四个阶段，复盘自省是善后期的重要工作，是一个必要环节，而不是可有可无的环节。应高度重视这一环节，不能只是为了完成任务而走过场、应付了事、流于形式。重大公共危机发生后，不仅是一个人、一个单位、一个地方需要认真复盘自省，整个国家、整个民族、整个人类都应复盘自省。

第二，方法要科学不要操切。对公共危机的复盘自省有科学的步骤。第一步，分析原因。把危机发生的原因调查清楚，不仅可以弄清危机发生的真相和过程，为今后改进工作提供依据，还能分清责任，为追责相关责任人提供依据。分析原因的一个重要方式是引进第三方评估机构。第三方评估机构必须是独立、高效、权威的，不能带有偏见。比如，我国明确支持世界卫生组织开展新冠肺炎疫情溯源调查，但坚决反对美国等带有政治目的的国家或机构加入。需要注意的是，分析原因一定要准确、客观，不能为推卸责任而甩锅。甩锅是找不到导致危机发生的真正原因的，对改进工作也起不到任何作用。第二步，回顾目标。回顾当初采取某项行动或措施的意图或目的是什么，想要达到的目标是什么，预先制订的计划是什么。比如，2020年我国抗击新冠肺炎疫情第一阶段的目标是防止疫情蔓延，对湖北省来讲就是内防扩散、外防输出，对湖北省以外的省区市来讲就是外防输入、内防扩散，在国内疫情得到控制后的目标是严防境外输入。第三步，评估绩效，即对照预期目标，评估完成情况。将结果和目标进行对比，可能会产生四种情况，即完成、超预期的好、超预期的差或过程中新添加了事件。比如，武汉“封城”就达到了预期目标，有专家测算，武汉“封城”让中国减少了50万～300万感染者，让世界减少了1200万～4200万感染者。要注意的是，评估绩效的主要目的是找出问题。第四步，总结得失。总结危机事件发生和处置工作的经验教训，如成功的地方在哪里、失败的原因是什么等，重点是总结失败的教训。比如，2008年1月贵阳发生了凝冻灾害，事后贵阳市领导在总结抗灾救灾工作时着重总结了工作中的六条教训。其中，主观上有三条教训：对凝冻灾害的严重性预见不够，应急体系不够周密，应对凝冻灾害的经验不足。客观上有三条教训：水、电、路等基础设施薄弱，设备和物资不足，产业结构不合理。第五步，制定措施。针对存在的问题，提出改进的方案和措施，避免今后再次发生类似危机，或是在下次类似危机发生时，最大程度地减少损失。比如，贵阳市领导在总结2008年抗凝冻灾害工作时，提出了完善自然灾害和突发事件应急机制、完善具有贵阳特点的抗灾救灾指挥体系等八个方面的改进措施。需要指出的是，复盘自省虽然已经形成了一套比较固定的流程、步骤，但不能完全照抄照搬或套用模板，应学会触类旁通、上挂下联、举一反三，以得到更多的启示。

第三，措施要具体不要空洞。复盘自省不能停留在自查阶段，而是要付诸自纠行动。制定的自纠措施必须是具体的、可操作的，切忌空话、套话满天飞，用抽象的原则代替具体的措施。习近平总书记在2020年6月2日主持召开的专家学者座谈会上，结合抗击新冠肺炎疫情的经验教训，提出的自纠措施就十分具体。他指出：要建立稳定的公共卫生事业投入机制；优化完善疾病预防控制机构职能设置；健全疾控机构和城乡社区联动工作机制；创新医防协同机制，建立人员通、信息通、资源通和监督监管相互制约的机制；加强疾控人才队伍建设；建设一批高水平的公共卫生学院；完善传染病疫情和突发公共卫生事件监测系统；加强实验室检测网络建设；建立公共卫生机构和医疗机构协同监测机制；健全突发公共卫生事件应对预案体系；强化基层卫生人员知识储备和培训演练；等等。

第三十二策　法成令修

要在党中央集中统一领导下，始终把人民群众生命安全和身体健康放在第一位，从立法、执法、司法、守法各环节发力，全面提高依法防控、依法治理能力，为疫情防控工作提供有力法治保障。[①]

——习近平

新冠肺炎疫情在2020年初暴发后，全国人大常委会2月24日就作出关于全面禁止野生动物非法交易和食用的决定，部署启动强化公共卫生法治保障体系的立法修法工作。2020年5月，全国两会召开，全国人大常委会工作报告中指出，要突出公共卫生领域立法，把制定生物安全法、个人信息保护法以及修改动物防疫法、野生动物保护法、传染病防治法、国境卫生检疫法、突发事件应对法等作为今后一个阶段的主要任务。一些地方人大常委会通过紧急立法，在国家法律和法规框架下授权地方政府在医疗卫生、防疫管理等方面，规定和采取临时性应急行政管理措施。

① 2020年2月5日，习近平在中央全面依法治国委员会第三次会议上的讲话。

法律是治国之重器，良法是善治之前提。对这次疫情防控进行复盘自省，首先应对法治方面的经验教训进行总结和反思。2003年抗击非典疫情后，我国在公共危机治理领域的法治建设取得了长足的进步，在抗击新冠肺炎疫情过程中，法治也起到了重要作用，但也暴露出相关法律缺失、不完善、不适应的问题。大力践行习近平法治思想，进一步完善公共危机法律体系，提高公共危机治理法治化水平是应有之义。

一、法成令修是治理体系和治理能力现代化的重要依托

“法成令修”一词，见于唐朝诗人韩愈所撰的曹成王碑碑文，其中记述了曹成王李皋的生平事迹，夸赞其担任衡州刺史期间治政有方，云“法成令修，治出张施”，意思是曹成王治理地方法令齐备，政绩突出，有令则行。法成令修常用来形容有法律为依据，行政命令也恰当。从字面上看可以理解为法律要完成，政令要修改，强调了法治、法律的重要性。法治和人治问题是人类政治文明史上的一个基本问题。“法治”一词源于西方，最早是由古希腊哲学家毕达库斯作为与人治相对应的一种治国方法而提出的，他认为“人治不如法治”。柏拉图认为，法治就是“服从法律的统治”。亚里士多德认为：“若要由法律来统治，即是说要求由神明和理智来统治；若要求由一个人来统治，便不异于引狼入室。人类的情欲如同野兽，虽至圣大贤也会被强烈的情感引入歧途。唯法律拥有理智而免除情欲……法治优于一人之治。”法治被认为是迄今为止人类能够认识到的最佳治国理政方式。

从我国古代来看，历代先贤给我们留下了丰富的法治思想。春秋战国时期，法家主张“以法而治”，偏在雍州的秦国践而行之，商鞅“立木

建信”，强调“法必明、令必行”，使秦国迅速跻身强国之列，最终促成秦始皇统一六国。汉高祖刘邦与关中百姓“约法三章”，对其一统天下发挥了重要作用。汉武帝时形成的汉律六十篇，两汉沿用近400年。唐太宗以奉法为治国之重，一部《贞观律》成就了贞观之治。在《贞观律》的基础上修订而成的《唐律疏议》，为大唐盛世的出现奠定了法律基础。

从近现代来看，凡是顺利实现现代化的国家，没有一个不是较好地解决了法治和人治问题的。新加坡和苏联是正反两个典型例子。新加坡于1965年独立，在短短几十年时间内，从资源匮乏、经济落后的国家，发展成为亚洲首屈一指的发达国家，成为举世公认的相对廉洁的国家。新加坡取得成功的重要经验是：树立法治至上理念，确保执政党在宪法和法律范围内执政；依法制约公权力，规范政府行为，克服一党长期执政容易产生腐败的问题；强化法治意识，培养国民守法护法观念，使法律成为国民生活准则；严格执法，任何人、任何组织不得凌驾于国家和法律之上。反观苏联，100多年前，布尔什维克领导的俄国十月社会主义革命取得了胜利，建立了人类历史上第一个社会主义国家。然而，1991年，苏联在没有遭遇外敌入侵和特大自然灾害的情况下，顷刻间解体覆亡，拥有近2000万党员的苏联共产党宣布解散，丧失了执政地位。苏联解体、苏共垮台的一个重要原因是没解决好法治和人治的关系问题。斯大林时期就开始搞个人崇拜，政治上集权专制，严重破坏民主法治，社会上逐渐形成了一个特权阶层，个人专断和个人迷信盛行，最终丧失了人民的信任，导致亡党亡国。

从我们党执政70多年来看，对法治的追求虽历经坎坷但矢志不渝。近代中国，有许多仁人志士认识到国家强盛往往同法治相伴而生，自戊戌变法和清末修律起，中国人一直在呼吁法治，但在当时的历史条件和政治条件下，仅仅靠法治不能改变旧中国的社会性质和中国人民的悲惨命运。新中国成立初期，我们党充分认识到法治的重要性，1954年毛泽东同志亲自挂帅，担任新中国第一部宪法起草委员会主任，在杭州西湖国宾馆住了近80天，主持起草了宪法的初稿。“五四宪法”规定了国家的国体和政体、公民的基本权利和义务、国家在过渡时期的总任务以及建设社会主义的道路、目标，是中华民族从此站起来的最高政治法律标志。从这部宪法颁布开始，我们党开始逐步构建新中国社会主义法治体系。但是后来，党在指导思想上发生“左”的错误，特别是在“文化大革命”期间，公检法机关被砸烂，公民权利遭到严重侵害，宪法和法治遭到严重破坏和践踏。正是基于对历史的总结反思和对现实的认真分析，1979年邓小平同志指出：“民主要坚持下去，法制要坚持下去，这好像两只手，任何一只手削弱都不行。”改革开放以来，我们党不断加强法治建设，为人民过上幸福生活、不断增强综合国力提供了坚强法治保障。特别是党的十八大以来，以习近平同志为核心的党中央从关系党和国家长治久安的战略高度来定位法治、布局法治、厉行法治，把全面依法治国纳入“四个全面”战略布局，作为完善和发展中国特色社会主义制度、推进国家治理体系和治理能力现代化的重要方面推进。2018年8月24日，习近平总书记主持召开中央全面依法治国委员会第一次会议，标志着中央全面依法治国委员会工作正式全面启动。成立中央全面依法治国委员会，是推进新时代全面依法治国的战略举措，在我国社会主义法治建设史上具有里程碑意义。2020年5月，十三届全国人大三次会议高票表决通过的《中华人民共和国民法典》是新中国成立以来第一部以“法典”命名的法律，是新时代中国特色社会主义法治建设的重大成果，对推进国家治理体系和治理能力现代化具有重大而深远的意义。民法典规范了各类民事主体的各种人身关系和财产关系，涉及社会和经济生活的方方面面，被称为“社会生活的百科全书”。

总之，正如习近平总书记所指出的，“人类社会发展的事实证明，依法治理是最可靠、最稳定的治理”，“历史和实践充分证明，法治是治国理政不可或缺的重要手段。法治兴则国家兴，法治衰则国家乱。什么时候重视法治、法治昌明，什么时候就国泰民安；什么时候忽视法治、法治松弛，什么时候就国乱民怨”，推进治理体系和治理能力现代化必须充分发挥法治的重要作用。

二、每次重大公共危机都极大地促进了法治进步

法治是应对公共危机的制度保障。法律明确了政府在应急状态或紧急状态下的职能、责任以及公民的权利与义务，为政府行使特殊权力提供了依据，保证了非常时期社会的有序运行和发展。同时，非常时期往往会暴露在正常状态下被遮蔽的法律与社会的差距以及法律自身的缺陷，从而给法治的深入发展提供难得的机遇。可以说，每次重大公共危机既是对法治的一次考验，也是法治成长的一次契机。

2003年非典疫情发生后，党中央、国务院提出了加快突发公共事件应急机制建设的重大课题，把建立健全“一案三制”摆上了重要议事日程，公共危机治理领域法治建设得到了前所未有的重视，相关法律的立法、修订工作从此走上了快车道。非典疫情刚发生时，由于当时应急相关法律特别是应对突发公共卫生事件的法律缺位较多，一度出现红头文件满天飞，立法机关几乎置身事外的情况。各地实施防治措施的随意性也较大，为控制非典疫情蔓延，一些地方采取了堆土堵路、阻断交通、禁止外地产品运

入本地区、对所有外来人员一律强制隔离，甚至对企业强行收取户外消毒费等措施，很多措施无法可依，涉嫌侵权或执法违法，在社会上引起了较大争议。对此，国家通过紧急立法补上漏洞，据统计，截至2003年5月1日，与传染病防治有关的法律文件共有43个，其中41个是在2003年4月4日至5月1日之间颁发的。2003年5月9日，国务院紧急出台了《突发公共卫生事件应急条例》，这个条例从起草到审议通过，仅耗时20天，是新中国成立以来出台速度最快的一部法规，也是我国第一部有关应急机制的法规，被称为“中国公共卫生事业新的转折点”。非典疫情结束后，我国吸取了其中的教训，加强了相关立法工作，推动应急管理工作加快进入法治化、制度化、规范化轨道。2004年3月14日，十届全国人大二次会议通过了《中华人民共和国宪法修正案》，把“戒严”统一改为“进入紧急状态”。2005年1月，通过了《国家突发公共事件总体应急预案》。2005年11月，通过了《重大动物疫情应急条例》。2007年11月，我国正式施行《中华人民共和国突发事件应对法》，这是新中国第一部应对各类突发事件的综合性法律。2008年6月8日，汶川地震发生后20多天，国务院颁布了《汶川地震灾后恢复重建条例》，这是我国首个专门针对特定区域地震灾后恢复重建制定的条例，为汶川开展恢复重建工作提供了重要法治保障。同时，针对汶川地震救援过程中暴露出的法治问题，2008年12月27日全国人大修订通过《中华人民共和国防震减灾法》。新冠肺炎疫情发生后，为维护国家安全，防范和应对生物安全风险，保障人民生命健康，保护生物资源和生态环境，促进生物技术健康发展，推动构建人类命运共同体，实现人与自然和谐共生，2020年10月17日，第十三届全国人民代表大会常务委员会第二十二次会议通过了《中华人民共和国生物安全法》。

总的看来，每一次重大公共危机，都极大地促进了我国公共危机治理领域法律体系的完善。目前，我国已经基本建成了以《中华人民共和国突发事件应对法》为基本法，涉及自然灾害、事故灾难、公共卫生事件和社会安全事件四大领域的由上百部法律、法规、规章组成的应急法制体系。

三、全面提升法成令修的能力

与17年前抗击非典疫情相比，政府在这次抗击新冠肺炎疫情中依法行政、依法防控的能力明显提升。国家卫健委2020年1月20日发布1号公告，将新冠肺炎纳入《中华人民共和国传染病防治法》规定的乙类传染病，并采取甲类传染病的预防、控制措施。这为后续采取隔离等强制性措施提供了法律依据，一些限制公民权利和自由的措施在实施前也经过了必要的法律程序，公众对法律规定的限制性措施也较为理解和接受，整个社会平稳有序运行。当然，这次应对新冠肺炎疫情过程中也暴露出我国在公共危机治理领域法治建设的一些短板，必须以习近平法治思想为引领，抓紧采取措施予以加强和完善。

一是新立相关法律法规。“立善法于天下，则天下治；立善法于一国，则一国治。”要主动适应当前公共危机多发频发态势，积极发挥立法对公共危机治理的引导、推动、规范和保障作用，补上法律缺位短板。比如，应加快出台紧急状态法。从法律规定来看，突发公共卫生事件分级响应机制并非宣布某一地区进入紧急状态，紧急状态是一种和战争具有同类法律地位的一个国家或地区的非常状态。目前，我国宪法仅就紧急状态的决定和宣布机关作了原则性规定，并未涉及紧急状态下政府的权力行使、公民的权利保障等诸多重要问题，对应的下位法是《中华人民共和国突发事件应对法》和《中华人民共和国戒严法》。有专家认为，《中华人民共和国突发事件应对法》不能代替紧急状态法。前者是一部授权限权法，主要是明确权力（利）内容和权力（利）界限；而后者，则是明确突发事件区域内的政府和公民的具体权利、义务的法律，重在维护涉事地区的社会秩序和救援秩序。《中华人民共和国戒严法》只是对进入政治性紧急状态时实施戒严的规定，其调整范围狭窄、调整手段单一，并不能满足规范所有紧急状态的需要。《中华人民共和国传染病防治法》《中华人民共和国防震减灾法》《中华人民共和国防洪法》等特别紧急状态法，其行业性、部门性特征十分明显，对其他领域的紧急状态则无能为力。因此，亟须出台统一的紧急状态法，使之成为应急法律体系之中落实宪法规定并统领各类紧急状态的基本法、普通法。另外，公共危机治理领域的法律还有空白点，比如危机治理过程中收集到的公民个人信息数据的保护和处理还没有相关法律予以明确，需加快立法。

二是抓紧修订完善相关法律法规。目前，公共危机治理领域相关法律法规的操作性还不够强，有的内容较为抽象，缺乏具体的实施细则、办法相配合，特别是一些关键条款过于抽象，还有一些条款存在冲突。比如，对传染病引发的突发公共卫生事件的预警，关于突发事件应对中的征用，《中华人民共和国传染病防治法》和《中华人民共和国突发事件应对法》都有不同规定。对此，应修订完善公共危机治理领域的相关法律法规，提升法律法规的体系性、一致性、操作性和科学性。2020年6月2日，习近平总书记在主持召开专家学者座谈会时强调，要有针对性地推进传染病防治法、突发公共卫生事件应对法等法律的修改和制定工作，健全权责明确、程序规范、执行有力的疫情防控执法机制，进一步从法律上完善重大新发突发传染病防控措施，明确中央和地方、政府和部门、行政机关和专业机构的职责。这为下一步完善公共卫生领域相关法律提供了遵循。

三是严格执法。“徒法不足以自行”，法律的生命力在于实施。领导干部在推进依法治国、依法治“危”中担负着重要责任，应始终对法律怀有敬畏之心，牢固确立法律红线不能触碰、法律底线不能逾越的观念，杜绝人治思想和长官意识，带头遵守法律，带头依法办事，坚决做到依法行政、依法施策，不断提高运用法治思维和法治方式处置公共危机事件的能力和水平。应积极动员社会力量对执法情况进行广泛监督，比如鼓励更多“吹哨人”、内部举报人对执法情况进行监督。

四是加强全民普法。深入细致地开展公共危机治理相关法制宣传，组织基层开展普法宣传，引导广大人民群众自觉增强法治意识，充分认识到法律既是保障自身权利的有力武器，也是必须遵守的行为规范，养成遇事找法的习惯，并依法支持和配合危机应对，推动全社会依法行动、依法行事。应重视对领导干部的普法工作，有的领导干部作出一些贻笑大方的决策都与不懂法有关，还有些因不懂法而进了监狱。贵州省委原书记刘方仁曾忏悔说：“如果我有下辈子会选择学法律。”在庭审的最后陈述阶段，他悔罪说：“原来我作为一个省委书记，以为什么都懂，但通过这次法庭审理我才发现，我其实是个法盲。我现在非常懊悔，曾经作为一个省委书记，我却不懂法。在民主法治国家，省委书记不懂法，这是很大的问题。不懂法，就抓不到点子上，不仅不利于省委书记本人的工作，更不利于全省人民。”刘方仁被移交起诉后，一直没有聘请律师，原因是刘方仁凭借他的“政治经验”认为，如果自己聘请辩护律师，就会给组织和有关部门一个印象，认为他认罪态度不好，对抗组织。权衡再三，他始终没有聘请律师。他最大的一笔受贿金额是500万元，是一个企业老板送给他儿媳妇的，他还召开家庭会议把这500万元进行了分配，丝毫不知道这是共同犯罪。可见，应特别注重加强对领导干部的普法，促使领导干部真正做到带头学法、遵法、守法、用法。

第三十三策　革故鼎新

历史从不眷顾因循守旧、满足现状者，机遇属于勇于创新、永不自满者。一切伟大成就都是接续奋斗的结果，一切伟大事业都需要在继往开来中推进。①

——习近平

2020年新冠肺炎疫情暴发后，人们的观念发生了一些新的变化。对中国人而言，吃野味的观念发生了转变。自古以来，国人对山珍野味有一种特殊喜好，古典名著《红楼梦》就呈现了当时富贵人家吃野味的饮食风尚。贾府置办年货时，少不了獐子、狍子、熊掌、野鸡、鹿肉等野味，一干人等一边吃野味一边吟诗。一些研究者认为，林黛玉的肺病、晴雯的痨病、贾珠的早夭等，或与贾府爱吃野味有关。长期以来，价格不菲的野味仍然被一些人当成滋补的美味和炫耀的资本。医学界普遍认为新冠肺炎与2003年的非典一样，病源仍是野生动物。于是越来越多的国人

① 2018年4月13日，习近平在庆祝海南建省办经济特区30周年大会上的讲话。

开始反思吃野味带来的危险，其观念也开始转变。2020年2月24日，全国人大常委会出台《决定》，禁止非法野生动物交易，革除滥食野生动物陋习。现在吃野味的现象大为减少。分餐制、使用公筷的观念也逐渐深入人心。我国早在西周就有“席地而坐，分案而食”的习俗，但是到了明清时期，合餐制基本取代分餐制，成为中国人主流的用餐模式。经过新冠肺炎疫情，人们普遍认识到，合餐制容易造成疾病的传播，家庭分餐、使用公筷可以切断食源性疾病的传播途径。央视公益短片《使用公筷，筷筷有爱》热播，里面有句广告词“加一双公筷，多一份安心”，引起了全国人民的共鸣。对西方人而言，拒戴口罩的观念得到了改变。西方人普遍认为只有生病的人才需要戴口罩，戴口罩就意味着自己被贴上了“病人”的标签，大多数人较为排斥戴口罩。新冠肺炎疫情暴发之初，西方社会从政府到民众对戴口罩采取的是轻视或拒绝的态度，甚至歧视戴口罩的人。意大利议员马特奥因戴口罩进入议会而被嘲讽。瑞士女议员布劳赫因坚持戴口罩参会而被赶出会议厅，理由是“扰乱会议秩序”。随着疫情日趋严重，西方人的观念发生了改变。2020年6月，英国、加拿大等国正式宣布，在公共交通工具上强制要求乘客戴口罩，许多民众也纷纷戴上了口罩。可见，新冠肺炎疫情对人们的一些传统观念进行了“革故鼎新”，给人们的生产生活方式带来了新变化。

一、唯有革故鼎新才能不断前进

“革故鼎新”一词，见于《周易·杂卦》“革，去故也；鼎，取新也”，其中“革”与“鼎”都是卦名，革卦就是去旧，鼎卦就是创新。后来《周易》里的这句话演化为“革故鼎新”，在古代多指改朝换代或重大变革等。比如，《唐中书令梁国公姚崇神道碑铭》记载："夫以革故鼎新，大来小往，得丧而不形于色，进退而不失其正者，鲜矣！"《旧五代史·梁书三·太祖纪三》记载，梁太祖朱温即位后在向天下发布的文告中称："革故鼎新，谅历数而先定，创业垂统，知图箓以无差。"革故鼎新现多泛指除去旧的，建立新的。近义词有革故立新、革旧从新、革旧维新等。革故鼎新这一成语在改革开放的今天运用频率很高，人们经常谈到的改革创新，包括理论、制度、科技、文化等方面的改革创新，其实质就是革故鼎新。那么，如何认识改革创新的极端重要性呢？

首先，改革创新是人类文明进步的动力源泉。纵观人类发展史，人类的一切文明成果，都是创新思维的胜利果实，都是创新智慧的结晶。古猿人成为人类的标志是会制造工具。在奴隶社会，青铜器的发明大大提升了生产力，文明时代自此开始。在封建社会，冶铁技术的发明，使人类有了铁器，生产力再次大幅度提升。蒸汽机的出现引发了工业革命，发电机、电动机、电子计算机等的发明及应用，都大大加快了人类文明进程。创新也是中华民族最深沉的民族禀赋，早在几千年前，商朝的开国君主成汤就把"苟日新，日日新，又日新"这九字箴言刻在洗澡盆上，激励自己自强不息，创新不已。中华民族的先民们秉持"周虽旧邦，其命维新"的精神，开始了缔造中华文明的伟大实践。16世纪以前，影响人类生活的重大科技发明约有300项，其中175项为中国人所发明，中国的农耕、纺织、冶金、手工制造技术长期处于世界先进水平。近代以后，中华民族历经磨难，但创新图强的步伐从未停歇。在社会变革的不同时期，中华民族勇于创新、奋发图强，战胜了一个又一个艰难险阻，取得了一次又一次胜利，巍然屹立于世界民族之林。

其次，改革创新是增强国家核心竞争力的关键因素。创新是引领发展的第一动力，创新决定未来，唯有创新才能抢占先机。纵观历史，世界经济中心几度迁移，很重要的因素是创新，特别是科技创新这个主轴在旋转、在发力，支撑着经济发展，引导着社会走向。相反，一些传统大国、强国的衰落，与其体制机制僵化、缺乏改革创新精神有关。改革开放初期，邓小平同志曾谆谆告诫："世界形势日新月异，特别是现代科学技术发展很快。现在的一年抵得上过去古老社会几十年、上百年甚至更长的时间。不以新的思想、观点去继承、发展马克思主义，不是真正的马克思主义者。"党的十一届三中全会就是一次解放思想、改革创新的大会，冲破了长期"左"的错误思想的严重束缚，重新确立马克思主义的思想路线、政治路线、组织路线，作出把党和国家的工作重点转移到社会主义现代化建设上来和实行改革开放的战略决策。党的十八大以来，习近平总书记把创新发展作为新发展理念之首，深刻指出"创新始终是一个国家、一个民族发展的重要力量，也始终是推动人类社会进步的重要力量"，"唯改革者进，唯创新者强，唯改革创新者胜"，"不创新就要落后，创新慢了也要落后"，并作出了实施创新驱动发展战略等一系列决策部署，推动我国不断取得创新发展的新成就。2020年10月29日，党的十九届五中全会通过了《中共中央关于制定国民经济和社会发展第十四个五年规划和二〇三五年远景目标的建议》，提出"坚持创新驱动发展，全面塑造发展新优势"，要求"坚持创新在我国现代化建设全局中的核心地位，把科技自立自强作为国家发展的战略支撑，面向世界科技前沿、面向经济主战场、面向国家重大需求、面向人民生命健康，深入实施科教兴国战略、人才强国战略、创新驱动发展战略，完善国家创新体系，加快建设科技强国"。可见，我国把创新摆在了更加突出的重要位置。

最后，改革创新是领导干部创业成事的基本要素。改革创新精神是一种与时俱进、锐意进取、勤于探索、勇于实践的精神。一个领导干部如果没有改革创新精神，不思进取、因循守旧、患得患失、畏首畏尾、故步自封、原地踏步，那是很难创业成事的。特别是对一些老大难问题，用传统的方法、普通的方法解决不了，这就需要领导干部解放思想、大胆创新，创造性地开展工作。改革开放40多年来，深圳以极快的速度，从一个小渔村发展成为一座繁荣的大都市，从中国第一个经济特区发展成为新兴的创新中心，被誉为中国的硅谷，与深圳有一批勇于改革创新的干部不无关系。作为一个创业者的城市，深圳一直保持了改革创新的基因。2020年6月1日，党中央、国务院正式公布《海南自由贸易港建设总体方案》，6月3日，深圳就形成了对标《海南自由贸易港建设总体方案》进一步推动前海蛇口自贸片区高质量发展的报告，结合深圳特别是前海蛇口自贸片区的情况，分析出前海尚不具备的优惠政策共计34条，有30条改革开放措施值得前海学习借鉴，需向国家争取。不仅是领导干部，深圳还有一批勇于创新的企业家，华为、大疆、比亚迪等创新型公司都在深圳发展壮大。华为创始人任正非说："没有创新，要在高科技行业中生存下去几乎是不可能的。在这个领域，没有喘气的机会，哪怕落后一点点，就意味着逐渐死亡。"

海南的脱贫攻坚工作2018年度和2019年度连续两年在国家考核中位列优秀等次，也离不开改革创新。2016年面对提升贫困群众内生动力这个"老大难"问题时，海南进行了两项创新：一是探索创立了"电视+夜校+961017服务热线"精准扶贫新模式。在传统电视、夜校、服务热线等资源的基础上进行创新，从组织形式、管理模式、功能设计等方面赋予其全新内涵，形成了扶志、扶智相结合的形态。在组织形式上，成立夜校工作领导小组，由省委领导任领导小组组长和全省夜校总校长，市、县、乡镇的分管领导任各级夜校校长，省委组织部负责管理考核夜校工作。在管理模式上，由扶贫干部组织贫困户集中到夜校学习，并引入钉钉系统，加强对全省5400多名教学管理人员工作情况和2700多个教学点贫困群众学习情况的实时监督。在功能设计上，为贫困群众提供学政策、学技术、卖产品、找工作、找热线、找媳妇等“六大好处”。通过三年多的发展，脱贫致富电视夜校已成为培训帮助贫困群众、提升贫困群众内生动力、密切干群关系的重要抓手，为海南打好脱贫攻坚战作出了独特贡献。这个新模式得到了中央领导同志和国务院扶贫办的充分肯定，海南省脱贫致富电视夜校工作推进小组办公室获得2018年全国脱贫攻坚奖组织创新奖。电视夜校主创人员两次受联合国粮农组织邀请，在相关国际论坛上介绍办学经验，向世界展示了海南扶贫工作的创新成果。二是创新“互联网+消费扶贫”模式，探索将慈善行为与消费行为相结合，以海南爱心扶贫网为线上平台，以爱心扶贫大集市为线下载体，以“四动四全”即“党政强力推动，做到全保障；各方积极联动，做到全覆盖；线上线下高效互动，做到全服务；贫困群众自觉主动，做到全参与”为抓手，将社会扶贫、产业扶贫、精神扶贫等有机融合，有效解决贫困地区农产品买卖难问题。海南爱心扶贫网获得2018年“因爱同行”网络公益年度项目奖，其主办单位海南省扶贫工作办公室社会扶贫处获得2019年全国脱贫攻坚奖组织创新奖。实践证明，领导干部要想打开工作局面，有所成就，不坚持改革创新，只会亦步亦趋，是没有出路的。

总之，革故鼎新蕴含着深刻的道理，大到一个国家、一个民族、一个政党，小到一个团队甚至一个人，大创新大成就，小创新小成就，不创新没成就。领导干部应努力把握历史规律，着眼历史大势，顺应历史时局，敢于突破传统，不断适时调整自身的思维方式、行为规范和处事方法。

二、公共危机治理理念必须与时俱进

面对公共危机，落后的观念必然导致滞后的危机意识和落后的应对方式，应及时打破不合时宜的老框架，改变不符合时代要求的旧观念，树立与时俱进的新理念。

一是由“内紧外松”转变为“内外一致”。处理个别特殊事件时，“内紧外松”是可以理解的。但长期以来，一些干部应对突发事件包括公共卫生事件形成了“内紧外松”的习惯性思维，其出发点是防止产生社会恐慌，以免被上级问责。这种观念不仅不能有效控制事态发展，反而会影响危机处置。“内紧”使得危机应对遮遮掩掩、畏手畏脚，容易失去最佳应对时机；“外松”会让社会公众对风险警惕性不强，可能导致危机蔓延。比如，2018年，安徽省阜阳市发生一起数千儿童感染肠道病毒71型的公共卫生事件。3月上旬，当地医院陆续收诊多例有发热病症的儿童，并出现了死亡病例。在出现患病儿童死亡后，关于“怪病”夺取儿童生命的传言在阜阳广泛流传，然而当地政府采取了“内紧外松”的应对方式，只是在医疗系统内部下发文件，采取措施，但没有对外公布。直到4月15日，当地媒体才第一次公开疫情，但公开的信息却称“该病为呼吸道感染疾病，并非传染病”，于是，很多孩子又回到幼儿园，随后疫情进一步扩散。到4月28日，有关部门报告肠道病毒71型感染病例1520例，死亡20例。正是因为在疫情发生初期采取了“内紧外松”的方式，不仅没有遏制住疫情，反而加重了疫情，教训十分惨痛。再比如，贵阳市在2008年应对特大凝冻灾害工作中，相关市领导也存在“内紧外松”的思维惯性。凝冻灾害发生后，贵阳市于1月18日启动重大气象灾害应急预案，但市委、市政府担心会引起大范围社会恐慌，没有第一时间向外界公布灾害信息，而是由市广电局来指导媒体发布信息。直到1月30日，少数老百姓出现恐慌情绪苗头后，市委、市政府才意识到问题的严重性，要求电视台、电台、网络马上滚动播出灾情信息及救灾情况，保障公众的知情权。随着社会文明程度不断提升，社会公众对各类信息已经有一定的辨识能力，以讹传讹的现象也越来越少，因此担心引发社会恐慌的心态在现代社会并不可取。面对公共危机，应改变"内紧外松"的老观念，采取"内外一致"措施，及时公开信息，包括公开事件的状态、政府的处置对策，提醒公众防范，防止产生更大的危机。

二是由"简单定性"转变为"精准定性"。一些公共危机事件特别是群体性事件愈演愈烈，与一些领导干部在事件发生之初对事件简单定性不无关系。在以阶级斗争为纲时期，一些突发事件常常被简单定性为敌我矛盾。1956年底至1957年初，我国国内出现了工人罢工、学生罢学、农民闹退社等事件，许多领导干部习惯于将其当成敌我矛盾进行处理，采取简单粗暴的做法，导致矛盾不断激化。1957年1月，石家庄正定地质干校学生因毕业分配问题罢课、示威、请愿，并造成火车停驶、运输中断达12个小时。当时，一些基层干部认为，这起事件不是孤立的，而是蓄谋已久的，是学生中一些出身不好的人借机煽动闹事，性质是反革命事件。刘少奇听完有关"正定事件"的汇报后鲜明指出，"正定事件"不是反革命事件，是人民内部矛盾。刘少奇同志还给大家介绍了波匈事件及其教训，耐心地说明必须学会正确区分和处理两类不同性质的社会矛盾这一新课题。现在我国面临的各种矛盾、各种利益冲突更为复杂，对各种突发事件更不能简单定性。2008年7月19日，云南省普洱市孟连傣族拉祜族佤族自治县发生了一起十分严重的群体性事件，执行任务的公安民警遭到500多名胶农围攻，冲突造成2名村民死亡，41名民警、3名干部、17名村民受伤，9辆执勤警车被砸。这起事件表面上看是警民冲突，实质是胶农与企业之间长期的经济利益纠纷得不到有效解决所致。在孟连事件发生前，当地已发生群体性事件7起。但县委、县政府认为，这些事件是农村黑恶势力作怪，请求普洱市调用警力进行打击。普洱市就此事向省委政法委汇报请示，省委政法委在调研后认为孟连社会治安问题的根本原因是群众利益纠纷，要求普洱市和孟连傣族拉祜族佤族自治县分清矛盾性质，最大程度地考虑群众利益，调解利益纠纷，不同意治安整治和抓捕，并警示对少数人采取强制措施可能有引发群体性事件的风险。然而，7月2日的普洱市委常委会依然决定打击孟连农村黑恶势力，跨县调警之事不再向省里报告。7月19日，公安机关在对勐马镇勐啊村芒朗组分别涉嫌聚众扰乱社会秩序罪、故意伤害罪的5名犯罪嫌疑人采取强制传唤措施，并向村民开展法制宣传教育时，500多名不明真相的群众在极少数别有用心之人的煽动下，情绪激动，行为过激，造成了警民冲突。该事件带来的教训是深刻的，虽然事件中确实有不法分子、黑恶势力存在，但主要矛盾是胶农长期以来的诉求没有得到解决，当地政府没有解决胶农诉求，反而违规动用警力，把群众推向了对立面，导致群众对基层党委、政府失去信任，从而被少数人利用。孟连事件发生后，国家吸取了相关教训，明确规定在处置群体性事件时，要坚持慎用警力、慎用武器警械、慎用强制措施，坚决防止因用警不当、定位不准、处置不妥而激化矛盾，坚决防止发生流血伤亡事件。可见，在处置公共危机事件时，应该认真分析研判事件苗头、发生原因等，进行精准定性，抓住主要矛盾，从而制定出最优应对策略。

第三，由“家丑不可外扬”转变为“家丑不怕外扬”。公共危机事件发生时，一些领导干部的第一反应是“家丑不可外扬”，只予官知，不予民晓。有的发布封杀令，封住所有媒体，堵住所有消息渠道；有的发封口费收买媒体，让其不要报道负面信息。说到底，无非是担心破坏当地的形象，给上级和公众留下不好的印象。在报纸、电视等传统媒体主导，网络等新媒体不发达的时代，信息传播渠道容易被阻断，而现在是新媒体、自媒体时代，如果还以这种观念来应对危机、处置舆情，“重堵不重疏”，那结果只会适得其反。比如，2020年4月18日，河南原阳盛和府小区堆放的土方中陆续发现4名5至11岁儿童遗体，均系与小区相邻的原阳县原兴街道温庄村人，经过初步判断，4个孩子可能因土方压埋窒息死亡。此事曝光后，在网络上掀起了轩然大波。4月21日，红星新闻、新京报、上游新闻等媒体的记者前往现场进行采访时，被“不明身份人员”撕扯并被抢走手机。人们愈发质疑，当地为什么那么害怕记者靠近现场，真相到底是什么。随后，“神秘人推搡记者”“被抢走的记者手机遭遇刷机”“受害人直系亲属失联”“温庄村突现多名‘口罩人’”等信息充斥网络，让原阳县在舆论漩涡中愈陷愈深，造成极大被动。这些做法的背后是一些领导干部“家丑不可外扬”的观念在作祟。公共危机治理中的“泄洪模式”指出，当洪水泛滥时，如果一味围堵，可能面临决堤，不如加以疏通引导。领导干部应树立“家丑不怕外扬”的观念，让更多的人第一时间了解发生了什么事、政府怎么应对，疏导公众情绪，以凝聚应对危机的更大合力。

第四，由“报喜不报忧”转变为“喜忧都要报”。“家丑不可外扬”说的是不让社会公众知道真相，而“报喜不报忧”指的是对上级只说好的，不说差的。公共危机往往会造成人员伤亡和财产损失，是一个坏消息，于是有些领导干部为了逃避责任或保住自己的乌纱帽，首先想到的是掩盖事实，蒙蔽上级，意图“大事化小，小事化了”。这次新冠肺炎疫情防控过程中，中央反复强调“一旦发现疫情立即精准管控，实事求是、公开透明发布信息，决不允许瞒报漏报”，就是担心一些领导干部习惯于“报喜不报忧”，企图捂盖子，对疫情防控造成不利影响。在实际工作中，一些干部乐于把事故当故事讲、把丧事当喜事办、把过程当成绩讲、把目标当结果讲，而把问题都隐藏起来。比如，在发布各类事故通报时，一些部门常常使用“死者家属情绪稳定”之类的表述，反映的就是一种“报喜不报忧”的心理。2003年广东连州发生特大交通事故，造成32人死亡，“伤者和死者家属情绪稳定”；2003年重庆开县发生特大井喷事故，“社会秩序良好，紧急疏散出来的群众情绪稳定”；2004年辽宁昌图烟花爆炸事故造成37人死亡，“死者家属情绪稳定”……家人突然不幸身亡，噩耗传来，死者家属的正常反应应该是痛不欲生、情绪激动，但地方政府往往认为群众没有上访闹事就是情绪稳定，目的是让上级认为善后工作做得很到位。“报喜不报忧”会妨碍上级掌握真实全面的信息、作出正确的决策，从而贻误战机。领导干部应明白成绩和问题都是客观存在的，谎报的成绩、隐藏的问题终究会暴露出来，应勇于正视问题，敢于担当负责，做到“喜忧都要报”。

三、公共危机治理机制要从战时状态向常态化转变

面对新冠肺炎疫情，我国全面进入疫情防控战时状态，充分发挥集中力量办大事的体制优势，建立了一整套危机应对机制。实践证明，这套战时状态下的危机应对机制是有效的。我们应通过制度化、机制

化的方式，将特殊时期有所创新的好做法、好经验固化下来并用于常态。比如，为应对此次疫情，中央层面设立了中央应对新冠肺炎疫情工作领导小组，各省区市都相应设立了应对疫情工作领导小组，形成了高效统一的领导指挥体系，为快速有效开展疫情防控工作提供了有力保障。按照以往的做法，随着疫情结束，这种紧急状态下临时设立的应急领导小组也将撤销。但鉴于未来可能会发生类似新冠肺炎疫情的重大公共危机事件，可考虑成立应急管理委员会，使这一领导指挥体系制度化、机制化，负责常态化地研究重大公共危机事件的预防和处置。同时，这次疫情中形成的联防联控机制、群防群治工作机制，对防止疫情蔓延起到了重要作用，应进一步完善和固化并推广应用到其他领域。

四、依靠但不依赖新技术手段

习近平总书记指出，纵观人类发展史，人类同疾病较量最有力的武器就是科学技术，人类战胜大灾大疫离不开科学发展和技术创新。面对人类未知的新冠病毒，我国坚持以科学为先导，充分运用近年来的科技创新成果，组织协调全国优势科研力量，以武汉市为主战场，统筹全国和疫情重灾区，根据疫情发展的不同阶段确定科研攻关重点，坚持科研、临床、防控一线相互协同和产学研各方紧密配合，为疫情防控提供了有力的科技支撑。在没有特效药的情况下，实行中西医结合，先后推出八版新冠肺炎诊疗方案，筛选出“三药三方”等临床上有效的中药、西药和治疗方法，被多个国家借鉴和使用。先后部署了灭活疫苗、重组蛋白疫苗、腺病毒载体疫苗等5条技术路线并行研发，至2020年10月底，已进入三期临床试验阶段的疫苗共有四支，其中三支为灭活疫苗，一支为腺病毒载体疫苗。2020年12月15日起，我国正式开展重点人群的接种工作。充分利用大数据、人工智能等新技术进行疫情趋势研判，开展流行病学调查，努力找到每一个感染者，穷尽式地追踪密切接触者并进行隔离。建立数据库，依法开展疫情防控风险数据服务，对不同风险人群进行精准识别，预判不同地区疫情风险，为促进人员有序流动和复工复产提供服务。通过5G视频实时对话平台，偏远山区的流行病学调查团队可以与几千公里之外的高级别专家实时互动交流。

但应看到，科技手段不是万能的，要依靠科技但不能依赖科技。毛泽东同志说过："如果武器真是万能，人类就不可能有这许多历史的演变，历史上的弱小民族和被压迫阶层便不应该有翻身的机会。"新冠肺炎疫情防控工作充分说明了这一点。比如，在疫情暴发初期，各省区市通过电信运营商提供的大数据查找湖北籍人员及去过湖北的人员，科技手段在寻找特定人员方面发挥了重要作用。但大数据也不完全精准，一个人可能会有几个手机号码，有的手机号码登记的可能不是本人的身份证号码，有的人到另一个城市后会把原来的手机号码搁置不用，这都可能导致排查出现误差。在实际工作中，各地在排查湖北籍及去过湖北的人员时，大都采取"网格化排查+大数据排查"双管齐下的办法，且主要还是靠镇街基层干部、村居工作人员进村入户进行拉网式排查。可见，科技手段不是万能的，尤其在公共危机瞬息万变的紧急情势下，需要切实提升运用新技术手段应对公共危机的能力，但是不能完全依赖。

第三十四策　转危为机

危和机总是同生并存的，克服了危即是机。……要深入分析，全面权衡，准确识变、科学应变、主动求变，善于从眼前的危机、眼前的困难中捕捉和创造机遇。①

——习近平

受新冠肺炎疫情影响，2020年一季度我国国内生产总值同比下降6.8%，但降中有升。比如，基础原材料产业和高技术制造业保持增长，自动售货机（售票机）、电子元件、集成电路、城市轨道车辆、太阳能电池的产量分别增长35.3%、16.2%、16.0%、13.1%和3.4%；新兴服务业增势良好，互联网和相关服务、软件和信息技术服务业营业收入分别增长10.1%和0.7%；高技术服务业中，电子商务服务投资增长39.6%，专业技术服务投资增长36.7%，科技成果转化服务投资增长17.4%。前三季度国内生产总值同比增长0.7%，扭转了上半年下降的局面，同时多项主

① 2020年4月1日，习近平在浙江考察时的讲话。

要指标同比增速实现由负转正，产业转型发展的动力明显加大，以互联网经济为代表的新动能逆势成长。比如，规模以上高技术制造业增加值增长5.9%，装备制造业增加值增长4.7%，增速都比上半年加快。高技术产业投资增长9.1%，加快2.8个百分点，幅度较大。实物商品网上零售额同比增长15.3%，增速比上半年加快1个百分点，占社会消费品零售总额的比重达到24.3%。在工作、生活中，我们也能切身感受到这种变化：疫情期间线下消费少了，网上订餐、购物多了，线上“宅经济”火爆；运用线上远程办公，师生停课不停学；火车站、飞机场、旅游景区等运用人工智能测温系统，无须等候就可快速通过；等等。可见，新冠肺炎疫情有危亦有机。习近平总书记指出：“要坚持用全面、辩证、长远的眼光分析当前经济形势，努力在危机中育新机、于变局中开新局。”[①]

一、转危为机是一种化险为夷、力挽狂澜的本事

古语中与“转危为机”意思相近的有“转危为安”，见于西汉刘向《战国策》：“皆高才秀士，度时君之所能行，出奇策异智，转危为安，运亡为存，亦可喜，皆可观。”意思是，有能力的才人秀士，考虑当时君主所能做的，运用奇异特殊的策略智慧，把危急变成安全，把危亡变成生存，这是可喜的事，都有可欣赏称道的地方。转危为机和转危为安通常意指局势、病情等由危急、危险转为机遇、平安。相较于转危为安，转危为机更有积极的一面，更加强调人的主观能动性。相近的成语还有力挽狂澜、化险为夷等。

① 2020年5月23日，习近平在看望参加政协会议的经济界委员时的讲话。

古今中外，能够被称赞“杰出”的领导者，大多具有转危为机的能力和本事。比如，明朝万历年间的内阁首辅张居正。当时，明朝内外矛盾重重，土地兼并严重，全国纳税的土地约有一半被贵族、大地主隐占，财政入不敷出，北方有蒙古、女真入寇边塞，南方叛乱频发，黄河屡次决口，灾民无数，朝廷岌岌可危。在国家多难之际，张居正决心“弃家忘躯，以徇国家之事”。在万历皇帝的支持下，他大力推行改革。政治上，整顿吏治，实施考成法；军事上，整饬边疆，“外示羁縻、内修守备”，改善汉蒙关系，加强北边防务；经济上，推行“一条鞭法”，对“天下田亩通行丈量”，整顿赋役制度，扭转财政危机。经过一系列改革，朝廷中央集权得到强化，财政收入显著增加，社会经济有所恢复和发展，内忧外患得到有效缓解，史称“万历中兴”。在商业领域，也有许多领导者让企业转危为机。比如，让福特汽车起死回生的艾伦·穆拉利。2006年，福特汽车陷入困境，负债127亿美元，组织结构臃肿，内耗激烈。艾伦·穆拉利在危机时刻接任公司CEO，一上任便开始了大刀阔斧的改革。通过大规模裁员、关闭工厂、精简车型、缩减组织架构，及时优化了福特的资产负债表；将公司的所有资产抵押，从银行筹得230亿美元贷款，避免了福特走向破产；精简设计流程、提高零部件共享比例，将小型车发展成为一个有利可图的细分市场，并将每位高管的业绩同利润指标挂钩。自2009年起，福特实现扭亏为盈，并逐步走向大规模赢利，股价上涨超过80%。在美国市场，福特逐渐收复失地，2013年市场份额为16%，并占据最畅销汽车品牌的地位长达四年。可见，对于领导干部和管理者而言，打赢打好转危为机战略主动战，是能力和水平的重要体现。

二、积极乐观的心态是转危为机的前提

积极乐观的心态是指面临事物的变化时所具有的积极向上的态度。研究发现，积极乐观的心态可以改变人们的行为甚至事件的结果。所以，公共危机发生前，应多从不利的一面考虑问题，尽可能避免危机发生。危机发生后，则应保持积极乐观的心态去正面应对。

一方面，保持积极乐观的心态，更容易发现事物有利的一面。在公共危机面前，消极悲观的人总是把关注点放在过去，放在自己失去的东西上，纠结于自己为什么这么倒霉。而积极乐观的人则把关注点放在当下，放在自己能做的事情上，总能发现事物有利的一面。1962年冬天，焦裕禄到兰考工作。面对连年受灾的兰考，一部分干部消极悲观，对改变兰考面貌缺乏信心，少数人甚至不愿意留在灾区工作。而焦裕禄则不同，上任县委书记的第二天，他就到灾情最重的公社和大队去了。见到沙丘，他说："栽上树，岂不是成了一片好绿林！"见到涝洼窝，他说："这里可以栽芦苇、种蒲、养鱼。"见到碱地，他说："治住它，把一片白变成一片青！"转了一圈后回到县委，他向大家说："兰考是个大有作为的地方，问题是要干，要革命。兰考是灾区，穷，困难多，但灾区有个好处，它能锻炼人的革命意志，培养人的革命品格。革命者要在困难面前逞英雄。"焦裕禄积极乐观的精神感染了大家。大家议论说，新来的县委书记看问题棋高一着，他能从困难中看到希望，能从不利条件中看到有利因素。任何事物都有两面性，心态不一样，看问题的角度就不一样。在公共危机治理中，领导干部应像焦裕禄同志那样，敢于在困难面前逞英雄，自觉主动地对个人的情绪进行控制和调节，始终保持积极、乐观、向上的良好心态，善于发现危机中有利的一面。

另一方面，保持积极乐观的心态，有利于发挥主观能动性。同样的一件事，用积极或消极的态度去处理，会出现完全相反的结果。比如，迪士尼公司经历了多次经济危机，但始终以积极乐观的态度面对，均实现转危为机。第一次是20世纪30年代，美国经济危机暴发，迪士尼公司面临破产。但它结合时代热点，推出《白雪公主和七个小矮人》《疯狂的飞机》等振奋人心的作品，引起空前反响，成功渡过这次重大经济危机。第二次是1987年10月，"黑色星期一"股灾暴发，迪士尼股票一度下跌42%。迪士尼公司及时调整策略，积极开展线下实景娱乐项目，"星河之旅"主题项目、迪士尼专卖店、迪士尼－米高梅影城、"飞溅山"经典游乐设施等相继建成投入运营，股票也在1989年年中、1992年初反弹到历史最高点。第三次是2000年，互联网泡沫引发股灾，迪士尼股价一度下跌70%。迪士尼公司将触角延伸到更多国际市场，其中重点在中国发力，上海迪士尼乐园投入运营，漫威宇宙系列在中国攫取巨大祟仓。在这个过程中，迪士尼公司的市值也一路从550亿美元飙涨到2300亿美元，成为世界级的娱乐巨无霸。迪士尼公司原CEO罗伯特·艾格说："一位优秀的领导人最为重要的特质之一就是乐观，也就是对可能获得的成就抱有符合现实的热情。即便是在困难的抉择和不甚理想的结果面前，一位乐观的领导者也不会落入消极的情绪之中。一言以蔽之，消极主义者是无法给人们以鼓舞和动力的。"作为领导干部，在公共危机面前绝不能消极无为，而应以积极乐观的心态面对，主动作为，实现转危为机。

三、准确把握形势是转危为机的依据

乐观不是盲目乐观，而是基于对形势的清醒认识和准确把握。面对公共危机，领导干部应用全面、辩证、长远的眼光分析危机变局，善于从纷繁复杂的危机中发现和捕捉机遇，变压力为动力，化危机为机遇。

一是用全面的眼光分析形势。全面的观点是唯物辩证法的一个基本观点，它要求从整体上把握组成事物的方方面面，把握事物存在和发展的种种联系。公共危机的发生往往涉及经济、政治和社会发展等各个方面的问题，对它的分析应该是全面的，不能局限于一域，不能盲人摸象，否则就会犯片面主义的错误。比如，受新冠肺炎疫情影响，消费、服务业出现萎缩，产业链、供应链受到冲击，中小微企业首当其冲，就业等民生保障挑战加大。但要看到，我国具有全球最完整、规模最大的工业体系，强大的生产能力，完善的配套能力，拥有1亿多市场主体和1.7亿多受过高等教育或具有各类专业技能的人才，还有包括4亿多中等收入群体在内的14亿人口所形成的超大规模内需市场，正处于新型工业化、信息化、城镇化、农业现代化快速发展阶段，投资需求潜力巨大。以公有制为主体、多种所有制经济共同发展，按劳分配为主体、多种分配方式并存，社会主义市场经济体制等社会主义基本经济制度，既有利于激发各类市场主体活力、解放和发展社会生产力，又有利于促进效率和公平有机统一、不断实现共同富裕。通过全面分析，可以得出我国经济稳中向好、长期向好的基本趋势没有变。

二是用辩证的眼光分析形势。辩证地看，危机就是危与机的矛盾统一体，危中有机，机中有危，危可转机，机可变危，它们相互依赖、相互依存、互为条件、辩证统一。毛泽东同志曾说："不但要看到事物的正面，也要看到它的反面。在一定的条件下，坏的东西可以引出好的结果，好的东西也可以引出坏的结果。"比如，1958年，云南因肿病、痢疾、小儿麻疹等导致人员大量死亡。毛泽东同志在云南省委的检查报告上作出批示，明确指出云南省委没有及时觉察出一部分地方发生的肿病问题，“犯了一个错误”。但是，“坏事变好事，祸兮福所倚”。一方面，“取得教训，得到免疫力，他们再也不犯同类错误了”；另一方面，别的地区也可以从中吸取深刻教训，避免“犯云南那样的错误”。这次新冠肺炎疫情也是如此，虽然一些传统行业受冲击较大，但智能制造、无人配送、在线消费、医疗健康等新兴产业展现出强大成长潜力，带来了改造提升传统产业、培育壮大新兴产业的契机。再比如，2008年贵阳市发生的凝冻灾害本来是一场大灾害，但当地党委、政府把这场不愿遭遇的灾难转变为建设生态文明城市的重大机遇，把制定恢复重建的规划与制定生态文明城市的规划结合起来，把恢复生产与做大做强生态产业结合起来，把恢复森林、防治次生灾害与加强生态环境建设结合起来，把弘扬贵阳抗凝精神与培育生态文化结合起来，把完善自然灾害和突发事件应急机制与创新生态文明城市建设机制结合起来，把完善具有贵阳市特点的抗灾救灾指挥体系与建设生态文明城市责任体系结合起来，使得贵阳市人民对生态文明建设的认识空前统一。经过多年努力，贵阳市的生态文明建设行稳致远，贵阳市先后被列为全国生态文明建设试点城市、首批低碳试点城市、首批节能减排财政政策综合示范城市等。

三是用长远的眼光分析形势。长远的眼光，是指对事物本质、发展规律和人性的精准把握。春秋时期，齐桓公有三个宠臣，分别是开方、竖刁、易牙。开方是卫国的公子，父亲去世了都不回去奔丧，留在齐国服侍齐桓公；竖刁为了表示对齐桓公的忠心，自行阉割进宫服侍齐桓公；易牙是个厨师，因齐桓公顺口说了一句，乳猪这么好吃，不知道婴儿肉有没有这么好吃，就把自己的儿子烹了送给齐桓公吃。公元前645年，管仲病危。齐桓公问管仲：“在您之后群臣中谁可以担任国相职务呢？”管仲说："没有比国君更了解臣下的。"齐桓公说："易牙这个人如何？"管仲回答说："易牙杀死自己的儿子来迎合国君，这种行为不近人情，这个人不能任用。"齐桓公说："开方这个人如何？"管仲回答说："开方背弃自己的父母来迎合国君，这种行为不近人情，这个人不能亲近。"齐桓公说："竖刁这个人如何？"管仲回答说："竖刁阉割自己来迎合国君，这种行为不近人情，这个人不能亲信。"但管仲去世之后，齐桓公并没有采纳他的意见，继续亲近和重用易牙、开方、竖刁三人。后来，齐桓公晚年病重，三人勾结在一起，参与齐国公子间的争权夺位，把齐桓公活活饿死在宫内，齐桓公死之前号啕大哭，后悔没有听从管仲的意见。最后，他的尸体停放了67天才被下葬。管仲正是看到了易牙、开方、竖刁三人作出的事情违背基本的人性，才作出这三人不可信的长远判断。因此，领导干部应认真研究事物发展规律和人性规律，制定长远发展战略，这样才能赢得主动，才不会陷入被动。比如，贵阳市提出建设生态文明城市，之所以能够一任接着一任干，"一张蓝图绘到底"，就是因为这项工作是遵从事物发展规律、从民心民意出发的。如果是为了某个领导的一己私利，搞形象工程、政绩工程，那肯定不会长久。

四、善于捕捉和创造新机遇是转危为机的密钥

公共危机治理既是对领导干部危机处置能力的考验，也是对领导干部机遇把握能力、定力和远见的检验。习近平总书记强调："要深入分析，全面权衡，准确识变、科学应变、主动求变，善于从眼前的危机、眼前的困难中捕捉和创造机遇。"领导干部应坚持变中求新、变中求进、变中突破，不断提高在危机中捕捉和创造新机遇的能力。

一是善于发现新机遇。恩格斯说："没有哪一次巨大的历史灾难不是以历史的进步为补偿的。"2003年的非典疫情虽然给经济社会发展带来巨大压力，但是客观上给经济发展方式转变，特别是电子商务的跨越式发展，带来了机遇，淘宝和京东就是典型案例。非典疫情期间，阿里巴巴公司包括马云在内500人被隔离，这无疑是不幸的。但马云却发现了因为疫情人们不能面对面联系而更多采用互联网工具的新机遇，从而大力发展电子商务，使得阿里巴巴的业务不降反升，随后淘宝应运而生，迅速超过易趣、易贝（eBay）等电子商务平台。京东也是如此，面对非典对传统零售业的冲击，刘强东放弃了在全国扩张连锁店面的计划，于2004年初将京东带入电子商务领域。自此，京东进入了高速发展期。这次新冠肺炎疫情也是一样，既给中国经济社会发展带来新挑战，也给加快科技发展、推动产业结构优化升级、抓好城市治理体系和治理能力现代化建设带来新机遇。公共危机治理考验的是各级领导干部对问题的快速反应和深刻洞察能力。作为领导干部，应增强机遇意识，善于把握问题的态势、走势，在与"危"的较量中发现"机"的存在，最大程度地消除不利影响，努力扩大积极因素。

二是善于捕捉新机遇。在公共危机治理中，发现机遇固然可贵，但捕捉机遇更为关键，也更不容易，需要主动作为，识变、应变、求变。2008年汶川大地震给汶川县水磨镇带来严重损失，但水磨镇抓住恢复重建的新机遇，重新自我定位，把旅游业作为主导产业之一，成功由以高能耗、高污染工业为主导产业的小镇变身为国家5A级风景区。同样，面对这次新冠肺炎疫情给数字经济、智能制造、无人配送、在线消费、医疗健康等产业带来的发展新机遇，全国各地正加码新兴产业布局。比如，北京出台《关于加快培育壮大新业态新模式促进北京经济高质量发展的若干意见》，制定27项措施培育壮大疫情防控中催生的新业态新模式，打造经济新增长点。面对危机，领导干部应坚持问题导向同目标导向、结果导向相统一，不断丰富和拓展化危为机的措施、手段和途径，牢牢抓住新机遇。

三是善于创造新机遇。“智者创造机会，强者把握机会，弱者等待机会。”对领导干部而言，不仅应善于把握机遇，还应积极创造机遇。贵州省大数据产业就是个无中生有、创造机遇的典型例子。2008年以来，受世界经济危机的持续影响，原本经济就比较落后的贵州省发展形势更为严峻，在这关键节点，贵州省没有选择传统的发展方式，而是利用低成本的电力资源、凉爽有利的气候因素，将发展大数据产业列为全省重点发展战略，先后出台相关政策近20项，并通过完善体制机制、发展规划、基础支撑、人才培养、开放合作、营销平台等，稳步推进大数据产业发展壮大。目前，大数据产业已经成为贵州省经济发展的新引擎。这次新冠肺炎疫情暴发后，上海市为贯彻习近平总书记关于“疫情对产业发展既是挑战也是机遇”的重要指示，制定发布了《上海市促进在线新经济发展行动方案（2020—2022年）》，把加快在线新经济发展作为超大城市有效推进疫情防控和疫后经济复苏的重要落脚点，提出大力发展“无中生有”“有中启转”“转中做大”3类12个代表未来发展方向又各有特色的产业，到2022年末将上海打造成具有国际影响力、国内领先的在线新经济发展高地。可见，领导干部应善于从眼前的危机、眼前的困难中创造新的机遇，真正做到于危机中育新机、于变局中开新局。

第三十五策　同舟共济

我坚信，只要我们同舟共济、守望相助，就一定能够彻底战胜疫情，迎来人类发展更加美好的明天！①

——习近平

2020年新冠肺炎疫情暴发以来，中国共产党同110多个国家的240个政党发出共同呼吁，呼吁各方以人类安全健康为重，秉持人类命运共同体理念，携手加强国际抗疫合作。2020年3月26日，习近平主席在二十国集团领导人应对新冠肺炎特别峰会上指出："值此关键时刻，我们应该直面挑战、迅速行动。我坚信，只要我们同舟共济、守望相助，就一定能够彻底战胜疫情，迎来人类发展更加美好的明天。"二十国集团其他领导人也承诺将合作应对疫情作为优先事项。4月3日，由美国重要智库亚洲协会和加州大学圣地亚哥分校全球政策与战略学院21世纪中国研究中心牵头，超过90名来自两党的前高级政府官员和中美关系专家共同呼吁

① 2020年3月26日，习近平在二十国集团领导人应对新冠肺炎特别峰会上的讲话。

中美两国在防控新冠肺炎疫情方面加强合作，在世界范围内挽救更多生命。5月18日，在第73届世界卫生大会视频会议开幕式上，习近平主席发表致辞，提出加强疫情防控的建议，宣布推进全球抗疫合作实际举措，呼吁构建人类卫生健康共同体。6月4日，50多个国家和地区的代表参加全球疫苗峰会视频会议，呼吁各国政府和国际组织携手合作，李克强总理在会议上指出，希望同舟共济，携手早日战胜疫情。全球疫苗峰会共为全球疫苗免疫联盟（GAVI）筹资88亿美元，用于购买可能问世的新冠病毒疫苗，扩大其生产并支持向发展中国家的供给。可以说，抗击新冠肺炎疫情再次表明，人类是一个休戚与共的命运共同体，国际社会应该守望相助、同舟共济。

一、同舟共济方能战胜困难

“同舟共济”一词，又称同舟而济，见于《孙子兵法·九地》：“夫吴人与越人相恶也，当其同舟而济，遇风，其相救也如左右手。”意思是，吴国人和越国人互相厌恶，但是当他们同船渡河的时候，如果遇到风浪，他们互相救助就如同左右手那样。巴金在《海行杂记·船上的友伴》中写道：“大家都是出门人，应该同舟共济，所以我们都是自己人。”同舟共济原指同坐一条船，共同渡河，后来引申出来的道理是，同一艘船上的人不管立场如何、关系如何，在遇到共同的困难时，应团结互助、同心协力，战胜困难，一起到达胜利的彼岸。近义词有风雨同舟、和衷共济等。

古往今来，同舟共济的事例比比皆是。比如，国共两党第二次合作。1936年12月12日西安事变爆发后，我们党迅速确定了和平解决的方针，并应张学良、杨虎城的邀请，派周恩来、叶剑英等人赴西安谈判，迫使蒋介石接受停止内战、联共抗日等6项条件。1937年7月7日，日本侵略军制造了震惊中外的七七事变。第二天，中共中央即通电全国，号召国共合作和全民族团结，建立民族统一战线，抵抗日本侵略，并于7月15日将《中国共产党为公布国共合作宣言》送交蒋介石。8月13日，日军大举进攻上海（八一三事变），扬言3个月灭亡中国，国民党统治的中心地直接受到威胁。在巨大压力下，9月22日，国民党中央通讯社发表了这份宣言，23日蒋介石发表谈话。至此，抗日民族统一战线正式形成，这极大地振奋了国人的抗日热情，为抗战胜利创造了有利条件。

20世纪以来，随着全球化进程的加快，同舟共济更多用于国际合作。20世纪40年代，反法西斯战争即将胜利，为防止新的世界大战爆发，建立一个维护世界和平、促进国际合作的共同机构成为各国普遍关注的问题。1945年10月24日，联合国正式成立，其宗旨是：维护国际和平与安全；发展国际间以尊重各国人民平等权利及自决原则为基础的友好关系；进行国际合作，以解决国际间经济、社会、文化和人道主义性质的问题，并促进对全体人类的人权和基本自由的尊重。目前，联合国共有193个会员国，是当今世界各国政府间最大的国际之“舟”。我国高度重视与世界各国建立同舟共济的合作关系，中非合作就是其中的典范。2015年，习近平总书记在出席中非合作论坛约翰内斯堡峰会时指出：“中国和非洲都是维护世界和平安宁、促进世界发展繁荣的重要力量，我们有理由、有责任、有能力在国际事务中发挥更大作用，为构建以合作共赢为核心的新型国际关系作出新的更大的贡献。”近年来，中非双方通过中非合作论坛等就重大国际和地区问题保持沟通与协调，维护双方和发展中国家的共同利益，传递出维护多边主义，反对单边主义和保护主义，希望世界更加和平的声音。

二、同舟共济是全球公共危机治理的必然选择

面对影响全世界的重大公共危机，人类是合作应对还是各自为战，将会产生两种完全不同的结局。历史和现实已经证明，唯有同舟共济才能战胜危机。

一方面，重大公共危机无国界。重大公共危机，如环境污染、传染病流行、走私贩毒、恐怖主义活动等，都具有跨越国界、易于扩散的特征。这些公共危机是人类共同的敌人，靠一个国家单打独斗无法解决这些问题，唯一的选择就是同舟共济、共克时艰。比如，莱茵河水污染事故。莱茵河全长1300公里，流经瑞士、列支敦士登、奥地利、法国、德国、荷兰等多个国家。历史上，莱茵河是沿岸多个国家的饮用水之源，但随着工业革命的发展，大量污染物排入河中，污染状况十分严重。到了20世纪70年代，莱茵河的污染达到顶峰，莱茵河被称为"欧洲最浪漫的臭水沟"。1986年11月1日，瑞士巴塞尔市赞多兹化学公司的一个化学品仓库发生火灾，消防水在灭火的同时将10至30吨农药和不少于200公斤的汞冲入莱茵河，几天后又有数十吨有毒化学物质进入莱茵河。几次污染叠加，造成约160公里范围内的多数鱼类死亡，480公里范围内的井水不能饮用，在沿岸各国引起强烈反应，被列为世界"六大安全事故"之一。因为莱茵河涉及多个国家，于是沿岸各国在非常短的时间内举行了至少3次部长级会议来处理这次污染事故，最后于1987年出台了莱茵河行动项目，提出推动莱茵河跨界水污染应急管理体系的升级，推行跨界治理计划，以恢复莱茵河的生态环境。经过多年的努力，莱茵河流域

建立了完善的监测和预警系统，到2000年时莱茵河行动项目的主要目标基本实现，莱茵河从原来的欧洲臭水沟，重新变成美丽如画的著名河流。2020年的新冠肺炎疫情也是如此，病毒不分国籍、种族，短短几个月时间就波及了210多个国家和地区，影响70多亿人口，成为第二次世界大战结束以来最严重的全球公共卫生事件。面对来势汹汹的新冠肺炎疫情，世界各国人民守望相助、风雨同舟，汇聚起同疫情斗争的磅礴之力。在中国抗疫最困难时，国际社会向中国伸出援手，全球170多个国家的领导人、50个国际和地区组织的负责人以及300多个外国政党和政治组织向中国领导人来函致电、发表声明表示慰问支持。77个国家和12个国际组织为中国人民抗疫斗争提供捐赠，包括医用口罩、防护服、护目镜、呼吸机等急用医疗物资和设备。84个国家的地方政府、企业、民间机构、人士向中国提供了物资捐赠。我国疫情得到初步控制后，习近平总书记先后同近50位外国领导人及国际组织负责人通话或见面，并出席二十国集团领导人应对新冠肺炎特别峰会，就携手抗疫、共克时艰提出中国倡议，分享中国方案。截至5月31日，中国共向27个国家派出29个医疗专家组，已经或正在向150个国家和4个国际组织提供抗疫援助；指导长期派驻在56个国家的援外医疗队协助驻在国开展疫情防控工作，向驻在国民众和华侨华人提供技术咨询和健康教育服务，举办线上线下培训400余场；地方政府、企业和民间机构、个人通过各种渠道，向150多个国家、地区和国际组织捐赠抗疫物资；建立了向所有国家开放的新冠肺炎疫情防控网上知识中心，毫无保留地将防控策略、诊疗方案、最新研究成果、科普内容等向全球分享；向世界卫生组织捐款5000万美元，以进一步支持国际抗疫合作；承诺两年内提供20亿美元国际援助，与联合国合作在华设立全球人道主义应急仓库和枢纽，建立30个中非对口合作医院，中国新冠疫苗研发完成并投入使用后将作为全球公共产品，同二十国集团成员一道落实暂缓最贫困国家债务偿付倡议；等等。中国公开、透明、负责任的态度和行动，有力推动国际社会携手抗疫、共克时艰，给世界带来信心和力量，受到国际社会高度赞赏。

另一方面，重大公共危机的治理效果取决于最短的板。一只木桶能盛多少水，并不取决于最长的那块木板，而是取决于最短的那块木板。公共危机治理也是如此。以防控新冠肺炎疫情为例，人类应对这场疫病的成果最终取决于世界上最薄弱的医疗体系。联合国开发计划署的报告显示，因为国力不同，各国应对新冠肺炎疫情危机和从危机中恢复过来的能力存在巨大差异，如挪威、德国等发展水平很高的国家平均每千人拥有55张病床、30多名医生和81名护士。相比之下，在阿富汗、埃塞俄比亚这样非常贫穷的国家，平均每千人只有7张病床、2.5名医生和6名护士。世界卫生组织总干事谭德塞表示："如果我们不为最不发达国家抗击新冠肺炎疫情提供援助，那么情况将变得非常糟糕，失去控制。"事实上，一些经济落后的国家因为得不到足够的检测盒，确诊人数成谜，帮助这些国家筑牢防线不仅可以拯救生命，还可以延缓病毒的全球传播，为全球公共卫生系统构建"防火墙"。

三、公共危机全球化趋势迫切需要提升同舟共济能力

进入21世纪以后，公共危机全球化的趋势越来越明显，一个事件稍有不慎就会引起连锁反应，形成全球公共危机。比如，2020年5月25日，美国明尼苏达州发生一起警察暴力执法案件，一名非洲裔男子乔治·弗洛伊德不幸身亡。警察暴力执法的视频传到网上后，引发全美大规模反

种族歧视和暴力执法示威游行，多地还发生骚乱和暴力冲突。先有新冠肺炎疫情期间亚裔群体被歧视，后有美国警察暴力执法，这些都直接引爆了全世界对于种族主义的怒火，英国、瑞典、芬兰等国家的民众也纷纷走上街头进行声援，一场暴力执法事件迅速演变为一场涉及人权问题的全球公共危机。类似的全球公共危机还有不少，这些危机往往影响大、持续时间长、扩散范围广、难以控制，还会导致多重并发性危机。在这种形势下，各国都迫切需要提升同舟共济的意识和能力。

首先，应树立人类命运共同体意识。关于人类命运共同体，习近平总书记作过精辟阐释："人类命运共同体，顾名思义，就是每个民族、每个国家的前途命运都紧紧联系在一起，应该风雨同舟，荣辱与共，努力把我们生于斯、长于斯的这个星球建成一个和睦的大家庭，把世界各国人民对美好生活的向往变成现实。"当前，"构建人类命运共同体、实现共赢共享"的理念贯穿了中国外交理念的方方面面：互信、互利、平等、协商、尊重多样文明、谋求共同发展的"上海精神"，和平合作、开放包容、互学互鉴、互利共赢的丝路精神，共同、综合、合作、可持续的亚洲安全观。可以说，人类命运共同体这一超越民族、国家和意识形态的全球观，表达了中国追求和平发展的愿望，体现了中国与各国合作共赢的理念。这一理念得到越来越多国家的认同，成为一种全球价值观。特别是这次新冠肺炎疫情，让全世界人民更加深刻地认识到，各国人民的身体健康从来没有像今天这样休戚与共、紧密相连，团结合作是战胜疫情最有力的武器。在全球公共危机面前，各国应坚持合作思维，摒弃对抗和敌我思维，建立危机联防联控机制和不同层级的对话机制，保持常态化的沟通，协调国家之间的资源，携起手来构建人类命运共同体，合力抗击人类共同的敌人。

其次，应改革公共危机全球治理体系。基辛格在《世界秩序》中写道，当今世界秩序面临三大缺陷：一是国家间的能力存在很大差异，二是政治的本土化和经济的全球化之间的矛盾，三是缺少有效的机制使各大国在面对冲击时磋商合作。这些缺陷都在这次新冠肺炎疫情中体现了出来。比如，从逻辑上讲，疫情来势汹汹，应当在全球范围内进行大流行病的管理，增强世界卫生组织的权威。但事实全然不同，疫情防控中世界卫生组织的地位被弱化，国际公共卫生体系运转失灵。一方面，世界卫生组织权力有限，难以组织起有效的全球抗疫协作；另一方面，各国又自行其是，在疫情不断扩散的态势下，仍有超过半数的成员未向世界卫生组织提供完整的病例报告，全球抗疫斗争缺乏可靠的数据依据。而国际组织地位、作用的下降，国际秩序的失序，又与美国不愿承担应有的国际责任有直接关系。美国以国际秩序的创建者和领导者自居，但又成为产生国际乱局的根源——接连退出各种国际合作机制和平台。可见，全球公共危机治理体系已经到了必须改革的地步。一是应增强联合国在应对全球危机方面的号召力，在减少国家间对抗、放大国家间合作方面发挥更加重要的作用，从多个层面推动公共危机的解决。二是应推进专业性国际组织的改革，在危机预警、综合研判、信息共享、专业指导方面发挥更大的作用。三是应加强世界各国特别是大国之间的通力合作，抛弃民粹主义、保护主义、以邻为壑的狭隘政策和相互为敌的地缘政治偏见，形成公共危机治理的合力。

最后，国家领导人应发挥特殊作用。国家领导人是一个国家的掌舵者，引领这个国家在全球公共危机治理国际合作方面的态度和作为。一个杰出的国家领导人应该打破零和思维，表现出大胸怀、大格局、大气魄。基辛格评价习近平为中国最杰出的领导人之一，认为他非常热情、非常开放，充满智慧。在这次新冠肺炎疫情防控中，习近平主席秉持人类命运共同体理念，积极推动新冠肺炎疫情防控国际合作。2020年1月下旬以来，习近平主席同多国领导人通电话，就合作抗疫达成高度共识。3月26日，习近平主席在北京出席二十国集团领导人应对新冠肺炎特别峰会并发表主旨演讲，提出全球抗疫四点倡议。5月18日，习近平主席在第73届世界卫生大会视频会议开幕式上发表题为《团结合作战胜疫情　共同构建人类卫生健康共同体》的致辞，呼吁各国携起手来，共同佑护各国人民生命和健康，共同佑护人类共同的地球家园，共同构建人类卫生健康共同体。世界卫生组织官员及多国人士认为，习近平主席在致辞中提出的加强疫情防控六项建议、中国为推进全球抗疫合作的五大举措秉持构建人类命运共同体理念，体现了中国负责任的大国担当，对推动抗击疫情国际合作具有重要意义。反观西方一些国家的领导人，特别是美国总统特朗普，继续奉行所谓“美国优先”的理念，在协调危机应对、物资流动、财政刺激、信息共享等方面，美国几乎都处于缺席状态，不仅没有发挥全球性主导作用，而且以邻为壑，对其他国家的抗疫努力妄加指责，以至于许多美国人都认为：“这次疫情表明，美国未能调整战略以适应这个新世界。”“在这场领导力测试中，美国‘挂科’了，世界也会因此而变得更加糟糕。”路透社和益普索集团5月27日发布的联合民调显示，过半数受访者对美国总统特朗普应对新冠肺炎疫情的措施感到不满意。可见，改善全球公共危机治理体系，国家领导人首先应发挥好特殊重要作用。

第三十六策　警钟长鸣

安全生产必须警钟长鸣、常抓不懈，丝毫放松不得，否则就会给国家和人民带来不可挽回的损失。①

——习近平

2020年4月4日是一个非常特殊的日子，不仅因为它是清明节，更是因为在这一天举行了全国性哀悼活动。当天上午10时，习近平总书记等党和国家领导人同全国人民一起，对在抗击新冠肺炎疫情斗争中牺牲的烈士和逝世同胞表示深切哀悼，国旗半垂，举国同悲。在这一刻，全国各地的人们静立垂首、万分悲痛，汽车、火车、舰船鸣笛声声、久久回荡，互联网上、朋友圈中，追思之情绵绵不绝。这次举国哀悼，既是对逝者的尊重与缅怀，也是对生命的关爱与珍视。习近平总书记对历史苦难总是铭记于心。2016年7月28日，他向唐山大地震罹难同胞和在抗震

① 2013年11月24日，习近平在山东省青岛市考察黄潍输油管线爆燃事故抢险工作时的讲话。

救灾中捐躯的英雄敬献花篮，并向纪念墙三鞠躬。2017年12月13日，他出席南京大屠杀死难者国家公祭仪式，为南京大屠杀死难者默哀。2018年5月12日，他向汶川特大地震罹难同胞和在抗震救灾中捐躯的英雄敬献花篮，并三鞠躬。2020年10月23日，他出席纪念中国人民志愿军抗美援朝出国作战70周年大会，并发表重要讲话。习近平总书记率先垂范进行悼念，就是要提醒国人铭记历史，做到警钟长鸣。

一、警钟长鸣是为了避免重蹈覆辙

“警钟长鸣”一词的字面意思是警惕的钟声长久地鸣响，比喻持久地保持警惕。在前文“前事不忘”一策中提到，善忘是人类的通病，随着时间的推移，当灾难渐渐远去，人们会慢慢忘记灾难带来的痛苦和伤害，以至于重蹈覆辙。想要克服善忘这个人类通病，除了总结经验、吸取教训外，还要进行必要的提醒。人都是有惰性的，不经常提醒和敲打，很容易陷入“好了伤疤忘了痛”的境地。比如，我们党每隔一段时间就会进行一次全党范围内的党性教育，目的是不断地提醒、不断地敲警钟、不断地对照检查、不断地自我改进，这是一种很好的党内教育方式。每年9月18日鸣放防空警报也是一种警钟长鸣，目的是提醒大家铭记九一八事变，珍惜来之不易的和平。每年坚持鸣放防空警报，可以警醒国人树立正确的历史观，警惕历史虚无主义的侵蚀。现在日本等一些国家仍然有少数人无视铁的历史事实，无视在战争中牺牲的数以千万计的无辜生命，逆历史潮流而动，一再否认甚至美化侵略历史。如果我们自己都不通过一定的方式进行铭记和警醒，这段历史就可能变得模糊，我们今后就还有可能遭受同样的磨难。

不仅在历史领域要做到警钟长鸣，在公共危机治理中也要如此。比如，预防安全生产事故，必须警钟长鸣。任何安全意识的放松、懈怠都可能导致事故的发生。习近平总书记对于安全生产曾经语重心长地讲：“当干部不要当得那么潇洒，要经常临事而惧，这是一种负责任的态度。要经常有睡不着、半夜惊醒的情况。”领导干部应时刻绷紧安全生产这根弦，加强预警预防，稳住安全的“基本面”，护好生产的“安全线”，在警钟长鸣中做到防患于未然。

比如，预防生态危机，要时刻警钟长鸣。秦岭是中国南北地理分界线，更是涵养八百里秦川的一道生态屏障，具有调节气候、保持水土、涵养水源、保护生物多样性等诸多功能。但一段时间以来，秦岭北麓不断出现违规、违法建设的别墅，严重破坏了生态环境，生态危机一触即发。习近平总书记对秦岭违建别墅严重破坏生态问题和秦岭生态环境保护先后六次作出重要指示批示。2018年7月以来，中央、省、市三级打响秦岭保卫战，共有1194栋违建别墅被列为查处整治对象依法拆除。2020年4月20日，习近平总书记在陕西考察调研时特别指出，陕西要深刻吸取秦岭违建别墅问题的教训，痛定思痛，警钟长鸣，以对党、对历史、对人民高度负责的精神，以功成不必在我的胸怀，把秦岭生态环境保护和修复工作摆上重要位置，履行好职责，当好秦岭生态卫士，决不能重蹈覆辙，决不能在历史上留下骂名。可见，在公共危机治理中，警钟长鸣至关重要，它是一种强提醒，可以有效避免重蹈覆辙。

二、多种方式敲警钟

如何在公共危机治理中做到警钟长鸣呢？实践证明，可以通过设计一些有针对性的载体和活动，从多个角度，以多种形式，通过多种途径敲警钟。

一是设立纪念日、纪念周，定期给人以警醒。纪念日是指发生过重大事情值得纪念的日子，国家层面有纪念重大事件、伟人、先烈等的特定节日，个人层面有彼此之间需要纪念维系的关键日子。网上流行过一句话叫“生活要有仪式感”。所谓仪式感，就是通过一些形式和载体，使某一天与其他日子不同，使某一时刻与其他时刻不同。必要的仪式感，会让人们更加重视。为重大公共危机事件设立纪念日，就是一种仪式感，也是世界各国通用的一种做法。1871年10月8日，美国芝加哥发生大火，大火持续了两天。这场火灾是19世纪最严重的灾难之一。大火发生后，供水系统被毁，人们无法救火，三分之一的城市付之一炬，300多人死亡，约10万人无家可归。芝加哥一时成为“末日之城”。为了铭记这场大火带来的深刻教训，对后人发挥警钟长鸣之效，1920年美国总统威尔逊宣布每年的10月9日为全国消防日，1922年更改为每年10月9日所在的一周为全国消防周。2008年5月12日发生的汶川大地震，是新中国成立以来破坏力最大的地震，也是唐山大地震后伤亡最严重的一次地震。为了铭记这次自然灾害，时刻保持警醒，经国务院批准，自2009年起，每年的5月12日为全国防灾减灾日。在2020年全国两会上，有全国人大代表提出将1月23日武汉“封城”日设立为国家公共卫生日，以进一步唤起和增强公众的公共卫生理念，提高公众对公共卫生安全的认知。

二是建立纪念馆、纪念碑，直观给人以警醒。纪念馆、纪念碑都是实物，给人以直观的感受。特别是纪念馆还可以用声、光、电、图等多种方式再现公共危机发生时的状况，给人以强烈的视觉冲击。比如，“5·12”汶川特大地震纪念馆位于北川羌族自治县曲山镇，由纪念馆和地震遗址区两部分组成。纪念馆和地震遗址区毗邻，主体建筑名为“裂缝”，寓意“将灾难时刻闪电般定格在大地之间，留给后人永恒的记忆”。纪念馆占地14.23万平方米，以大地景观的手法，通过地面切割、抬起，形成主要的建筑体量，并通过下沉广场和步道向外延伸，与平缓的草坡融为一体，局部翘起露出地面，象征新生和希望。纪念馆主题陈展分为“序厅”“旷世巨灾破坏惨重”“万众一心抗震救灾”“科学重建创造奇迹”“伟大精神时代丰碑”“结束语”等六大部分，共14个单元46个组12个专题，主要表现“共产党好、社会主义好、改革开放好、伟大祖国好、人民军队好、各族人民大团结好”等内容，真实记录“5·12”汶川特大地震灾难、抗震救灾以及灾后重建的历程。参观过的人，都感到非常震撼，深刻认识到地震的危害，越发珍视生命。纪念碑也有很强的直观警示作用。比如，武汉防洪纪念碑。1954年，长江发生全流域特大暴雨洪水。在党中央、国务院的正确领导下，湖北省委、省政府具体部署指挥，百万军民经过百日艰苦卓绝的拼搏，采取荆江分蓄洪区分蓄超额洪水等一系列有效措施，终于战胜了一次又一次的险恶洪峰。战胜这场大洪水之后，毛泽东同志欣然题词：“庆贺武汉人民战胜了1954年的洪水，还要准备战胜今后可能发生的同样严重的洪水。”为纪念这一永载史册的壮举，铭记党中央的亲切关怀、全国人民的无私支援、分蓄洪区人民作出的巨大牺牲，永远缅怀为战胜洪水而献出宝贵生命的英烈，警示后人重视洪水预防工作，1969年武汉市在汉口滨江公园江堤上，面向大江建设了这座纪念碑，并在碑上镌刻了毛泽东同志的题词。

三是创作新闻和文艺作品，持久给人以警醒。以公共危机治理为主题的新闻纪录片、电影和文艺作品，在警醒世人方面发挥着越来越重要的作用。

公共危机题材的纪录片，可以全景式系统地向人们展示公共危机发生的复杂原因、详细过程，治理公共危机的有关经验和启示、教训，等等，对观众起到更为全面深刻的警钟长鸣之效。目前，国内外有很多关于公共危机治理的纪录片。如《垃圾围城》是我国纪录片导演王久良于2010年聚焦生态环境危机拍摄的一部纪录片。王久良深入走访、调查了北京周边几百座垃圾场之后，用朴素、真实的镜头向观众呈现垃圾包围北京的严重态势。这些令人震惊的影像，让人们深刻地意识到垃圾对自身生存环境以及日常生活所造成的严重伤害与威胁，引起了社会公众和国家相关部门的重视，之后政府密集出台有关垃圾处理的政策，并取得了积极成效。

公共危机题材的科幻影视作品，通过科幻特效等现代艺术形式，向观众立体生动地展现公共危机的模拟场景，给人一种强烈的“在场感”。国际著名导演罗兰·艾默里奇2004年创作执导的科幻灾难电影《后天》，描绘了地球一天之内突然急剧降温进入冰河期的场景。该场景和2008年贵州省遭遇的凝冻灾害非常相似，都是由拉尼娜现象引起的气温骤降，只是程度不同。贵阳市2008年1月11日还阳光灿烂，到第二天（1月12日）气温骤降了近20摄氏度，然后进入凝冻期。贵阳市在建设生态文明城市专题研讨班上组织刚参加过抗凝冻灾害工作的领导干部集中观看这部电影，大家表示感同身受，对保护生态环境、建设生态文明城市有了更深刻的认识。2013年上映的韩国电影《流感》，通过影视艺术形式全面立体地展示了一场流感暴发和蔓延之后民众的反应以及政府的应对。这些电影特效震撼逼真、情节扣人心弦，给观众带来强烈的视觉和心灵冲击，引发了公众的深刻反思。

公共危机题材的文艺作品，通过艺术性的创作加工对公共危机进行反思反省，更具有思想性、感染力。意大利文艺复兴文学三杰之一乔万尼·薄伽丘是黑死病疫情的亲历者和见证者，他以疫情为背景创作了著名的文学作品《十日谈》。他在书中写道：“来到这个世上的每一个人都有与生俱来的权利，去延续、保护和捍卫自己的生命。”在某种意义上，薄伽丘的话可以被理解为人们面对瘟疫残忍地熄灭生命之光时的倾力呐喊，是人类文明面对挑战时吹响的反击号角。法国著名作家阿尔贝·加缪创作了一部长篇小说《鼠疫》，书中描写北非一个叫奥兰的城市突发鼠疫后，人们不知所措，主人公里厄医生等人则奋力抗疫，始终坚持维护人类身体健康，体现了不为名利、甘于牺牲自我的高尚情怀，表现出敢于直面惨淡人生、“知其不可而为之”的大无畏精神，以及在绝望中坚持真理和正义的伟大自由人道主义精神。1947年，《鼠疫》获得法国批评奖。《鼠疫》自出版以来，畅销不衰，被认为是加缪最有影响力和社会意义的作品。美国科普作家蕾切尔·卡逊创作的《寂静的春天》，以生动而严肃的笔触，描写因过度使用化学药品和肥料而导致环境污染、生态破坏，最终给人类带来不堪重负的灾难。这本书将近代污染对生态的影响透彻地展示在读者面前，给人类以强有力的警示，直接推动了现代环保主义的发展。2008年5月12日汶川特大地震发生后，我国著名作家、茅盾文学奖得主阿来，第一时间赶赴灾区，参与救灾和重建。十年后的同一天，成都再次拉响纪念大地震的警报，触发了他的创作灵感，于是他以大地震为背景创作了长篇小说《云中记》。小说塑造了苯教非遗传人阿巴这一人物形象，细数了阿巴从移民村重回地震灾区云中村的半年时光，在重现当年大灾难场景、描摹抢险救灾社会全员行动的同时，更着意书写了阿巴对生命的尊崇、敬畏，以庄重、克制、诗意的方式，将一曲安魂曲献给在大地震中逝去的人们，体现了对生命和死亡的深邃思考，以及灾难对人灵魂的洗礼。2019年这本小说出版后迅速在社会上引起了强烈反响，登上了年度小说排行榜，专家学者们也从各个角度对《云中记》进行了阐释与讨论。

后　记

新冠肺炎疫情是百年来全球发生的最严重的传染病大流行，以习近平同志为核心的党中央力挽狂澜，团结带领全国各族人民，进行了一场惊心动魄的抗疫大战，取得了抗击新冠肺炎疫情斗争重大战略成果。在人类发展的历史长河中，总是不断地出现各类公共危机，更好地应对各种危机是领导干部的一堂必修课。推出《2020全球战疫大启示——公共危机治理36策》一书的初衷是，通过分析和总结此次抗疫斗争以及相关公共危机，提炼公共危机的应对之策，以期对提高基层领导干部的公共危机治理能力有所裨益。

本书的成书过程可分为三个阶段：一是搜集资料、深入思考阶段。我们认真学习了习近平总书记关于新冠肺炎疫情防控工作的重要讲话和指示批示，深入思考中华优秀传统文化对公共危机治理的现实意义。我们还参阅了《领导者应对和处理突发事件的9种能力》《应急管理：中国特色的运行模式与实践》《危机管理——转型期中国面临的挑战》等危机管理相关著作，并广泛搜集国内外有关公共危机治理的文献资料。二是研讨交流、党校授课阶段。在为党校学员准备讲稿的过程中，我们多次召开研讨会，就授课的内容、观点、案例等与有关专家学者、基层干部等深入交流讨论，不断碰撞出新的思想火花。在授课过程中，学员们就应对公共危机也提出了很多好的意见和建议。三是反复修改成稿阶段。在党校6次授课结束后，我们结合新冠肺炎疫情变化情况继续深入思考，补充了一些新的案例，并对书中的标题、观点、内容、文字仔细推敲、反复修改，使本书日臻完善，最终与读者见面。

在本书的写作过程中，海南省委政策研究室、海南省委党校、海南省孔子学会等单位的相关同志倾力相助，做了大量基础性工作。本书的出版也得到了海南出版社、孔学堂发展基金会的大力支持。在此，一并致以谢忱。

由于作者知识水平有限，书中难免有疏漏和不当之处，祈请读者批评指正，不胜感激。

钱　海

2020年12月

附录：

案例索引

第一策　居安思危

第二策　前事不忘

第三策　百年大计

第四策　有备无患

第五策　审时度势

第六策　胸有成竹

第七策　见微知著

第八策　临危不乱

第九策 从善如流

第十策 刨根问底

第十一策 权衡轻重

第十二策 当机立断

第十三策　身先士卒

第十四策　兵贵神速

第十五策　釜底抽薪

第十六策　多管齐下

第十七策　因时制宜

第十八策　过犹不及

第十九策　首在用人

第二十策　一心同功

第二十一策　不折不扣

第二十五策　取信于民

第二十六策　止息讹言

第二十七策 活血化瘀

第二十八策 扶危济困

第二十九策 引咎自责

第三十策　群策群力

第三十一策　复盘自省

第三十二策　法成令修

第三十三策　革故鼎新

第三十四策 转危为机

第三十五策 同舟共济

第三十六策　警钟长鸣